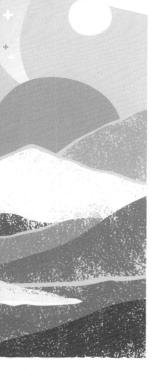

以智慧看人生，幸福一直都在

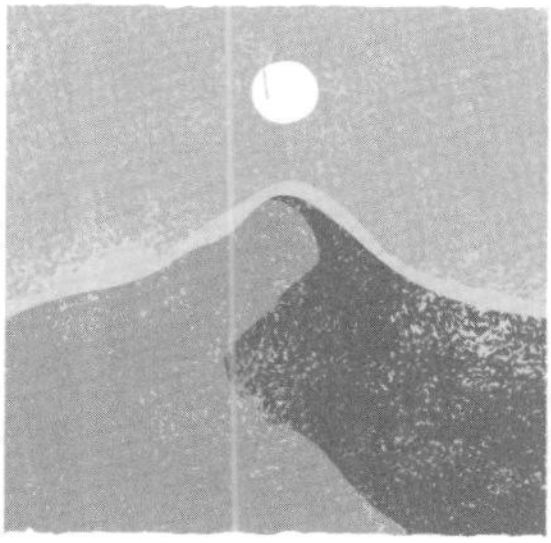

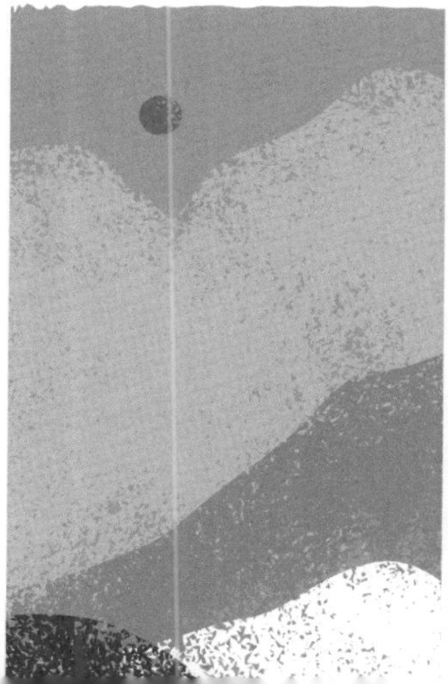

周國平——著

前言

亞里斯多德說：「幸福是人一切行為的終極目的，正是為了它，人們才做所有其他的事情。」這無非是說人人都想要幸福。然而，這個人人都想要的幸福，卻似乎是一個難以捉摸的東西，若問究竟什麼是幸福，不但人言人殊，而且很不容易說清楚。

幸福這個詞，一般是指一種令人非常滿意的生活。什麼樣的生活令人滿意，的確是因人而異的。有人因此說，幸福完全是一種主觀感受，自己覺得幸福就是幸福。當然，主觀滿意度是幸福的必要條件，自己覺得不幸福的人，你不能說他是幸福的。但是，這不是充分條件。我們應該問一個問題：什麼樣的生活令人滿意？人們的感受為什麼如此不同？很顯然，有一個東西在總體上支配著人們的主觀感受，那就是價值觀。價值觀不對頭的人，對幸福的感受必定是膚淺的，也無法持久。

為了使幸福的衡量有所依據，興起了幸福指數研究，試圖給幸福制定客觀標準。其方法大抵是列出若干因素，比如個人方面的收入、工作、家庭、健康、交往、休閒，社會方面的公平性、福利、文明、生態等等，給每一項規定一個分值，據此統計。作為嘗試，這並無不可。我自己對幸福能否數據化持懷疑態度，並且指出一點：對各個因素重要性的評價，所給的分數，歸根究柢也是取決於價值觀。

由此可見，撇開價值觀，幸福這個問題是說不清楚的。哲學正是立足於價值觀來探討幸福問題。在哲學史上，對幸福的理解大致分為兩派。快樂主義認為，幸福就是快樂，但強調生命本身自然性質的快樂和精神的快樂；完善主義認為，幸福就是精神上或道德上的完善，但承認完善亦伴隨著精神的快樂。兩派的共同點是重生命、輕功利，重精神、輕物質。

無論是哲學家們的賜教，還是我自己的體悟，都使我得出一個結論：人身上最寶貴的價值是生命和精神，倘若這二者的狀態是好的，即可稱幸福。怎樣才算好呢？我的看法是，生命若是單純，精神若是豐富，便是好。所以，幸福在於生命的單純和精神的豐富。現代人只從物質層面求幸福，卻輕忽了人身上最寶貴的兩種價值，結果並不幸福，問題就出在價值觀。

為了幸福，我們要保護好生命的單純。人應該享受生命，但真正的享受生命是滿足生命本身那些自然性質的需要，它們是單純的，而超出自然需要的物欲卻導致生活的複雜，是痛苦的根源。人是自然之子，與自然和諧相處是人類幸福的永恆前提。在當今這個崇尚財富的時代，財富是促進幸福，還是導致不幸，取決於有無正確的財富觀。

人是精神性的存在，精神需要的滿足是幸福的更重要源泉。在物質生活有保障之後，幸福主要取決於精神生活的品質。良好的智力品質表現在智力活動的興趣和習慣，在此基礎上，找到自己真正喜歡做的事，擁有屬於自己的事業，這個意義上的成功，才是會帶來有著巨大幸福感的真成功。良好的情感品質表現在自我的充實、內在生活的豐富、愛的體驗和能力，這是自己身上的快樂泉源。良好的靈魂品質表現在善良、高貴的品德，真誠的信仰，這是做人的最高幸福。

幸福是相對的，現實的人生必然包容痛苦和不幸。因此，承受苦難乃是尋求幸福之人必須具備的素質。也因此，在智慧的引領下，想明白人生的道理，與身外遭遇保持距離，與命運結伴而行，才能在尋求幸福之路上從容前行。

人人都在尋求幸福，通往幸福沒有現成的路可走，我們必須探路。以上是我探路的心得，按照這個線索，我對以前寫的文字做了選擇和整理，又補充了一些新的文字，編成這本書，供探路的大家參考。

前言

第一輯

CONTENTS

05

成功與幸福

06

做自己的朋友

第二輯

01 自己身上的快樂泉源

02 愛的幸福

03 做人的最高幸福

第一輯

01 幸福與價值觀

價值觀的力量

價值觀的力量不可小看。說到底，人在世上活著就是一個價值觀。對於個人來說，價值觀決定了人生的境界。對於國家來說，價值觀決定了文明的程度。人與人之間，國與國之間，利益的衝突只導致暫時的爭鬥，價值觀的相悖才造成長久的鴻溝。

所以，在價值觀的問題上，一個人必須認真思考，自己做主。

真正令人吃驚的是，我們時代的價值觀竟然變得如此單一，大家所作所為都是一個字：錢！錢！錢！

哲學就是價值觀。柏拉圖哲學的核心範疇是「善（好）」，他筆下的蘇格拉底總是在討論一個問題：什麼是好的生活？

按照我的理解，「好」有兩個層次，一是快樂，即幸福，二是正當，即道德，二者構成了價值觀的兩大主題。在中國哲學中，道家側重討論前者，儒家側重討論後者。

我對價值觀思考的出發點是：生命和精神是人身上最寶貴的東西，幸福和道德都要據此衡量。我得出的結論是：幸福在於生命的單純和精神的豐富，道德在於生命的善良與精神的高貴。

一個人擁有自己明確、堅定的價值觀，這是一個基本要求。當然，這需要閱歷和思考，並且始終是一個動態的過程。然而，你終究會發現，價值觀完全不是抽象的東西，當你從自己所追求和珍惜的價值觀中獲得巨大幸福感之時，你就知道自己是對的，因而不會覺得堅持是件難事。

老天給了每個人一條命、一顆心，把命照看好，把心安頓好，人生即是圓滿。

把命照看好，就是要保護生命的單純，珍惜平凡生活；把心安頓好，就是要積累靈魂的財富，注重內在生活。

平凡生活體現了生命的自然品質，內在生活體現了生命的精神品質，把這兩種生活過好，生命的整體品質就是好的。

換句話說，人的使命就是盡好老天賦予的兩個主要職責，好好做自然之子，好好做萬物之靈。

我一向認為，人最寶貴的東西，一是生命，二是心靈，而若能享受本真的生命，擁有豐富的心靈，便是幸福。這當然必須免去物質之憂，但並非物質越多越好，相反的，毋寧說這二者的實現是以物質生活的簡單為條件。一個人把許多精力給了物質，就沒有餘力照看自己的生命與心靈。詩意的生活一定是物質上簡單的生活，這在古今中外所有偉大的詩人、哲人、聖人身上都可以得到印證。

人生有兩大快樂。一是生命的快樂，例如健康、親情、與自然的交融，這是生命本身的需要得到滿足的快樂。另一是精神的快樂，包括智性、情感和信仰的快樂，這是人的高級屬性得到滿足的快樂。

物欲是社會刺激出來的，不是生命本身帶來的，其滿足誠然也是一種快樂，但是，與生命的快樂相較，它太淺，與精神的快樂相比，它太低。

人生最值得追求的東西，一是優秀，二是幸福，而這二者都離不開智慧。所謂智慧，就是想明白人生的根本道理。只有這樣，才會懂得如何做人，從而成為人性意義上真正優秀的人。也唯有這樣，才能分辨人生中各種價值的主次，知道自己到底要什麼，從而真正獲得和感受到幸福。

人在世上生活能否有好的心態，極大程度上取決於價值觀。一個價值觀正確而且堅定的人，他知道人生中什麼是重要的，什麼是不重要的，對重要的看得準、抓得住，對不重要的看得開、放得下，既積極又超脫，心態自然就好。相反的，倘若價值觀錯誤或動搖，大小事都糾結，心態又怎麼可能會好。

價值觀決定你到底要什麼，而要什麼，一是取決於你看重什麼，二是取決於你擅長什麼。我與人打交道的能力比較弱，最害怕人際關係，怕去爭取。其實，我也不是那麼清高，名利也是一種價值，有當然比沒有好。關鍵是你更看重什麼，如果為了名利，讓我失去我更看重的東西，那我就不會選擇名利。一是我更看重自己喜歡的讀書寫作，二是我的社會活動能力比較弱，所以就只好忽視外在功利，更注重內心，結果發現這樣更好。

只有自己做了父母，體會到養育小生命的天倫之樂，你才會知道不做一回父母是多麼大的損失；只有你走進書籍的寶庫，品嘗到與書中優秀靈魂交談的快樂，你才會知道不讀好書是多麼大的損失。世上一切真正的好東西都是如此，你必須親自去品嘗，才會知道它們在人生中具有不可替代的價值。

看見那些永遠在名利場上勞心勞力的人，我常常心生憐憫，我對自己說：他們因為不知道世上還有好得多的東西，所以才會把金錢、權力、名聲這些次要的東西看得至高無上。

人的精力是有限的，有所為就必需有所不為，而人與人之間的巨大區別就在於所為所不為的不同取向。

愛情和事業是人生幸福的兩個關鍵。愛著，創造著，這就夠了。其餘一切只是有了更好、沒有亦可的副產品罷了。

我對幸福的看法日趨樸實。在我看來，一個人若能做自己喜歡做的事，並且靠這養活自己，又能和自己喜歡的人在一起，並且使他（她）們也感到快樂，即可稱為幸福。

幸福是靈魂的事

在世上一切東西中，好像只有幸福是人人都想要的東西。你去問人們，想不想結婚、生孩子，或者想不想上大學、經商、出國，肯定會得到不同的回答。可是，如果你問想不想幸福，大約沒有人會拒絕。而且，之所以有些人不想生孩子或經商等等，原因在於他們認為這些東西並不能使他們幸福，想要這些東西的人則認為它們能夠帶來幸福，或至少是獲得幸福的手段之一。也就是說，在相異的選擇背後似乎藏著相同的動機，都是為了幸福。而這同時也表明，人們對幸福的理解有多大的不同。

幸福的確是一個極為含糊的概念。人們往往把得到自己最想要的東西、實現自己最衷心的願望稱作幸福。然而，願望不僅是因人而異的，而且同一個人的願望也會發生變化。真的實現了願望，得到了想要的東西，是否幸福也還難說，這要看它們是否確實帶來了內心的滿足和愉悅。費盡力氣爭取某種東西，爭到手卻發現遠不如想像的好，乃是常事。幸福與主觀的願望和心情如此緊密又互相糾纏，當然很難為它制定一個客觀的標準。

由此我們倒是可以確定一點：幸福不是一種純粹客觀的狀態。我們不能僅僅根據一個人的外在遭遇，來斷定他是否幸福。他有很多錢，有別墅、汽車和漂亮的妻子，也許令別人羨慕，可是，如果他自己沒有感到幸福，你就不能硬說他幸福。既然他沒有感到幸福，事實上他也就的確不幸福。外在的財富和遭遇僅是條件，如果不轉化為內在的體驗和心情，便不成其為幸福。

如此看來，幸福似乎主要是一種內心快樂的狀態。不過，它不是一般的快樂，而是非常強烈和深刻的快樂，以至於我們此時此刻會由衷地覺得活著是多麼有意思，人生是多麼美好。正是這樣，幸福的體驗直接地包含著我們對生命意義的肯定評價。感到幸福，也就是感到自己的生命意義得到了實現。不管擁有這種體驗的時間多麼短暫，卻總是指向整個一生的，所包含的是對生命意義的總體評價。當人感受到幸福時，心中彷彿迴盪著一個聲音：「為了此時此刻，我這一生值得了！」若沒有這種感覺，說「幸福」就是濫用了這個詞彙。人身上必有一種整體的東西，是它在尋求、面對、體悟、評價整體的生命意義，我們只能把這種東西叫做靈魂。所以，幸福不是零碎和表面的情緒，而是靈魂的愉悅。正因為此，人一旦有過這種時刻和體驗，便終身難忘了。

我們可以把人的生活分為三個部分：肉體生活，不外乎飲食男女；社會生活，包括在社會上做事以及與他人的交往；靈魂生活，即心靈對生命意義的沉思和體驗。必須說明，前兩個部分對於幸福也不是無關緊要的。如果不能維持正常的肉體生活，飢寒交迫，幸福不過是奢談。在社會生活的領域內，做事成功帶來的成就感，愛情與友誼的經歷，都能使人發覺人生的意義，從而轉化為幸福的體驗。不過，亞里斯多德認為，對於幸福來說，靈魂生活具有頭等的重要性，因為其餘的生活都要依賴外部條件，而它卻是自足的。同時，它又是人身上最接近神的部分，從沉思中獲得的快樂幾乎相當於神的快樂。

這意見從一個哲學家口中說出，我們很可能懷疑是否帶有職業偏見。但我們至少應該承認，既然一切美好的經歷必須轉化為內心的體驗才能成為幸福，那麼，內心體驗的敏感和豐富與否就的確是重要的，它決定了一個人感受幸福的能力。對於內心世界不同的人來說，相同的經歷具有完全不同的意義—因而事實上他們也就沒有擁有相同的經歷了。另一方面，一個習於沉思的智者，由於他透徹地思考了人生的意義和限度，便與自己的身外遭遇保持了一個距離，他的心境也就比較不易受塵世禍福的擾亂。而他從沉思及智慧中獲得的快樂，也的確是任何外在變故皆不能將其剝奪。考慮到天有不測風雲，你不能說一種寬闊的哲人胸懷對於幸福是不重要的。

快感離幸福有多遠？

人有一個身體，這個身體有大自然所賦予的慾望。慾望未得到滿足，身體便會處於失調狀態，因欠缺而感到不適乃至於痛苦。慾望得到滿足，身體便重新進入協調狀態，會感到愜意且平靜。在二者之間，是慾望得到滿足的過程，身體在這個過程中所感到的就是快感。所謂快感，是針對身體而言。食色性也，為了個體的生存與物種的延續，大自然在人的身體中安置這兩種主要慾望，其中又以性慾的滿足帶來最強烈的快感。

除了慾望，我們的身體還有各種感覺器官，它們的享受也可以歸入快感之列。皮膚需要觸摸和擁抱，否則會感到飢渴。嬰兒貪戀母懷，不僅僅是為了吃奶和獲得安全感，必定也感覺到了肌膚相親的快感。年長之後，皮膚的飢渴就常常和性慾混合在一起。舌頭對於美味的快感，始終是與食慾有關。身處山野，我們感到身心愉快，其中包含著新鮮空氣給予嗅覺的快感。目之於美景和秀色，耳之於天籟和音樂，其快樂不是純粹肉體性質，但也可以算作感官的享受。此外，身體還有其他種類的快感，例如運動、舞蹈、搖滾時體能的釋放和對節奏的享受，疲勞後沐浴、休憩、睡眠所帶來的徹底放鬆等等。

總之，快感是多種多樣的，包括一切形式的身體享受。大自然為人類安排了一個愛享受的身體，我們沒有任何理由譴責這種天性。所以，和文藝復興時期的義大利人一樣，我不贊成禁慾主義。美國舞蹈家鄧肯有過許多浪漫的性愛經歷，招來了蜚短流長的議論，她為自己辯護道：「我覺得肉體的快樂既天真無邪，又令人歡暢。你有一個身體，它天生要受許多痛苦，既然如此，只要有機會，為什麼不可以從這個身體上汲取最大的快樂呢？」她說出的是身體的天經地義。事實上，為了從身體上汲取最大快樂，人類已經把快感變成了一門藝術，譬如說，世界各民族歷史上幾乎都產生了傳授性愛技巧的經典著作。何況快感雖然屬於身體，其意義卻不限於身體。一個人能否自然地享受身體的快樂，往往表明他是否擁有充沛的生命力，而這一點往往又隱祕地支配著他的世界觀，決定了他對世界的態度是積極還是消極。正是在這個意義上，主張積極世界觀的哲學家尼采一度把自己的哲學命名為「快樂的科學」。

然而，在對快感作了充分肯定後，還要指出它的限度。人畢竟不只有一個身體，更有一個靈魂。因此，人不但要追求肉體的快樂，更要追求精神的快樂。許多哲學家都談到，人的需要有層次之分，越是精神性的需要居於越高的層次。所謂高低不是從道德而言，我們不能以道德的名義否定肉體的快樂。但是，正如英國哲學家約翰・穆勒所說，凡是體驗過兩種快樂的人就會知道，精神的快樂更加強烈也更加豐富。所以，肉體的快樂只是起點，如果停留在這個起點上，沉湎於此，侷限於此，實際上是蒙受了自己所不知道的巨大損失，把自己的人生限制在一個可憐的範圍內。與快感相比，幸福是一個更高的概念，而要達到幸福的境界就必須有靈魂的參與。其實，即使就快感而言，純粹肉體性質的快感也是十分有限，也比較雷同，情感的投入才使得快感變得獨特而豐富。一個人味覺再發達也不一定能成為美食家，真正的美食家都是烹調藝術和飲食文化的鑑賞家，鑑賞的快樂大大強化了滿足口腹之慾時的快感。同樣，最難忘的性愛經驗一定是發生在兩人都充滿激情的場合。

在今天，快感已成為最熱門的消費品之一，以製造身體各個部位的快感為營業內容的各色服務行業欣欣向榮。我無意評判這一現象，只想提醒那些顧客問自己兩個問題。第一：如果你只能到市場上購買快感，沒有別的途徑，你身體的快感機制是否出了毛病？第二：單憑這些買來的快感，你真的覺得自己幸福嗎？

活出真性情

我的人生觀若要用一句話概括，就是真性情。我從來不把成功看作人生的主要目標，覺得只有活出真性情才沒有虛度人生。所謂真性情，一面是對個性和內在精神價值的看重，另一面是對外在功利的看輕。

一個人在衡量任何事物時，看重的是它們在自己生活中的意義，而不是它們能給自己帶來多少實際利益，這一種生活態度就是真性情。

人生中一切美好的事情，報酬都在眼前。愛情的報酬就是相愛時的陶醉和滿足，而不是有朝一日締結良緣；創作的報酬就是創作時的陶醉和滿足，而不是有朝一日名揚四海。如果事情本身不能給人陶醉與滿足，就不足以稱為美好。

為別人對你的好感、承認、報償所做的事，如果別人不承認，便等於零。為自己的良心、才能、生命做的事，即使沒有一個人承認，也絲毫無損。

我之所以寧願靠自己的本事吃飯，其一個原因是為了省心省力，不必去經營我所不擅長的人際關係。

當我做著自己真正想做的事情時，別人的褒貶並不重要。對於我來說，不存在正業副業之分，凡是出自內心需要而做的事情都是我的正業。

「定力」不是修煉出來的，它直接來自所做的事情對你的吸引力。我的確感到，讀書、寫作以及享受愛情、親情與友情是天底下最快樂的事情。人生有兩大幸運，一是做自己喜歡做的事，另一是和自己喜歡的人在一起。所以也可以說，我的「定力」來自我的幸運。

世上有味之事，包括詩、酒、哲學、愛情，往往無用。吟無用之詩，醉無用之酒，讀無用之書，鍾無用之情，終於成一無用之人，卻因此活得有滋味。

真實是最難的，為了它，一個人也許不得不捨棄許多好東西：名譽、地位、財產、家庭。但真實又是最容易的，在世界上，唯有它，一個人只要願意，總能得到和保持。

成熟卻不世故，依然保有一顆童心；成功卻不虛榮，依然一顆平常心。兼此二心者，我稱之為有真性情。

我不願用情人臉上的一個微笑，換取身後一個世代的名聲。

人生貴在行胸臆

讀袁中郎全集，感到清風徐徐撲面，精神陣陣爽快。

明末這位才子一度任職吳縣縣令，上任伊始，致書朋友們道：「吳中得若令也，五湖有長，洞庭有君，酒有主人，茶有知己，生公說法石有長老。」開卷讀到這等瀟灑不俗之言，我便捨不得放下，相信這個人必定還會說出許多妙語。

我的期望沒有落空。

請看這一段：「天下有大敗興事三，而破國亡家不與焉。山水朋友不相湊，一敗興也。朋友忙，相聚不久，二敗興也。遊非及時，或花落山枯，三敗興也。」

真是非常的飄逸。中郎一生最愛山水，最愛朋友，難怪他寫得最好的是遊記和書信。不過，倘若你以為他只是個耽玩的倜儻書生，未免小看了他。《明史》記載，他在吳縣任上「聽斷敏決，公庭鮮事」，遂整日「與士大夫談說詩文，以風雅自命」。可見極其能幹，遊刃有餘。但他是真風雅，天性耐不得官場俗務，終於辭職。後來幾度獲朝廷重新任用，也都以謝病歸告終。

我們或許可以把袁中郎稱作享樂主義者，不過他所提倡的樂，乃是合乎生命之自然的樂趣，體現生命之質量和濃度的快樂。在他看來，為了這樣的享樂，付出什麼代價也是值得的，甚至這代價也成了一種快樂。

有兩段話，極能顯出他個性的光彩。

在一處他說「世人所難得者唯趣」，尤其是得之自然的趣。他舉出童子的無往而非趣，山林之人的自在度日，愚不肖的率心而行，作為這種趣的例子。然後寫道：「自以為絕望於世，故舉世非笑之不顧也，此又一趣也。」憑真性情生活是趣，因此遭到全世界的反對又是趣，從這趣中更看見他的真性情！

另一處談到人生真樂有五，原文太精彩，不忍割愛，照抄如下：

「目極世間之色，耳極世間之聲，身極世間之鮮，口極世間之譚，一快活也。堂前列鼎，堂後度曲，賓客滿席，男女交舄，燭氣熏天，珠翠委地，金錢不足，繼以田土，二快活也。篋中藏萬卷書，書皆珍異。宅畔置一館，館中約真正同心友十餘人，人中立一識見極高，如司馬遷、羅貫中、關漢卿者為主，分曹部署，各成一書，遠文唐宋酸儒之陋，近完一代未竟之篇，三快活也。千金買一舟，舟中置鼓吹一部，妓妾數人，游閑數人，泛家浮宅，不知老之將至，四快活也。然人生受用至此，不及十年，家資田地蕩盡矣。然後一身狼狽，朝不謀夕，托鉢歌妓之院，分餐孤老之盤，往來鄉親，恬不知恥，五快活也。」

前四種快活，氣象已屬不凡，誰知他筆鋒一轉，說享盡人生快樂以後，一敗塗地，淪為乞丐，又是一種快活！中郎文中多這類飛來之筆，出其不意，又順理成章。世人常把善終視作幸福的標誌，其實經不起推敲。若從人生終結看，善不善終都是死，都無幸福可言。若從人生過程看，一個人只要痛快淋漓地生活過，不管善不善終，都稱得上幸福了。對於一個生命熱情洋溢的人來說，幸福就在於最大限度窮盡人生的各種可能性，其中也包括困境和逆境。極而言之，樂極生悲不足悲，最可悲的是從來不曾樂過，一輩子穩穩當當，也平平淡淡，那才是白活一場。所以，與其貪圖活得長久，不如爭取活得痛快。中郎引惠開的話說：「人生不得行胸臆，縱年百歲猶為夭。」就是這個意思。

中郎自己是個充滿生命熱情的人，他做什麼事都興致勃勃，好像不要命似的。愛山水，便說落雁峰「可值百死」。愛朋友，便嘆「以友為性命」。他知道「世上希有事，未有不以死得者」，值得要死要活一番。讀書讀到會心處，便「燈影下讀復叫，叫復讀，僮僕睡者皆驚起」，真是忘乎所以。他愛少女，坦承有「青娥之癖」。他甚至發起懶來也上癮，名之「懶癖」。

關於癖，他說過一句極中肯的話：「余觀世上語言無味面目可憎之人，皆無癖之人耳。若真有所癖，將沉湎酣溺，性命死生以之，何暇及錢奴宦賈之事。」有癖之人，哪怕有的是怪癖惡癖，終歸還保留著自己的真興趣真熱情，比起那班名利俗物而言更是一個活人。當然，所謂癖是真正著迷，全心全意，死活不顧。譬如巴爾扎克小說裡的於洛男爵，愛女色愛到財產、名譽、地位、性命都可以不要，到頭來窮困潦倒，卻依然心滿意足，這才配稱好色，那些只揩油不肯作半點犧牲的偷香竊玉之輩是不夠格的。

在義與利之外

「君子喻以義，小人喻以利。」中國人的人生哲學總是圍繞著「義、利」二字打轉。可是，假如我既不是君子，也不是小人呢？

曾經有過一個人皆君子、言必稱義的時代，當時或許有過大義滅利的真君子，但更常見的是假義之名逐利的偽君子和輕信義的迂君子。那個時代過去了。曾幾何時，世風劇變，義的信譽一落千丈，真君子銷聲匿跡，偽君子真相畢露，迂君子豁然開竅，都一窩蜂奔利而去。據說觀念更新，義利之辨有了新解，原來利並非小人的專利，倒是做人的天經地義。

「時間就是金錢！」這是當今的一句時髦口號。企業家以之鞭策生產，本無可非議。

但世人把它奉為指導人生的座右銘，用商業精神取代人生智慧，結果自己的人生變成一種企業，使人際關係成了一個市場。

我曾經嘲笑廉價的人情味，如今，連人情味也變得昂貴而罕見了。試問，不花錢你可能買到一個微笑、一句問候、一丁點惻隱之心？

不過，無須懷舊。想靠形形色色的義的說教來匡正時弊、拯救世風人心，事實上無濟於事。在義利之外，還有別樣的人生態度。在君子小人之外，還有別樣的人格。套孔子的句式，不妨說：「至人喻以情。」

義和利，貌似相反，實則相通。「義」要求人獻身抽象的社會實體，「利」驅使人投身世俗的物質利益，兩者都無視人的心靈生活，遮蔽了人真正的「自我」。「義」教人奉獻，「利」誘人占有，前者把人生變成一次義務的履行，後者把人生變成一場權利的爭奪，殊不知人生的真正價值超乎義務和權利之外。義和利都脫不開計較，所以，無論義師討伐叛臣，還是利慾支配眾生，人與人之間的關係總是緊張。

如果說「義」代表一種倫理的人生態度，「利」代表一種功利的人生態度，那麼，我所說的「情」便代表一種審美的人生態度。它主張率性而行，適情而止，每個人都保持自己的真性情。你不是你所信奉的教義，也不是你所占有的物品，你之為你僅在於你的真實「自我」。生命的意義不在奉獻或占有，而在創造，創造就是人的真性情的積極展開，是人在實現其本質力量時所獲得的情感上的滿足。創造不同於奉獻，奉獻只是完成外在的責任，創造卻是實現真實的「自我」。至於創造和占有，其差別更是一目瞭然，譬如寫作，占有注重的是作品所帶來的名利地位，創造注重的只是創作本身的快樂。有真性情的人，與人相處唯求情感的溝通，與物相觸獨鍾情趣的品味。更為可貴的是，在世人匆忙逐利又為利所逐的時代，他接人待物有一種閒適之情。這不是指中國士大夫式的閒情逸致，也不是指小農式的知足保守，而是指一種不為利驅、不為物役的淡泊生活情懷。仍以寫作為例，我想不通，一個人何必要著作等身呢？倘想流芳千古，一首不朽的小詩足矣。倘無此奢求，則只要活得自在即可，寫作也不過是這活得自在的一種方式罷了。

王爾德說：「人生只有兩種悲劇，一是沒有得到想要的東西，另一是得到了想要的東西。」我曾經深以為然，並且佩服他把人生的可悲境遇表述得如此輕鬆俏皮。但仔細玩味，發現這話的立足點仍是占有，所以才會有占有慾未得滿足的痛苦和已得滿足的無聊這種雙重悲劇。如果把立足點移到創造上，以審美的眼光看人生，我們豈不可以反其意而說：人生中有兩種快樂，一是沒有得到想要的東西，於是你可以去尋求和創造；另一是得到了想要的東西，於是你可以去品味和體驗？當然，人生總有其不可消除的痛苦，而重情輕利的人所體味到的辛酸悲哀，更為逐利之輩所夢想不到。但是，擺脫了占有慾，至少可以使人免除許多瑣碎的煩惱和渺小的痛苦，活得更有器度。我無意以審美之情為救世良策，而只是表達了一個信念：在義與利之外，還有一種更值得一過的人生。這個信念將支撐我度過未來吉凶難卜的歲月。

內在的從容

無論你多麼熱愛自己的事業，也無論你的事業是什麼，你都要為自己保留一個開闊的心靈空間，一種內在的從容和悠閒。唯有在這個心靈空間中，才能把你的事業作為自己的生命果實品嘗。如果沒有這個空間，你永遠忙碌，你的心靈永遠被與事業相關的各種事務所充塞，那麼，不管你在事業上取得了怎樣的外在成功，你都只是損耗了你的生命，而沒有品嘗到果實。

凡是心靈空間被占據的，往往是出於逼迫。如果說窮人和悲慘的人是受到貧窮和苦難的逼迫，那麼，忙人則是受到名利和責任的逼迫。名利也是一種貧窮，慾壑難填的痛苦同樣具有匱乏的特徵，而名利場上的角逐同樣充滿生存鬥爭式的焦慮。所以，一個忙人很可能是一個心靈上的窮人及悲慘的人。

光陰似箭，然而只有對於忙人而言才如此。日程表排得滿滿的，永遠有做不完的事，這時便會覺得時間以逼人之勢驅趕著自己，幾乎沒有喘息的工夫。

相反的，倘若並不覺得有非做不可的事情，心靜如止水，光陰也就停住了。永恆是一種從容的心境。

在現代社會裡生活，忙也許是常態。但是，常態之常，指的是經常，而非正常。倘若被常態禁錮，把經常誤認做正常，心就會在忙中沉淪和迷失。警覺到常態未必正常，在忙中保持心的從容，這是一種覺悟，也是一種幸福。

對於忙，我始終有一種警惕。我確立了兩個界限，第一要忙得愉快，只為自己真正喜歡的事忙，第二要忙得有分寸，做多麼喜歡的事也不讓自己忙昏了頭。其實，正是做自己喜歡的事，更應該從容，心靈是清明而活潑的，才會把事情做好，也才能享受做事的快樂。

從容中有一種神性。在從容的心境中，我們得以領悟上帝的作品，並以之為榜樣來創作人類的作品。沒有從容的心境，我們的一切忙碌就只是勞作，不復有創造；一切知識的追求就只是學術，不復有智慧；一切成績就只是功利，不復有心靈的滿足；甚至一切宗教活動也只成了世俗的事務，不具有真正的信仰。沒有從容的心境，無論建立起多麼輝煌的物質文明，我們過的仍是野蠻生活。

在現代商業社會中，人們活得越來越匆忙，哪裡有時間注意草木發芽、樹葉飄落這些小事，哪裡有閒心用眼睛看，用耳朵聽，用心靈感受。時間就是金錢，生活被簡化為盡快地賺錢和花錢。沉思未免奢侈，回味往事簡直是浪費。一個古怪的矛盾：生活節奏加快了，然而沒有了生活。天天爭分奪秒，歲歲年華虛度，到頭來發現一輩子真短。怎麼會不短呢？沒有值得回憶的往事，一眼就望到了頭。

有錢又有閒當然幸運，倘不能，退而求其次，我寧做有閒的窮人，不做有錢的忙人。我愛閒適勝於愛金錢。金錢終究是身外之物，閒適卻使我感到自己是生命的主人。

春華秋實，萬物都遵循自然的節奏，我們的祖先也是如此。但是，現代人卻相反，總是急急忙忙怕耽誤了什麼，總是遺憾有許多事情來不及做。

尤其你從事的是精神的創造，不妨悠然而行，讓精神的果實依照自然的節奏成熟。事實上，一切偉大作品的誕生，都一定有這樣一個孕育的過程。做一個心滿意足的孕婦，是精神創造者的最佳狀態。

分秒必爭，時間就是金錢；醉生夢死，今朝有酒今朝醉；糾纏於眼前的凡人瑣事，熱衷於網上的八卦星聞……這些似乎都是活在「當下」。然而，這個「當下」只是時間的碎片，活在這個「當下」的也只是「自我」的假象。

真正的活在「當下」，恰恰是要擺脫功利、慾望、紛爭、資訊的干擾，回歸生命的單純，獲得內在的寧靜。這樣，每一個「當下」都是生命本真狀態的顯現，因而即是永恆，而「自我」也因為與存在的整體連通而有了實質。

天地悠悠，生命短促，一個人一生的確做不成多少事。明白了這一點，就可以善待自己，不必活得那麼緊張匆忙了。但是，也正因為明白了這一點，就可以不抱野心，只為自己高興而好好做成幾件事了。

世上所有的事大抵如此，永遠未完成，而在未完成中。所謂不了了之，不了就是了之，未完成是生活的常態。

生而為人，忙於人類的事務本無可非議，重要的是保持心的從容。

一天很短。早晨的計劃，晚上發現只完成很小一部分。一生也很短。年輕時的心願，年老時發現只實現很小一部分。

今天的計劃沒完成，還有明天。今生的心願沒實現，卻不再有來世了。所以，不妨搾取每一天，但不要苛求絕無增援力量的一生。要記住：人一生能做的事情不多，無論做成幾件，都值得滿意。

幸福是一種能力

幸福是靈魂的事，肉體只會有快感，不會有幸福感。

靈魂是感受幸福的「器官」，任何外在的經歷，都必須有靈魂的參與才能成為幸福。內心世界的豐富、敏感和活躍與否決定了一個人感受幸福的能力。在此意義上，幸福是一種能力。

在我看來，所謂成功是指把自己真正喜歡的事情做好，其前提是首先要有自己真正的愛好，即自己的真性情，除此之外便只是名利場上的生意經。而幸福則主要是一種內心體驗，是心靈對於生命意義的強烈感受，因而也是以心靈的感受力為前提。所以，比成功和幸福都更重要的是，一個人必須有一個真實的自我、一顆飽滿的靈魂，它決定了一個人爭取成功和體驗幸福的能力。

世界是大海，每個人是一個容量基本確定的碗，他的幸福便是碗裡所盛的海水。我看見許多可憐的小碗在海裡拚命翻騰，為的是舀到更多的水，而那為數不多的大碗則很少動作，看去幾乎是靜止的。

人生意義取決於靈魂生活的狀況。其中，世俗意義—即幸福—取決於靈魂的豐富，神聖意義—即德性—取決於靈魂的高貴。

人生的價值，可用兩個詞來代表，一是幸福，二是優秀。優秀，就是人之所以為人的精神稟賦發育良好，成為人性意義上的真正的人；幸福，最重要的成分也是精神上的享受，因而是以優秀為前提。由此可見，二者皆取決於人性的健康生長和全面發展。

經歷過巨大苦難的人有權利證明，創造幸福和承受苦難屬於同一種能力。沒有被苦難壓倒，這不是恥辱，而是光榮。

有無愛的慾望，能否感受生的樂趣，歸根究柢是一個內在的生命力的問題。

幸福是一個心思詭譎的女神，但她的眼光並不勢利。權力能支配一切，卻支配不了命運。金錢能買到一切，卻買不到幸福。

人生最美好的享受都依賴於心靈能力，是錢所買不到的。錢能買名畫，買不到欣賞；能買色情服務，買不到愛情；能買豪華旅遊，買不到旅程中的精神收穫。金錢最多只是獲得幸福的條件之一，永遠不是充分條件，永遠不能直接成為幸福。

可持續的快樂

如果一個年輕女性問我，青春不能錯過什麼，要我舉出十件必須做的事，我大概會這樣列舉：

一、至少戀愛一次，最多兩次。一次也沒有，未免辜負了青春。但真戀愛不容易，超過兩次，就有贗品之嫌。

二、交若干好朋友，可以是閨中密友，也可以是異性知音。

三、學會烹調，能燒幾樣好菜。重要的不是手藝本身，而是從中體會日常生活的情趣。

四、每年小旅行一次，隔幾年大旅行一次，增長見識，拓寬胸懷。

五、鍛鍊身體，最好有一種自己喜歡、能夠持之以恆的體育項目。

六、爭取受良好的教育，精通一門專業知識或技能，掌握足以維持生存的看家本領。儘量按照自己的興趣選擇職業。如果做不到，就以敬業精神對待本職工作，同時在業餘發展自己的興趣。

七、養成高品位的讀書愛好，讀一批好書，找到屬於自己的書中知己。

八、至少喜歡一種藝術，音樂、舞蹈、繪畫等等，可以自己創作和參與，也可以只是欣賞。

九、養成寫日記的習慣。它可以幫助你學會享受孤獨，在孤獨中與自己談心。

十、經歷一次較大的挫折而不被打敗。只要不被打敗，你就會變得比過去強大許多。不經歷這麼一回，你不會知道自己其實多麼有力量。

開完這個單子，我再來說一說我的指導思想。我的指導思想很簡單，第一條是快樂。青春是人生中生命力最旺盛的時期，快樂是天經地義。我最討厭說教，什麼「少壯不努力，老大徒悲傷」，「吃得苦中苦，方為人上人」，彷彿青春的全部價值就在於為將來的成功而苦苦奮鬥。在所有的人生模式中，為了未來而犧牲現在是最壞的一種，把幸福永遠向後推延，實際上是抹去了幸福。人只有一個青春期，要享受青春，也只能是在青春期。有一些享受，過了青春期還是可以擁有，但滋味不同。譬如說，人到中老年仍然可以戀愛，但終歸減少了新鮮感和激情。同樣是旅行，以青春期的好奇、敏感和精力充沛，也能取得中老年不易有的收穫。依我看，「少壯不享樂，老大徒懊喪」至少也是成立的。倘若一個人在年輕時並非因為生活所迫而只知吃苦，拒絕享受，到年老力衰時即使成了人上人，卻喪失了享受的能力，那又有什麼意思呢！尤其是女性，我衷心希望她們有一個快樂的青春，否則這個世界也不會快樂。

但是，快樂不應該是單一、短暫的、完全依賴外部條件的，而應該是豐富的、持久的、能夠靠自己創造的，否則結果仍是不快樂。所以，我的第二條指導思想是可持續的快樂。這是套用可持續的發展一語，用在這裡正合適。青春終究會消逝，如果只是及時行樂，毫不為今後考慮，倒真會「老大徒悲傷」了。為今後考慮，一方面是實際的考慮，例如要有真本事，要有健康的身體，等等。另一方面，更重要的是，要使快樂本身不但是快樂，而且具有生長的能力，能夠生成新的更多的快樂。我所列舉的多數事情都屬於此類，它們實際上是一些精神性質的快樂。青春是心智最活潑的時期，也是心智趨於定型的時期。在這個時期，一個人倘若能夠通過讀書、思考、藝術、寫作等等充分領略心靈的快樂，形成一個豐富的內心世界，他在自己的身上就擁有了一個永不枯竭的快樂源泉。這個源泉將澤被整個人生，使他即使在艱難困苦之中仍擁有人類最高級的快樂。在我看來，這是一個人可能在青春期獲得的最重大成就。當然，女性同樣如此。如果我不這樣看，我就是歧視女性。如果哪個女性不這樣看，她就未免太自卑了。

02 享受生命

珍愛生命

熱愛生命是幸福之本，同情生命是道德之本，敬畏生命是信仰之本。人生的意義，在世俗層次上即幸福，在社會層次上即道德，在超越層次上即信仰，皆取決於對生命的態度。

生命是宇宙間的奇蹟，它的來源神祕莫測。是進化的產物，還是上帝的創造？這並不重要。重要的是用你的心去感受這奇蹟。於是，你便會懂得欣賞大自然中的生命現象，用它們的千姿百態豐富你的心胸。於是，你便會善待一切生命，從一個素不相識的人，到一頭羚羊、一隻昆蟲、一棵樹，從心底裡產生萬物同源的親近感。於是，你便能懷有一種敬畏之心，敬畏生命，也敬畏創造生命的造物主，不管人們把它稱作神還是大自然。

生命是最基本的價值。一個簡單的事實是，每個人只有一條命，在無限的時空中，再也不會有同樣的機會，所有因素都恰好組合在一起，產生出這一個特定的個體。同時，生命又是人生其他一切價值的前提，沒有了生命，其他一切都無從談起。

由此所得出的一個結論是，對於每一個人來說，生命是最珍貴的。因此，對於自己的生命，我們當知珍惜，對於他人的生命，我們當知關愛。

這個道理似乎不言而喻。可是仔細想一想，有多少人一輩子只把自己當作了賺錢的機器，何嘗把自己真正當作生命來珍惜；又有多少人只用利害關係的眼光估量他人的價值，何嘗把他人真正當作生命去關愛。

「生命」是一個美麗的詞，但它的美被瑣碎的日常生活掩蓋住了。我們活著，可是我們並不是時時對生命有所體驗的。相反，這樣的時候很少。大多數時候，我們倒是像無生命的機械一樣活著。

人們追求幸福，其實，還有什麼時刻比那些對生命的體驗最強烈最鮮明的時刻更幸福呢？當我感覺到自己身體與血管裡布滿新鮮、活躍的生命之時，我的確認為，此時此刻我是世上最幸福的人。

生命平靜地流逝，沒有聲響，沒有浪花，甚至連波紋也看不見，無聲無息。我多麼厭惡這平坦的河床，它吸收了所有感覺。突然，遇到了阻礙，礁岩崛起，狂風大作，拋起萬丈浪。我活著嗎？是的，這時候我才覺得我活著。

生命害怕單調甚於死亡，僅此就足以保證它不可戰勝了。它為了逃避，單調必須豐富自己，不在乎結局是否徒勞。

生命是我們最珍愛的東西，它是我們擁有一切的前提，失去了它，我們就失去了一切。生命又是我們最忽略的東西，我們對於擁有它實在太習以為常了，而一切習慣了的東西都容易被我們忘記。因此，人們在道理上都知道生命的寶貴，實際上卻時常做一些損害生命的事情，抽菸、酗酒、縱慾、不衛生、超負荷工作等等。因此，人們為虛名浮利而忙碌，卻捨不得花時間來讓生命本身感到愉快，來做一些實現生命本身價值的事情。往往是當我們的生命真正受到威脅的時候，我們才幡然醒悟，生命不可替代的價值才突然顯現在我們眼前。但是，有時候醒悟已為時太晚，損失已經不可挽回。

生命不同季節的體驗都是值得珍惜的，它們是完整的人生體驗的組成部分。一個人在任何年齡段都可以有人生的收穫，歲月的流逝誠然令人悲傷，但更可悲的是自欺式的年齡錯位。

生命原是人的最珍貴的價值。可是，在當今的時代，其他種種次要的價值取代生命成了人生的主要目標乃至唯一目標，人們耗盡畢生精力追逐金錢、權力、名聲、地位等等，從來不問一下這些東西是否使生命獲得真正滿足。

生命原是一個內容豐富的組合體，包含著多種多樣的需要、能力、衝動，其中每一種都有獨立的存在和價值，都應該得到實現和滿足。可是，現實的情形是，太多的人內在潛能沒有得到開發，他們的生命早早地就納入了一條狹窄而固定的軌道，並且以同樣的方式把自己的子女也培養成片面的人。

事實上，絕大多數人的潛能有太多未被發現和運用。由於環境的逼迫、利益的驅使或自身的懶惰，人們往往太早被定型，把偶然形成的一條窄縫，當成自己的生命之路，只讓潛能中極小的一部分從那裡釋放，絕大部分遭到了棄置。人們是怎樣輕慢地虧待自己只有一次的生命啊！

不論電腦怎樣升級，我只是用它來寫作，它的許多功能均未被開發。我們的生命何嘗不是如此？

在市聲塵囂之中，生命的聲音已經久被遮蔽，無人理會。讓我們都安靜下來，每個人都向自己身體和心靈的內部傾聽，聽一聽自己的生命在說什麼，想一想自己的生命究竟需要什麼。

讓生命回歸單純

人來到世上，首先是一個生命。生命，原本是單純的。可是，人卻活得越來越複雜。許多時候，我們不是作為生命在活，而是作為慾望、野心、身分、稱謂在活，不是為了生命在活，而是為了財富、權力、地位、名聲在活。這些社會堆積物遮蔽了生命，我們把它們看得比生命更重要，為之耗費一生的精力，不去聽也聽不見生命本身的聲音。

人是自然之子，生命遵循自然之道。人類必須在自然的懷抱中生息，無論時代怎樣變遷，春華秋實、生兒育女永遠是生命的基本核心。你從喧鬧的職場裡出來，走在街上，看天際的雲和樹，回到家裡，坐下來和妻子兒女一起吃晚飯，這時候你重新成為一個生命。

在今天的時代，讓生命回歸單純，這不但是一種生活藝術，而且是一種精神修煉。耶穌說：「除非你們改變，像小孩一樣，你們絕不能成為天國的子民。」那些在名利場上折騰的人，他們既然聽不見自己生命的聲音，就更聽不見靈魂的聲音了。

人不只有一個肉身生命，更有一個超越於肉身的內在生命，它被恰當地稱作靈魂。外在生命來自於自然，內在生命應該有更高的來源，不妨稱之為神。二者的辯證關係是，只有外在生命狀態單純之時，內在生命才會向你開啟，你活得越簡單，離神就越近。在一定意義上，人生覺悟就在於透過社會堆積物去發現你的自然的生命，又透過肉身生命去發現你的內在的生命，靈魂一旦敞亮，你的人生就有了明燈與方向。

保持生命的本色

動物服從於自然，它對物質條件的需求，它與別的生命的競爭，都在自然需要的限度之內。人卻不同，只有在人類之中，才有超出自然需要的貪婪和殘酷。

如果說這是因為上天給了人超出動物的特殊能力，這個特殊能力豈不用錯了地方？上天把人造就為萬物之靈，反而成了對人的懲罰？

事情當然不應該是如此。由此可以得出一個結論：人應該把自己的特殊能力多用在精神領域，無愧於萬物之靈的身分，而在物質領域則應該向動物學習，滿足於自然需要，保持自然之子的本色。倘若這樣，人世間不知會減去多少罪惡和紛爭。

貶低人的動物性也許是文化的偏見，動物狀態也許是人所能達到的最單純的狀態。

在事物上有太多理性的堆積物：語詞、概念、意見、評價等等。在生命上也有太多社會的堆積物：財富、權力、地位、名聲等等。天長日久，堆積物取代本體，組成了一個牢不可破的虛假的世界。

從生命的觀點看，現代人的生活有兩個弊病。一方面，文明為我們創造了越來越優裕的物質條件，遠超出維持生命之所需，那超出的部分固然提供了享受，但同時也使我們的生活方式變得複雜，離生命在自然界的本來狀態越來越遠。另一方面，優渥的物質條件也使我們容易沉湎於安逸，喪失面對巨大危險的勇氣和堅強，在精神上變得平庸。

我們的生命遠離兩個方向上的極限狀態，向下沒有承受匱乏的忍耐力，向上沒有挑戰危險的爆發力，躲在舒適安全的中間地帶，其感覺日趨麻木。

在中國傳統哲學中，最重視生命價值的學派是道家。《淮南王書》把這方面的思想概括為「全性保真，不以物累形」，莊子也一再強調要「不失其性命之情」、「任其性命之情」，相反的情形則是「喪己於物，失性於俗者，謂之倒置之民」。在莊子看來，物欲與生命相互敵對，被物欲控制的人是與生命的本性背道而馳，因此是顛倒的人。

你說，得活出個樣子。我說，得活出個味道。名聲地位是衣裳，不妨弄件穿穿。可是，對人對己都不要衣帽取人。衣裳換來換去，我還是我。脫盡衣裳，男人和女人更顯本色。

凡是出於自然需要而形成的人際關係，本來都應該單純，之所以變得複雜，往往是權力、金錢等因素摻入其中，甚至起了支配作用的結果。比如愛情，即使是其最複雜的情形，諸如婚外情、三角戀之類，只要當事人的感情是真實的，的確立足於感情並處理互相的關係，本質上仍是單純。可是，現在官場上大量包養情婦、權色交易的現象，娛樂圈乃至大學裡，普遍存在的性索賄的「潛規則」，當然一點也不單純。自然情感的領域遭到了如此嚴重的汙染，這是今天最觸目驚心的事實，更可悲的是，人們對此彷彿已經習以為常、視為合理。

如果人人—或者多數人—都能保持生命的單純，彼此也以單純的生命相待，這會是一個多麼美好的社會。

生命本來沒有名字

這是一封讀者來信，從一家雜誌社轉來的。每個作家都有自己的讀者，都會收到讀者的來信，這很平常。我不經意地拆開信封。可是讀了信，我的心在溫暖的感動中顫慄了。

請允許我把這封不長的信抄錄在這裡—

「不知道該怎樣稱呼您，每一種嘗試都令自己沮喪，所以就冒昧地開口了，實在是一份由衷的生命對生命的親切溫暖的敬意。

「記住你的名字大約是在七年前，那一年翻看一本《父母必讀》，上面有一篇寫孩子的或者是寫給孩子的文章，是印刷體卻另有一種纖柔之感，覺得您這個男人的面孔很特別。

「後來漸漸長大，便讀多了您的文章，常常推薦給周圍的人去讀，從不多聒噪什麼，總是覺得您的文章和人似乎是很需要我們安靜的，因為什麼，就不深究下去了。

「這回讀您的《時光村落裡的往事》，恍若穿行鄉村，沐浴到了最乾淨最暖和的陽光。我是一個卑微的生命，但我相信您一定願意靜靜地聽這個生命說：『我願意靜靜地聽您說話……』我從不願把您想像成一個思想家或散文家，您不會為此生氣吧？

「也許再過好多年之後，我已經老了，那時候，我相信為了年輕時讀過的您的那些話語，我要用心說一聲：謝謝您！」

信尾沒有落款，只有這一行字：「生命本來沒有名字吧？我是，你是。」我這才想到查看信封，發現那上面也沒有寄信人的地址，作為替代的是「時光村落」四個字。我注意了郵戳，寄自河北懷來。

從信的口氣看，我相信寫信人是一個很年輕、剛剛長大的女孩，一個生活在窮城僻鎮的女孩。我不曾給《父母必讀》寄過稿子，那篇使她和我初次相遇的文章，也許是這個雜誌轉載的，也許是她記錯了刊載的地方，不過這都無關緊要。令我感動的是她對我的文章的讀法，不是從中尋找思想，也不是作為散文欣賞，而是一個生命靜靜地傾聽另一個生命。所以我所獲得的，不是一個作家的虛榮心滿足，而是一個生命被另一個生命領悟的溫暖，一種暖入人性根底的深深感動。

「生命本來沒有名字」——這話說得多麼好！我們降生到世上，有誰是帶著名字來的？又有誰是帶著頭銜、職位、身分、財產等等來的？可是，隨著我們長大，越來越深地沉溺於俗務瑣事，已經很少有人能記起這個最單純的事實。我們彼此以名字相見，名字又與頭銜、身分、財產之類相聯，結果，在這些寄生物的纏繞之下，生命本身隱匿了，甚至萎縮。無論對己對人，生命的感覺都日趨麻痺。多數時候，我們只是作為一個稱謂活在世上。即使是朝夕相處的伴侶，也難得以生命的本然狀態相待，更多的是一種倫常和習慣。浩瀚宇宙間，也許只有我們的星球開出了生命的花朵，可是，在這個幸運的星球上，比比皆是利益的交換、身分的較量、財產的爭奪，最罕見的偏偏是生命與生命的相遇。仔細想想，我們是怎樣地本末倒置，因小失大，辜負了造化的寵愛。

是的—我是，你是，每一個人都是一個多麼普通又多麼獨特的生命，原本無名無姓，卻到底可歌可泣。我、你、每一個生命都是那麼偶然地來到這個世界上，完全有可能不降生，卻仍是降生了，然後又將必然地離去。想一想世界在時間和空間上的無限，每一個生命的誕生的偶然，怎能不感到一個生命與另一個生命的相遇是一種奇蹟呢？有時我甚至覺得，兩個生命在世上同時存在過，哪怕永不相遇，其中也仍然有一種令人感動的因緣。我相信，對於生命的這種珍惜和體悟，乃是一切人間之愛的至深源泉。你說你愛你的妻子，可是，如果你不是把她當作一個獨一無二的生命來愛，那麼你的愛還是有限。你愛她的美麗、溫柔、賢惠、聰明，這些當然都對，但這些品質在別的女人身上也能找到。唯獨她的生命，作為一個生命體的她，卻是在普天下的女人身上也無法重組或再生，一旦失去，便是不可挽回地失去了。世上什麼都能重複，戀愛可以再談，配偶可以另擇，身分可以炮製，錢財可以重掙，甚至歷史也可以重演，唯獨生命不能。越是精微的事物越不可重複，所以，與每一個既普通又獨特的生命相比，包括名聲、地位、財產在內的種種外在遭遇實在粗淺得很。

既然如此，當另一個生命，一個陌生得連名字也不知道的生命，遠遠地卻又那麼親近地發現了你的生命，透過世俗功利和文化的外觀，向你的生命發出了不求回報的呼應，這豈非人生中令人感動的幸遇？

所以，我要感謝這個不知名的女孩，感謝她安靜的傾聽和領悟點撥了我生命的性靈。她使我更加堅信，此生此世，當不當思想家或散文家，寫不寫得出漂亮文章，真是不重要。我唯願保持住一份生命的本色，一份能夠安靜聆聽別的生命也使別的生命願意安靜聆聽的純真，此中的快樂遠非浮華功名可比。

很想讓她知道我的感謝，但願她讀到這篇文章。

生命本身的享受

人生有許多出於自然的享受，例如愛情、友誼、欣賞大自然、藝術創造等等，其快樂遠非虛名浮利可比，而享受它們也並不需要太多的物質條件。我把這類享受稱作對生命本身的享受。

生命所需要的，無非空氣、陽光、健康、營養、繁衍，千古如斯，古老而平凡。但是，驕傲的人，拋開你的虛榮心和野心吧！你就會知道，這些最簡單的享受才是最醇美的。

越是自然的東西，就越是屬於我的生命的本質，越能牽動我的至深的情感。例如女人和孩子。

現代人享受的花樣越來越多。但是，我深信人世間最甜美的享受始終是那些最古老的享受。

每一個人對於自己的生命，第一有愛護它的責任，第二有享受它的權利，而這兩方面是統一的。世上有兩種人對自己的生命不知愛護也不善享受，其一是工作狂，其二是縱慾者，他們其實是在以不同的方式透支和搾取生命。

自然賦予人的一切生命慾望皆無罪，禁慾主義毫無道理。我們既然擁有了生命，當然有權享受它。但是，生命享受和物欲是兩回事。一方面，生命本身對於物質資料的需要是有限的，物欲決非生命本身所帶來，而是社會刺激起來。另一方面，生命享受的疆域無比寬廣，相比之下，物欲的滿足就太狹窄了。那些只把生命用來追求物質的人，實際上既怠慢了自己生命的真正需要，也剝奪了自己生命享受的廣闊疆域。

只有一次的生命是人生最寶貴的財富，但許多人寧願用它來換取那些次寶貴或不甚寶貴的財富，把全部生命耗費在學問、名聲、權力或金錢的積聚上。他們臨終時當如此悔嘆：「我只是使用了生命，而不曾享受生命！」

最自然的事情是最神祕的，例如做愛和孕育。各民族的神話豈非都可以追溯到這個源頭？

情慾是走向空靈的必由之路。本無情慾，只能空而不靈。

健康是為了活得愉快，而不是為了活得長久。活得愉快在己，活得長久在天。

而且，活得長久本身未必是愉快。

生命是否健康，要看整體的狀態。一個盲人，他雖然看不見繽紛的色彩，但能用其餘更敏銳的感官欣賞鳥的啁啾、花的芳香、微風的吹拂，他有和睦的家庭、踏實的工作、寧靜的心境，他的生命在整體上就是健康的。相反的，一個感官健全的人，倘若他總是在名利場折騰，在娛樂場鬼混，不再有時間和心情享受自然賜予的快樂，他的生命在整體上就是病態的。

金錢能帶來物質享受，但算不上最高的物質幸福。最高的物質幸福是什麼？我贊成托爾斯泰的見解：對人類社會來說，是和平；對個人來說，是健康。在一個時刻遭受戰爭和恐怖主義的威脅的世界上，經濟再發達又有什麼用？如果一個人的生命機能被徹底毀壞了，錢再多又有什麼用？所以，我在物質上的最高奢望，就是在一個和平的世界上，有一個健康的身體，過一種小康的日子。在我看來，如果天下大多數人都能過上這種日子，那就是一個非常美好的世界。

夜裡睡了一個好覺，早晨起來又遇到一個晴朗的日子，便會有一種格外輕鬆愉快的心情，好像自己變年輕了，而且會永遠年輕下去。

戲說慾望

——在巴黎之花晚宴上的演說

今天的晚宴設計了六個話題，分別請六個人演講，剛才五位朋友講了前五個話題，按照主辦方的安排，現在我來講最後一個。據我所知，原先擬定的題目裡有「婚姻」，可是，婚姻好像是一個尷尬的話題，沒人肯認領。這也難怪，因為，如果你讚美婚姻，等於是你在證明自己的平庸，如果你抨擊婚姻，又等於是你在控訴自己的配偶，反正怎麼說都不對。結果，「婚姻」被「回憶」取代。

這頗具諷刺意味。在現實生活中，回憶正是婚姻的避難所：當我們對婚姻產生動搖時，就回憶曾有的愛情，堅定自己的信心；當我們對婚姻感到絕望時，我們就回憶從前的情人，安慰——確切地說是加深——自己的痛苦。

但是，這恰恰證明，在人生舞台上，婚姻是一個多麼重要的角色，給了我們多麼複雜的感受，不該缺席。所以，在向大家介紹一個新角色之前，我首先要恢復它的位置，而讓「回憶」靠邊站。

那麼，人生舞台上的角色有這麼五位：愛情，婚姻，幸福，浪漫，生活。現在我想告訴大家的是，我發現，這五位角色其實都是一位真正的主角的面具，是這位真正的主角在借殼表演，它的名字就叫──「慾望」。

什麼是愛情？愛情就是慾望罩上了一層溫情脈脈的面紗。

什麼是婚姻？婚姻就是慾望戴上了一副名叫忠誠的鐐銬，立起了一座名叫貞潔的牌坊。

什麼是幸福？幸福是慾望在變魔術，為你變出海市蜃樓，讓你無比嚮往，走到跟前一看，什麼也沒有。

所謂浪漫，不過是慾望在玩情調罷了。

玩情調玩膩了，慾望說：讓我們好好過日子吧！這就叫「生活」。

慾望在人生中具有這麼重大的作用，它是好還是壞呢？

許多哲學家認為慾望是一個壞東西，理由有二。一是說它虛幻。例如叔本華說：「慾望不滿足就痛苦，滿足就無聊，人生如同鐘擺在痛苦和無聊之間擺動。」薩特說：「人是一堆無用的慾望。」二是說它惡，是人間一切壞事的根源，導致犯罪和戰爭。

可是，生命無非就是慾望，否定了慾望，也就否定了生命。

怎麼辦？這裡我們要請出人生中另外兩位重要角色，一位叫靈魂，另一位叫理性。靈魂是慾望的導師，它引導慾望昇華，於是人類有了藝術、道德、宗教。理性是慾望的管家，它對慾望加以管理，於是人類有了法律、經濟、政治。

你們看，人類的一切玩意，或者是慾望本身創造的，或者是為了對付慾望而創造的。說到底，慾望仍然是人生舞台上的主角。

慾望是一個愛惹事的傢伙，可是，如果沒有慾望惹事，人生就未免太寂寞了。

所以，最後我要說一句：謝謝「慾望」！

平凡生活的價值

生命是人存在的基礎和核心。個人建功創業，致富獵名，倘若結果不能讓自己安身立命，究竟有何價值？人類齊家治國，爭霸稱雄，倘若結果不能讓百姓安居樂業，究竟有何價值？

世代交替，生命繁衍，人類生活的基本核心原本就是平凡的。戰爭、政治、文化、財富、歷險、浪漫……，一切的不平凡，最後都要回歸平凡，都要按照對人類平凡生活的功過確定其價值。即使在偉人的生平中，最能打動我們的也不是豐功偉績，而是那些在平凡生活中顯露了真實人性的時刻，這樣的時刻恰恰是人人都擁有的。遺憾的是，在今天的世界上，人們惶惶然追求貌似不平凡的東西，懂得珍惜和品味平凡生活的人何其少。

人世間的一切不平凡，最後都要回歸平凡，都要用平凡生活來衡量其價值。偉大、精彩、成功都不算什麼，只有把平凡生活真正過好，人生才是圓滿。

人世間真實的幸福原是極簡單的。人們輕慢和拒絕神的禮物，偏要到別處去尋找幸福，結果生活越來越複雜，也越來越不幸。

人在世上不妨去追求種種幸福，但不要忘了最重要的幸福就在你自己身邊，那就是平凡的親情。人在遭遇苦難時誠然可以去尋求別人的幫助和安慰，但不要忘了唯有一樣東西能夠使你真正承受苦難，那就是你自己的堅忍。在我看來，一個人懂得珍惜屬於自己的那一份親情，又勇於承擔屬於自己的那一份苦難，乃是人生的兩項偉大成就。

活在世上，沒有一個人願意完全孤獨。天才的孤獨是指他的思想不被人理解，在實際生活中，他卻也是願意有個好伴侶，如果沒有，那是運氣不好，並非他的主動選擇。人不論偉大還是平凡，真實的幸福都是很平凡很實在的。才賦和事業只能決定一個人是否優秀，不能決定他是否幸福。我們說貝多芬是一個不幸的天才，泰戈爾是一個幸福的天才，其根據就是在世俗領域的不同遭遇。

品味平凡生活

——關鍵《隱居法國》序

關鍵的經歷頗為特別。從北京大學畢業後，她到巴黎闖蕩。一個中國姑娘，置身於世界藝術之都的浪漫，心情當然很興奮。那些年裡，我兩次去巴黎，看見她忙於找房子，開畫廊，一付紮根巴黎開創事業的熱情。何嘗想到，若干年後，她一頭鑽進法國南部阿爾卑斯山麓，在一個不知名的小村鎮定居。按照常理，一個中國人到法國，就好像從鄉村來到都市，圖的就是都市的繁華，關鍵一開始想必也是如此。可是，結果卻在法國的偏遠鄉村找到自己的歸宿，日子比在中國還冷清，並且義無反顧，心滿意足。這不是很特別嗎？

不過，對於關鍵自己來說，這又是自然而然的。在巴黎的十年裡，她總聽見一個聲音在呼喚她，越來越清晰，告訴她都市不是她的家，叮囑她去尋找真正的家。希臘哲人說：一個人的性格就是他的命運。這句話也可理解為：一個人最好的生活，就是最適合於他的天性的生活。如果不適合，不管這種生活在旁人眼裡多麼值得羨慕，都不算好。因此，那個呼喚她的聲音其實是她自己的天性在呼喊，而她也就聽從了它的指引。

讀了關鍵在鄉居中寫的這些文字，我相信，她不但回到了自己真正的家，而且回歸了生活的本質。當然，生活的形相是千姿百態的，混跡都市、追逐功名、叱吒風雲也都是生活，不一定要隱居山林。但是，太熱鬧的生活始終有一個危險，就是被熱鬧所占有，漸漸誤以為熱鬧就是生活，熱鬧之外別無生活，最後真的只剩下了熱鬧，沒有了生活。在人的生活中，有一些東西是可有可無的，有了也許增色，沒有也無損本質，有一些東西則是不可缺，缺了就不復是生活。什麼東西不可缺，誰說都不算數，生養人類的大自然是唯一的權威。自然規定了生命離不開陽光和土地，規定了人類必須耕耘和繁衍。最基本的生活內容原是最平凡的，但正是它們構成人類生活的永恆核心。鄉村生活的優點在於，這個真理是直接呈現，是一個每天都能感知到的事實。一個人長久受這個真理浸染，化做了自己的血肉，世間任何浮華都不能再誘惑他了。

不過，地方畢竟不是決定性的。無論身在城市還是身在鄉村，一個人都可能領悟生活的真諦，也都可能毫無感受，就看你的心靜不靜。我們捧著一本書，如果心不靜，再好的書也讀不進去，更不用說領會其中的妙處。讀生活這本書也是如此。其實，只有安靜下來，人的心靈和感官才是真正開放的，從而變得敏銳，與對象處在一種最佳關係之中。但是，心靜是強求不來的，它是一種境界，是世界觀導致的結果。一個不知道自己到底要什麼的人，必定總是處在心猿意馬的狀態。關鍵一定知道她到底要什麼，所以她的心很靜。多年來，她安心地在歐洲山村裡做一個普通人，細心地品嘗每一個平凡日子的滋味，品出了許多美味。在法國南方的鄉村，許多農家自釀葡萄酒，其味醇和而耐久，主人端出來款待過往客人，大商店裡是買不到的。關鍵端給我們的正是她自釀的紅酒。

近些年來，圖書市場時常推出中國人寫自己在國外經歷的書，內容多為如何奮鬥、如何驚險、如何成功、如何風光，彷彿國外是冒險家的樂園一般。這本書提供了一個不同的版本，它告訴我們，不論在中國還是在外國，真實的生活都是平凡的，而平凡自有其動人之處。哪一種版本更符合真相，對國外有所瞭解的人心裡有數，不瞭解國外但懂得生活的人也是心中有數。

生命中不能錯過什麼

——《綠山牆的安妮》中譯本序

安妮是一個十一歲的孤兒，一頭紅髮，滿臉雀斑，整天耽於幻想，不斷闖些小禍。假如允許你收養一個孩子，你會選擇她嗎？大概不會。馬修和瑪莉拉是一對上了年紀的獨身兄妹，他們也不想收養安妮，只是因為誤會，收養成了令人遺憾的既成事實。故事就從這裡開始，安妮住進了美麗僻靜村莊中這個叫做綠山牆的農舍，她的一言一行都將經受老處女瑪莉拉的刻板挑剔眼光－以及村民們的保守務實眼光－的檢驗，形勢對她十分不利。然而，隨著故事進展，我們看到，安妮的生命熱情融化了一切敵意的堅冰，給綠山牆和整個村莊帶來了歡快的春意。作為讀者，我們也和小說中所有人一樣不由自主地喜歡上了她。正如當年馬克．吐溫所評論的，加拿大女作家莫德．蒙哥馬利塑造的這個人物不愧是「繼《不朽的艾麗絲》之後，最令人感動和喜愛的兒童形象」。

在安妮身上，最令人喜愛的是那種富有靈氣的生命活力。她的生命力如此健康蓬勃，到處綻開愛和夢想的花朵，幾乎到了奢侈的地步。安妮擁有兩種極其寶貴的財富，一是對生活的驚奇感，二是充滿樂觀精神的想像力。對於她來說，每一天都有新的盼望、新的驚喜。她不怕盼望落空，因為她已經從盼望中享受了一半的喜悅。她生活在用想像力創造的美麗世界中，看見五月花，她覺得自己身在天堂，看見了去年枯萎的花朵的靈魂。請不要說安妮虛無縹緲，她的夢想之花確確實實結出了果實，使她周圍的人在和從前一樣的現實生活中，品嘗到了從前未曾發現的甜美滋味。

我們不但喜愛安妮，而且被她深深感動，因為她那樣善良。不過，她的善良不是來自某種道德命令，而是源自天性的純淨。她的生命是一條雖然激盪卻依然澄澈的溪流，彷彿直接從源頭湧出，既積蓄了很大的能量，又尚未受到任何汙染。安妮的善良實際上是一種感恩，是因為擁有生命、享受生命而產生對生命的感激之情。懷著這種感激之情，她善待一切幫助過她乃至傷害過她的人，也善待大自然中的一草一木。與憐憫、仁慈、修養相比，這種善良是一種更為本真的善良，而且也是更加令自己和別人愉快的。

所以我認為，這本書雖然是近一百年前問世的，今天仍然很值得我們一讀。作為兒童文學的一部經典之作，今天的孩子們一定還能夠領會它的魅力，與可愛的主人公發生共鳴，孩子們比我聰明，無須我多言。我想特別說一下的是，今天的成人們也應當能夠從中獲得教益。在我看來，教益有二。一是促使我們反省對孩子的教育。我們該知道，就天性的健康和純淨而言，每個孩子身上都藏著一個安妮，我們千萬不要再用種種功利的算計去毀壞他們的健康，汙染他們的純淨，扼殺他們身上的安妮。二是促使我們反省自己的人生。在今日這個崇拜財富的時代，我們該自問，我們是否丟失了那些最重要的財富，例如對生活的驚奇感，使生活煥發詩意的想像力，源自感激生命的善良等等。安妮曾經向從來不想像與現實不同事情的人驚呼：「你錯過了多少東西！」我們也該自問：我們錯過了多少比金錢、豪宅、地位、名聲更寶貴的東西？

生活的減法

南極之行，從北京出發搭乘的是法航，可以託運六十公斤行李。誰知到了聖地亞哥，改乘智利國內航班，只准託運二十公斤。於是，只好把帶出的兩只箱子精簡成一只，所剩的物品就少了許多。到住處後，把這些物品擺開，所占空間極少，好像住在一間空屋子裡。可是，這麼多天下來，我並沒有感到缺少什麼。回想在北京的家裡，比這大得多的屋子總是滿滿的，每一樣東西好像都是必需的，但我現在竟想不起那些必需的東西是什麼了。於是我想，許多好像必需的東西其實可有可無。

在北京的時候，我每天都很忙碌，手頭上總有做不完的事。直到這次出發前夕，我仍然分秒必爭地做著我認為十分緊迫的其中一件事。可是一旦踏上旅途，再緊迫的事也只能擱下。現在，我已經把所有似乎必須限期完成的事擱下好些天了，但並沒有造成什麼嚴重後果。於是我想，許多好像必須做的事，其實是可做可不做。

許多東西，我們之所以覺得必需，只是因為我們已經擁有它們。當我們清理自己的居室時，我們會覺得每一樣東西都有用處，都捨不得扔掉。可是，倘若我們必須搬到一間小屋，只允許保留很少的東西，我們就會判斷出什麼東西是自己真正需要的。那麼，我們即使有一座大房子，不妨用只有一間小屋的標準限定必需的物品，從而為美化居室，留出更多的自由空間？

許多事情，我們之所以認為必須做，只是因為我們已經把它們列入了日程。如果讓我們憑空從其中刪除某一些，我們會難做取捨。可是，倘若我們知道自己已經來日不多，只能做成一件事情，我們就會判斷出什麼事情是自己真正想做的。那麼，我們即使還能活很久，又不妨用來日不多的標準來限定必做的事情，從而為享受生活留出更多的自由時間？

心靈的空間

我讀到泰戈爾的一段話，把它歸納及改寫如下：「未被占據的空間和未被占據的時間具有最高的價值。一個富翁的富並不表現在他的堆滿貨物的倉庫和一本萬利的經營上，而是表現在他能夠買下廣大空間來布置庭院和花園，能夠給自己留下大量時間來休閒。」同樣，心靈中擁有開闊的空間也是最重要的，如此才會有思想的自由。

接著，泰戈爾舉例說，窮人和悲慘的人的心靈空間完全被日常生活的憂慮和身體的痛苦所占據，所以不可能有思想的自由。我想補充指出的是，除此之外，還有另一類例證，就是忙人。

凡心靈空間的被占據，往往是出於逼迫。如果說窮人和悲慘的人是受了貧窮和苦難的逼迫，那麼，忙人則是受了名利和責任的逼迫。名利也是一種貧窮，慾壑難填的痛苦同樣具有匱乏的特徵，而名利場上的角逐同樣充滿生存鬥爭式的焦慮。至於說到責任，可分三種情形：一是出自內心的需要，另當別論；二是為了名利而承擔的，可以歸結為名利；三是既非內心自覺，又非貪圖名利，完全是職務或客觀情勢所強加的，那就與苦難相差無幾了。所以，一個忙人很可能是一個心靈上的窮人和悲慘的人。

這裡我還要談論，那種出自內在責任的忙碌，因為我常常認為我的忙碌屬於這一種。一個人真正喜歡一種事業，他的身心完全被這種事業占據了，能不能說他也沒有了心靈的自由空間呢？這首先要看在從事這種事業的時候，他是否真正感覺到了創造的快樂。譬如說寫作，寫作誠然是一種艱苦的勞動，但必定伴隨著創造的快樂，如果沒有，就有理由懷疑它是否蛻變成了一種強迫性的事務，乃至一種功利性的勞作。當一個人以寫作為職業的時候，這樣的蛻變很容易發生。心靈的自由空間是一個快樂的領域，其中包括創造的快樂、閱讀的快樂、欣賞大自然和藝術的快樂、情感體驗的快樂、無所事事地閒適和遐想的快樂等等。所有這些快樂都不是孤立的，而是共生互通的。所以，如果一個人永遠只是埋頭於寫作，不再有心思享受別的快樂，他創造的快樂和心靈的自由也大可懷疑。

我的這番思考是對我自己的一個警告，同時也是給所有自願的忙人一個提醒。我想說的是，無論你多麼熱愛自己的事業，也無論你的事業是什麼，你都要為自己保留一個開闊的心靈空間，一種內在的從容及悠閒。唯有在這個心靈空間中，你才能把你的事業作為你的生命果實來品嘗。如果沒有這個空間，你永遠忙碌，你的心靈永遠被與事業相關的各種事物所充塞，那麼，不管你在事業上取得如何的外在成功，都只是損耗了生命，而沒有品嘗到它的果實。

神聖的休息日

上帝在西奈山向摩西傳十誡，其第四誡是：週末必須休息，守為聖日。他甚至下令，凡安息日工作者格殺勿論。

這未免也太殘忍了。

不過，我們不妨把這看作寓言，其寓意是：閒暇和休息也是神聖的。

在《舊約．創世記》中，我們確實發現有這一層意思。其中說：上帝在六日內創造了世界萬物，便在第七日休息了。「他賜福給第七日，聖化那一日為特別的日子；因為他已經完成了創造，在那一日歇工休息。」可以想像，忙碌了六個工作日的上帝，在第七日的休憩中，一定領略到了另一種不尋常的快樂。所以，他責令他的子民倣傚他的榜樣，不但要勤於工作，而且要善於享受閒暇。

時至今日，《創世記》中上帝的日程表已經擴展成了全世界通用的日曆，七日為一星期，週末為休息日，已經成為萬民的習俗。我們真應該慶幸有一個懂得休息的上帝，並且應該把週末的休息日視為人類歷史上的偉大發明之一。試想一下，如果沒有週末的休息日，人類永遠埋首勞作，會成為怎樣沒頭腦的一種東西。週末給川流不息的日子規定了一個長短合宜的節奏，週期性地把我們的身體從勞作中解脫出來，同時也把我們的心智從功利中解脫出來，實為賜福人生之美事。

休息是神聖的，因為閒暇是生命的自由空間。只是勞作，沒有閒暇，人會喪失性靈，忘掉人生之根本。這豈不就是瀆神？所以，對於一個人人匆忙賺錢的時代，摩西第四誡是一個必要的警告。

當然，工作同樣是神聖的。無所作為的懶漢和沒頭沒腦的工作狂，乃是遠離神聖的兩極。創造之後的休息，如同創世後第七日的上帝那樣，這時我們最像一個神。

休閒的時尚

休閒已經成為一種時尚。在今天，如果一個人不是經常地泡酒吧、茶館或咖啡廳，不是熟門熟路地光顧各種名目的娛樂場所，他基本上算是落伍了。還有那些往往設在郊外風景區的度假村，據說服務項目齊全，當然主要是針對男人們而言。為了刺激和滿足休閒的需要，一個遍布全國各地的休閒產業正在興起。

我們的生活曾經十分單調，為謀生而從事的職業性勞動占據了最大比例，剩下的閒暇時間少得可憐。那時候有一句流行的話：「不會休息的人就不會工作。」位置擺得很清楚：閒暇時間只是用來休息，而休息又只是為工作服務。現在，對於相當一部分人群來說，情況已經改變。當閒暇時間足夠長的時候，它的意義就不只是為職業性勞動恢復和積蓄體力或腦力，而是越來越具有了獨立的價值。我們的生活質量不再僅僅取決於我們怎樣工作，同時也取決於我們怎樣消度閒暇。休閒完全是新的生活概念，表明閒暇本身要求用豐富的內容來充實它，這當然是一大進步。

然而，正因為如此，至少我是不願意把閒暇交給時尚支配。在現有社會條件下，多數人的職業選擇仍然不可避免地帶有一定的強制性，唯有閒暇是能夠自由支配的時間。閒暇之可貴，就在於我們在其中可以真正做自己的主人，展現自己的個性。時尚不過是流行的趣味罷了，其實是最沒有個性的。在酒吧的幽暗燭光下沉思，在咖啡廳的溫馨氛圍中約會，也許是很有情調的事情。可是，倘若只是為了情調而無所用心地坐在酒吧和咖啡廳裡，消磨掉一個又一個晝夜，我覺得那種生活實在無聊。

作為一種時尚的休閒，本質上是消費行為。平時忙於賺錢，緊張而辛苦，現在花錢買放鬆、買快樂，當然無可非議。可是，如果閒暇只是用來放鬆，它便又成了為工作服務的東西，失去了獨立的價值。至於快樂，我始終認為有等級之分。追求官能的快樂也沒什麼不好，但如果僅限於此，不知心靈的快樂為何物，等級未免太低。在這意義上，消度閒暇的方式的確表明了一個人的精神品級。

休閒的方式應該是各人不同的，如果雷同就一定是出了問題。「休閒」這個概念本身具有導向性，其實「閒」並非只可用來「休」。清人張潮有言：「能閒世人之所忙者，方能忙世人之所閒。」改用他的話，不妨說，積極的度閒方式是閒自己平時之所忙，從而忙自己平時之所閒。每一個人的生命都蘊藏多方面的可能性，任何一種職業在最好的情形下也只是實現了某一些可能性，而壓抑了其餘的可能性。閒暇便提供了一個機會，可以嘗試去實現其餘的可能性。人是不能絕對地無所事事，做平時想做而做不了的事，發展自己在職業中發展不了的能力，這本身是莫大的享受。所以，譬如說，一個商人在閒時讀書，一個官員在閒時寫書，在我看來都是極好的休閒。

03 親近自然

親近自然

每年開春，彷彿無意中突然發現土中冒出了稚嫩的青草，樹木抽出了小小的綠芽，那時候會有一種多麼純淨的喜悅心情。記得小時候，在屋外的泥地裡埋幾粒黃豆或牽牛花籽，當看到小小的綠芽破土而出時，感覺到的也是這種心情。也許天下生命原是一家，也許我曾經是這麼一棵樹、一棵草，生命萌芽的歡欣越過漫長的進化系列，又在我的心裡復甦了？

唉！人的心，進化的最高產物，世上最複雜的東西，在這小小的綠芽面前，才恢復了片刻的純淨。

一個人的童年，最好是在鄉村度過。一切的生命，包括植物、動物、人，歸根究柢來自土地，生於土地，最後又歸於土地。在鄉村，那剛來自土地的生命仍能貼近土地，從土地汲取營養。童年是生命蓬勃生長的時期，而鄉村為它提供了充滿同樣蓬勃生長的生命的環境。農村孩子的生命不孤單，它有許多同伴，與樹、草、野兔、家畜、昆蟲進行著無聲的談話，它本能地感到自己屬於大自然的生命共同體。相比之下，城裡孩子的生命就十分孤單，遠離了土地和土地上豐富的生命，與大自然的生命共同體斷了聯繫。在一定意義上，城裡孩子是沒有童年的。

孩子天然地親近自然，親近自然中的一切生命。孩子就是自然，就是自然中的一個生命。

然而，今天的孩子很可憐。一方面，他們從小遠離自然，在他們的生活環境裡，自然最多只剩下了一點點殘片。另一方面，他們所處的文化環境也是非自然的，從小被電玩遊戲、太空動漫、補充教材之類的產品所包圍，天性中的自然也遭到封殺。

我們正在從內外兩個方面切斷孩子與自然的聯繫，剝奪他們的童年。他們遲早會報復我們！

現在，我們與土地的接觸越來越少了。磚牆、水泥、鋼鐵、塑膠和各種新型建築材料把我們包圍起來。我們把自己關在宿舍或辦公室的四壁之內。走在街上，我們同樣被房屋、商店、建築物和水泥路面包圍。我們總是活得那樣匆忙，來不及看看天空和土地。我們總是生活在眼前，忘掉了永恆和無限。我們已經不再懂得土地的痛苦和渴望，不再能欣賞土地的悲壯和美麗。

這熟悉的家、街道、城市，這熙熙攘攘的人群，有時候我會突然感到多麼陌生、多麼不真實。我思念被這一切覆蓋著的永恆的土地，思念一切生命的原始的家鄉。

每到重陽，古人就登高樓，望天涯，秋愁滿懷。今人一年四季關在更高的高樓裡，對季節毫無感覺，不知重陽為何物。

秋天到了。可是，哪裡是紅葉天、黃花地？在我們的世界裡，甚至已經沒有了天和地。我們已經自我放逐於自然和季節。

春來春去，花開花落，原是自然界的現象，似乎不足悲喜。然而，偏是在春季，物象的變化最豐富也最微妙，生命的節奏最熱烈也最急促，詩人的心，天下一切敏感的心，就不免會發生感應了。心中一團朦朧的情緒，似甜卻苦，乍喜還悲，說不清道不明，我們的古人稱之為「愁」。

細究起來，這「愁」又是因人因境而異，由不同的成分交織成的。觸景生情，彷彿起了思念，卻沒有思念的具體對象，是籠統的春愁。有思念的對象，但山河阻隔，是離愁。孤身漂泊，睹景思鄉，是旅愁和鄉愁。因季節變遷而悲年華的虛度或平生的不得志，是閒愁。因季節變遷而悲時光的流逝和歲月的無常，便是短暫人生的萬古大愁了。

我們不要譏笑古人多愁善感，倒不妨捫心自問，在匆忙的現代生活中，我們的心情與自然的物候之間還能否有如此密切的感應，我們的心腸是否太硬，對於自然界的生命節奏是否已經太麻木？

現代人只能從一杯新茶中品味春天的田野。在燈紅酒綠的都市裡，覓得一株柳芽、一朵野花、一刻清靜，人會由衷地快樂。在杳無人煙的荒野上，發現一星燈火、一縷炊煙、一點人跡，人也會由衷地快樂。自然和文明，人皆需要，二者不可缺一。

久住城市，偶爾來到僻靜的山谷湖畔，面對連綿起伏的山和浩淼無際的水，會感到一種解脫和自由。然而我想，倘若在此定居，與世隔絕，心境也許就會變化。儘管看到的還是同樣的山水景物，所感到的卻不是自由，而是限制了。

人及其產品把我和自然隔離開來，這是一種寂寞；千古如斯的自然把我和歷史隔離開來，這是又一種寂寞。前者是生命本身的寂寞，後者是野心的寂寞。那種兩相權衡終於承受不了前一種寂寞的人，最後會選擇歸隱。現代人對兩種寂寞都體味甚淺又都急於逃避，旅遊業因之興旺。

人是自然之子。但是，城市裡的人很難想起自己這個根本的來歷。這並不奇怪，既然所處的環境和所做的事情都離自然甚遠，唯有置身在大自然之中，自然之子的心情才會油然而生。那麼，到自然中去吧！面對山林和大海，你會越來越感到留在城市裡的那一點名利多麼渺小。當然，前提是你把心也帶去。最好一個人去，帶家眷亦可，但不要呼朋喚友，也不要開手機。對於現代人來說，經常客串一下「隱士」是聊勝於無的精神淨化方式。

我相信，終年生活在大自然中的人，是會對一草一木產生感情的，他會與它們熟識、交談，會惦記和關心它們。大自然使人活得更真實也更本質。

遊覽名勝，我往往記不住地名和典故。我為我的壞記性找到了一條好理由——我是一個直接面對自然和生命的人。相對於自然，地理不過是細節；相對於生命，歷史不過是細節。

自然的奧祕

土地是潔淨的，它接納一切自然的汙物，包括動物的糞便和屍體，使之重歸潔淨。真正骯髒的是它不肯接納的東西——人類的工業廢物。

精神的健康成長離不開土地和天空，土地貢獻了來源與質料，天空則指示了目標和形式。比較起來，土地應該是第一位的。人來自泥土而歸於泥土，其實也是土地上的作物。土地是家，天空只是遼遠的風景。我甚至相信，古往今來哲人們對天空的沉思，那所謂形而上的關切，也只有在向土地的回歸之中，在一種萬物一體的親密感之中，方能獲得不言的解決。

長年累月關閉在窄屋裡的人，大地和天空都不屬於他，不可能具有開闊的視野和豐富的想像力。對於每天夜晚守在電視機前的現代人來說，頭上的星空根本不存在，星空曾經給予先哲的偉大啟示已經成為失落的遺產。

人與人之間碰撞，只能觸發生活的精明；人與自然的交流，才能開啟生命的智慧。

人習慣於以萬物的主人自居，而把萬物視為自己認知和利用的對象。海德格把這種對待事物的方式稱作技術的方式。在這種方式統治下，自然萬物都失去了自身的豐富性和本源性，縮減成了某種可以滿足人的需要的功能，只剩下了功能化的虛假存在。他呼籲我們擺脫技術方式的統治，與萬物平等相處。

其實，這也是現代許多詩性哲人的理想。在擺脫了認知與被認知、利用與被利用的關係之後，人不再是主體，物不再是客體，而都成了宇宙大家庭中的平等成員。那時候，一切存在者都回到了存在的本來狀態，都在用自己的語言對我們說話。

在觀賞者眼中，再美的花也只是花而已。唯有當觀賞停止、交流和傾聽開始之時，花朵才會對你顯靈和傾談。

看海，必須是獨自一人。和別人在一起時，看不見海的真相。那海灘上嬉水的人群，那身邊親密的同伴，都會成為避難所，你的眼光和你的心躲在裡面，逃避海的威脅。你必須無處可逃，聽憑那莫名的力量把你吞滅，時間消失，空間消失，人類消失，城市和文明消失，你自己也消失，或者與海合而為一，融入了千古荒涼之中。

瞥見海的真相的人不再企圖談論海，因為他明白了康德說的道理：用人類理性發明的語詞只能談論現象，不能談論世界的本質。

赫拉克利特說：「自然喜歡躲藏起來。」這句話至少有兩層含義：第一，自然是頑皮的，喜歡和尋找它的人捉迷藏；第二，自然是羞怯的，不喜歡暴露在光天化日之下。所以，一個好的哲人在接近自然的奧祕時，應當懷有兩種心情：他既像孩子一樣懷著遊戲的激情，又像戀人一樣懷著神聖的愛情。他知道真理不易被捉到，更不可被說透。真理躲藏在人類語言之外的地方，於是他只好說隱喻。

存在的一切奧祕都是用比喻說出來的。對於聽得懂的耳朵，大海、星辰、季節、野花、嬰兒都在說話，而聽不懂的耳朵卻什麼也沒有聽到。

當好自然之子

人，棲居在大地上，來自泥土，也歸於泥土，大地是人的永恆家園。如果有一種裝置把人與大地隔絕開來，切斷了人的來路和歸宿，這樣的裝置無論有多奢華，還算是什麼家園呢？

人，棲居在天空下，仰望蒼穹，因驚奇而探究宇宙之奧祕，因敬畏而感悟造物之偉大，於是有科學和信仰，此人所以為萬物之靈。如果高樓蔽天，俗務纏身，人不再仰望蒼穹，這樣的人無論多麼有錢，又算是什麼萬物之靈呢？

人是自然之子，在自然的規定範圍內，可製作，可創造，可施展聰明才智。但是，自然的規定不可違背。人不可背離土地，不可遮蔽天空，不可忤逆自然之道。老子曰：「人法地，地法天，天法道，道法自然。」此之謂也。

一位英國詩人吟道：「上帝創造了鄉村，人類創造了城市。」創造城市，在大地上演繹五彩繽紛的人間故事，證明人的聰明。可是，倘若人用自己的作品把自己與上帝的作品隔離開來，那就是愚昧；倘若人用自己的作品排擠和毀壞掉上帝的作品，那就是褻瀆。

人類曾經以地球的主人自居，對地球為所欲為，結果破壞了地球上的生態環境，並且自食其惡果。於是，人類開始反省自己的行為。

反省的第一個認識是，人不能用奴隸主對待奴隸的方式對待地球，人若肆意奴役和蹂躪地球，實際上是把自己變成了地球的敵人，必將遭到地球的報復，就像奴隸主遭到奴隸的報復一樣。地球是人的家，人應該為了自己的長遠利益管好這個家，做地球的好主人，不要做敗家子。

在這一認識中，主人的地位未變，只是統治的方式開明了一些。然而，反省的深入正在形成更高的認識：人作為地球主人的地位真的不容置疑嗎？與地球上別的生物相比，人真的擁有特權嗎？一位現代生態學家說：人類是作為綠色植物的客人生活在地球上的。若把這個說法加以擴展，我們便可以說，人是地球的客人。作為客人，我們在享受主人的款待時倒也不必羞愧，但同時我們應當懂得尊重和感謝主人。做一個有教養的客人，這可能是人對待自然的最恰當的態度吧！

我們應向一切虔信的民族學習一個基本信念，就是敬畏自然。我們要記住，人是自然之子，在總體上只能順應自然，不能征服和支配自然，無論人類創造出怎樣偉大的文明，自然永遠比人類偉大。我們還要記住，人誠然可以親近自然、認識自然，但這是有限度的，自然有其不可接近和揭穿的祕密，各個虔信的民族都把這祕密稱作神，我們應當尊重這祕密。

在對待自然的態度上，現在大概不會有人公開贊成掠奪性的強盜行徑。但是，同為主張善待自然，出發點仍有很大分歧。一派強調以人類為中心，從人類長遠利益出發合理利用自然。另一派反對人類中心論，認為從根本上說，自然是一個應該敬畏的對象。我的看法是，兩派都有道理，但說的是不同層次上的道理，而低層次的道理要服從高層次的道理。合理利用自然是科學，不管考慮到人類多麼長遠的利益，合理的程度多麼高，仍然是科學，而科學必有其界限。生態不僅是科學問題，而且是倫理問題，正是倫理為科學規定了界限。

旅遊業發展到哪裡，就敗壞了哪裡的自然風景。

我想尋找一個僻靜的角落，卻發現到處都是廣告喇叭、商業性娛樂設施和湊熱鬧的人群。

在城市化進程中，我們必須經常問自己一個問題：我們將給子孫留下什麼？我們是否消滅了該留下的東西，又製造了不該留下的東西？我們把祖宗在這片土地上創造的寶貴遺產糟蹋了，把大自然贈與的肥沃田野鯨吞了，蓋上了大批今後不得不拆的建築，它們豈不將成為子孫的莫大難題，一份幾乎無法償還的帳單？建設的錯誤難以彌補，但願我們不要成為挨好幾代子孫罵的一代人。

懷念土地

按照《聖經》的傳說，上帝是用泥土造出人類的始祖亞當的：「上帝用地上的泥土造人，將生氣吹在他的鼻孔裡，他就成了有靈的活人，名叫亞當。」上帝還對亞當說：「你本是泥土，仍要歸於泥土。」在中國神話傳說中，女媧也是用泥土造人的：「女媧摶黃土作人。」這些相似的傳說說明了一個深刻的道理：土地是人類的生命之源。

其實，不但人類的生命，而且人類的精神，都離不開土地。就說說真、善、美吧！

人類精神所追求的這些美好的理想價值，也無不孕育於大地的懷抱。如果大地上不是萬象紛呈，萬物變易，我們怎會有求真理的興趣和必要，如果大地本身不是堅實如恆，我們又怎會有求真理的可能和信心？如果不曾領略土地化育和接納萬物的寬闊胸懷，我們又怎麼會懂得什麼是善良、仁慈和堅忍？如果沒有欣賞過大地上山川和落日的壯麗，傾聽過樹林裡的寂靜和風聲，我們對美又怎麼會有真切的感受？精神的理想如同頭上的天空，而天空也是屬於大地的，唯有在遼闊的大地上方才會有遼闊的天空。可以說，一個人擁有的天空是和他擁有的大地成正比。長年累月關閉在窄屋裡的人，大地和天空都不屬於他，不可能具有開闊的視野和豐富的想像力。對於每天夜晚守在電視機前的現代人來說，頭上的星空根本不存在，星空曾經給予先哲的偉大啟示已經成為失落的遺產。

我們都會說人是大自然之子的道理，可惜的是，能夠記起大自然母親的面貌的人越來越少。從生到死，我們都遠離土地而生活，就像一群遠離母親的孤兒。到各地走走，你會發現到處都在興建雷同的城鎮，千篇一律的商廈和水泥馬路，取代了祖先們修築的土牆和小街，田野和村莊正在迅速消失。甚至在極偏僻的地方，你也難覓寧靜的自然之趣和淳樸的民風，迎接你的總是卡拉OK的喧鬧和假民俗的做作。最可悲的是我們的孩子，他們在這樣一種與大自然完全隔絕的生活模式中成長，壓根沒有過同大自然親近的經驗和對土地的記憶，因而也很難在他們身上喚起對大自然的真正興趣。有一位作家寫到，她曾帶幾個孩子到野外去看月亮和海，可是孩子們對月亮和海毫無興趣，心裡惦記著的是及時趕回家去，不要耽誤了他們喜歡的電視節目。

我們切不可低估這一事實的嚴重後果。一棵植物必須在土裡紮下根，才能健康地生長。人也是這樣，只是在外表上不像植物那麼明顯，所以很容易被我們忽視。我相信，遠離土地必定要付出可怕的代價。倘若這種對大自然的麻木不仁延續下去，人類就不可避免地要發生精神上的退化。在電視機前長大的新一代人，當然讀不進荷馬和莎士比亞。始終在人造產品的包圍下生活，人們便不再懂得欣賞神和半神的創造，這有什麼奇怪呢？在我看來，不管現代人怎樣炫耀自己的技術和資訊，倘若對自己生命的來源與基礎渾渾噩噩，便是最大的矇昧和無知。人類的聰明在於馴服自然，在廣袤的自然世界中為自己開闢出一個令自己愜意的人造世界。可是，如果因此而沉溺在這個人造世界裡，與廣袤的自然世界斷了聯繫，就真是聰明反被聰明誤了。自然的疆域無限，終身自拘於狹小人工範圍的生活畢竟是可憐的。

都市裡的外鄉人

我出生在都市，並且在都市裡度過迄今為止的大部分歲月。可是，我常常覺得，我只是都市裡的一個外鄉人。我的活動範圍極其有限，基本上是坐在家裡讀書和寫作，每週去一趟公司，偶爾到朋友家裡串一串門，或者和朋友們去郊外玩一玩。在偌大都市中，我最熟悉的僅是住宅附近的一兩家普通商店，那已經足以應付我的基本生活需要。其餘的廣大區域，尤其是使都市引以自豪的那許多豪華商場和高級娛樂場所，對於我不過是一種觀念的存在，是一些我無暇去探究的現代迷宮。

近些年來，我去過一些城市。我驚奇地發現，所到之處，即使是從前很偏僻的地方，都正在迅速湧現一個個新的都市。然而，這些新的都市是何其雷同！古舊的小街和城牆被拆除了，取而代之的是環城公路和通衢大道。格局相似的豪華商場向每一個城市的中心勝利進軍，成為每一個城市的新的標記。可是，這些標記絲毫不能顯示城市的特色，相反卻證明了城市的無名。事實上，當你徘徊在某一個城市的街頭時，如果單憑眼前的景觀，你的確無法判斷自己究竟身在哪一個城市。甚至人們的休閒方式也趨於一致，夜幕降臨之後，延安城裡不再聞秧歌之聲，時髦的青年男女紛紛走進蘭花花卡拉OK廳。

當然，都市化還可以有另一種模式。我去過歐洲的一些城市，例如世界大都會巴黎，那裡在更新城市建築的同時，把維護城市的歷史風貌看得比一切都重要，幾近於神聖不可侵犯。一個城市的建築風格和民俗風情體現了這個城市的個性，它們源於這個城市的特殊的歷史和文化傳統。消滅了一個城市的個性，等於消滅了這個城市的記憶。這樣的城市無論多麼繁華，對於它的客人都喪失了學習和欣賞的價值，對於它的主人也喪失了家的意義。其實，在一個失去了記憶的城市裡，並不存在真正的主人，每一個居民都只是無家可歸的外鄉人而已。

就我的性情而言，我恐怕永遠將是一個游離於都市生活的外鄉人。不過，我無意反對都市化。我知道，雖然都市化會帶來諸如人口密集、交通擁擠之類的弊端，但都市化本身畢竟是一個進步，它促進了經濟和文化的繁榮。我只是希望都市化按照一種健康的方式進行。即使作為一個外鄉人，我也能夠欣賞都市的美。有時候，夜深人靜之時，我獨自漫步在燈火明滅的北京街頭，望著被五光十色的聚光燈照亮的幢幢高樓，一種讚歎之情便油然而生：在浩瀚宇宙的一個小小角落，可愛的人類竟給自己造出了這麼些精巧的玩具。我還慶幸於自己的發現：都市最美的時刻，是在白晝和夜生活的喧囂都沉寂的時候。

旅＋遊＝旅遊？

一、旅＋遊＝旅遊？

從前，一個「旅」字，一個「遊」字，總是單獨使用，凝聚著離家的悲愁。「山曉旅人去，天高秋氣悲。」「浮雲蔽白日，遊子不顧反。」孑然一身，隱入蒼茫自然，真有說不出的淒涼。

另一方面，莊子「游於壕梁之上」，李白「一生好入名山遊」，「遊」字又給人一種逍遙自在的感覺。

也許，這兩種體驗的交織，正是人生羈旅的真實境遇。我們遠離了家、親人、公務和日常所習慣的一切，置身於陌生的事物之中，感到若有所失。這「所失」使我們悵然，但同時使我們獲得一種解脫之感，因為我們發現，原來那失去的一切非我們所必需，過去我們固守著它們，反倒失去了更可貴的東西。在與大自然的交融中，那狹隘的鄉戀被淨化了。寄旅和漫遊深化了我們對人生的體悟：我們無家可歸，但我們有永恆的歸宿。

不知從什麼時候起，「旅」「遊」二字合到了一起。於是，現代人不再悲愁，也不再逍遙，而只是安心又倉促地完成著他們繁忙事務中的一項——「旅遊」。

那麼，請允許我說：我是旅人，是遊子，但我不是「旅遊者」。

二、現代旅遊業

旅遊業是現代商業文明的產物。在這個「全民皆商」、漲價成風的年頭，也許我無權獨獨抱怨旅遊也納入了商業軌道，成了最昂貴的消費之一。可悲的是，人們花了錢仍得不到真正的享受。

平時匆忙賺錢，積夠了錢，旅遊去！可是，普天下的旅遊場所，哪裡不充斥著招攬顧客的吆喝聲、假冒險的娛樂設施、湊熱鬧的人群？可憐在一片嘈雜中花光了錢，拖著疲憊的身子回家，又重新投入匆忙的賺錢活動。

一切意義都寓於過程。然而，現代文明是急功近利的文明，只求結果，藐視過程。

人們手捧旅遊圖，肩背照相機，按圖索驥，專找圖上標明的去處，在某某峰、某某亭「咔嚓」幾下，留下「到此一遊」的證據，便心滿意足地離去。

每當我看到舉著小旗、成群結隊、掐著鐘點的團體旅遊，便生愚不可及之感。現代人已經沒有足夠的靈性獨自面對自然。在人與人的擠壓中，自然消隱不見了。

是的，我們有了旅遊業。可是，恬靜的陶醉在哪裡？真正的精神愉悅在哪裡？與大自然的交融在哪裡？

三、名人與名勝

赫赫有名者未必優秀，默默無聞者未必拙劣。人如此，自然景觀也如此。

人怕出名，風景也怕出名。人一出名，就不再屬於自己，慕名者絡繹來訪，使他失去了寧靜的心境，以及和二三知友相對而坐的情趣。風景一出名，也就淪入凡塵，遊人雲集，使它失去了寧靜的環境以及被真正知音賞玩的欣慰。

當世人紛紛擁向名人和名勝之時，我獨愛潛入陋巷僻壤，去尋訪不知名的人物和景觀。

現代技術的危險何在？

現代技術正在以令人瞠目的速度發展，不斷創造出令人瞠目的奇蹟。人們奔走相告：數字化生存來了，複製來了……接下來還會有什麼東西來了？儘管難以預料，但一切都是可能的，現代技術似乎沒有什麼事情辦不到。面對這個無所不能的怪獸，人們興奮而又不安，歡呼聲和譴責聲此起彼伏，而它對這一切置若罔聞，依然邁著它的目空一切的有力步伐。

按照通常的看法，技術無非是人為了自己的目的而改變事物的手段，手段本身無所謂好壞，它之造福還是為禍，取決於人出於什麼目的發明和運用它。樂觀論者相信，人有能力用道德約束自己的目的，控制技術的後果，使之造福人類，悲觀論者則對人的道德能力不抱信心。彷彿全部問題在於人性的善惡，由此而導致技術服務於善的目的還是惡的目的。然而，有一位哲學家，他越出了這一通常的思路，在五十年代初便從現代技術的早期演進中看到了真正的危險所在，向技術的本質發出了追問。

在海德格看來，技術不僅僅是手段，更是一種人與世界之關係的構造方式。在技術的視野裡，一切事物都只是材料，都縮減為某種可以滿足人需要的功能。技術從來就是這樣的東西，不過，在過去的時代，技術的方式只占據非常次要的地位，人與世界的關係主要是一種非技術、自然的關係。對我們的祖先來說，大地是化育萬物的母親，他們懷著感激的心情接受土地的贈禮，守護存在的祕密。現代的特點在於技術幾乎成了唯一的方式，實現了「對整個地球的無條件統治」，因而可以用技術來命名時代，例如原子能時代、電子時代等等。現代人用技術的眼光看一切，神話、藝術、歷史、宗教和樸素自然主義的視野趨於消失。在現代技術的統治下，自然萬物都失去了自身的豐富性和本源性，僅僅成了能量的提供者。譬如說，大地不復是母親，而只是任人開發的礦床和地產。畜禽不復是獨立的生命和人類的夥伴，而只是食品廠的原料。河流不復是自然的風景和民族的搖籃，而只是水壓的供應者。海德格曾經為萊茵河鳴不平，因為當人們在河上建造發電廠之時，事實上是把萊茵河建造到了發電廠裡，使它成了發電廠的一個部件。那麼，想一想長江與黃河吧！在現代技術的視野中，它們豈不也只是發電廠的巨大元素，它們的自然本性和悠久歷史何嘗有一席位置？

現代技術的真正危險，並不在於諸如原子彈爆炸之類可見的後果，而在於它的本質中業已包含這種對待事物的方式，它剝奪了一切事物的真實存在和自身價值，使之只剩下功能化的虛假存在。這種方式必定在人身上實行報復，在技術過程中，人的個性差別和價值也不復存在，一切人都變成了執行某種功能的技術人員。事情不止於此，人甚至還成了有朝一日可以按計劃製造的「人力物質」。不管幸運還是不幸，海德格活著時趕上了人工授精之類的發明，化學家們已經預言人工合成生命的時代即將來臨，他對此評論道：「對人的生命和本質的進攻已在準備之中，與之相比較，氫彈的爆炸也算不了什麼了。」現代技術「早在原子彈爆炸之前就毀滅了事物本身」。總之，人和自然事物兩方面都喪失了自身的本質，如同里爾克在一封信中所說的，事物成了「虛假的事物」，人的生活只剩下「生活的假象」。

既然現代技術的危險在於人與世界之關係的錯誤建構，那麼，如果不改變這種建構，僅僅克服技術的某些不良後果，真正的危險就仍未消除。出路在哪呢？有一個事實看來是毋庸置疑的：沒有任何力量能夠阻止現代技術發展的步伐，人類也絕不可能放棄已經獲得的技術文明而復歸田園生活。其實，被譏為「黑森林的浪漫主義者」的海德格也不存此種幻想。綜觀他的思路，我們可以看出，雖然現代技術的危險包含在技術的本質中，但是，技術的方式成為人類主導的，乃至唯一的生存方式，卻好像並不具有必然性。也許出路就在這裡。我們是否可以在保留技術的視野的同時，再度找回其他的視野呢？如果說技術的方式根源於傳統的形而上學，在計算性思維中遺忘了存在，那麼，我們能否從那些歌吟家園的詩人那裡受到啟示，在冥想性思維中重新感悟存在？當然，這條出路未免抽象而渺茫，人類的命運仍在未定之中。於是我們便可以理解，為何海德格留下的最後手跡竟是一個沒有答案的問題——

「在技術化千篇一律的世界文明時代中，是否還能有家園？」

詩意地棲居

鑑於碳排放過量導致全球環境破壞和氣候異常的嚴峻事實，國際社會正在倡導低碳理念，實施低碳行動，政府對此也積極響應。低碳理念的落實，在技術層面上有賴於能源體系的變革，即尋求化石能源節約、高效和潔淨化利用的途徑，並大力發展非石化潔淨能源。但是，單有技術層面顯然不夠，嚴重碳汙染只是人類某種錯誤的生存發展觀念的惡果之一，唯有在哲學層面上深刻反思，根本轉變人類的生存發展觀念，才能真正解決問題。

荷爾德林有一首詩，其中的一句是：「人詩意地棲居在這個大地上。」海德格對這一句詩做了非常繁複的分析，其中心意思是，詩意是棲居的本質，只有詩意才使人真正作為人棲居在大地上，從而使棲居成為安居，使大地成為家園。我認為可以由之引申出兩個觀點：第一，在人與自然的關係上，人應該以詩意方式而非技術方式對待自然；第二，在人自身的幸福追求上，人應該以詩意生活而非物質生活作為目標。從這兩個方面來看當今世人的生存境況，我們不得不承認，詩意已蕩然無存。

什麼叫對待自然的技術方式？就是把自然物僅僅看成滿足人的需要的一種功能，對人而言的一種使用價值，簡言之，僅僅看成資源和能源。天生萬物，各有其用，這個用不是只對人而言的。用哲學的語言說，萬物都有其自身的存在和權利，用科學的語言說，萬物構成了地球上自循環的生態系統。然而，在技術方式的統治下，一切自然物都失去了自身的存在和權利，只成了能量的提供者。今天的情況正是如此，在席捲全國的開發熱中，國人眼中只看見資源，名山只是旅遊資源，大川只是水電資源，土地只是地產資源，礦床只是礦產資源，皆已被開發得面目全非。這個被人糟蹋得滿目瘡痍的大地，如何還能是詩意棲居的家園？

由此可見，問題不是出在技術，而是出在對待自然的技術方式本身。與技術方式相反，詩意方式就是要擺脫狂妄的人類中心主義和狹窄的功利主義的眼光，用一種既謙虛又開闊的眼光看自然萬物。一方面，作為自然大家庭中的普通一員，人以平等的態度尊重萬物的存在和權利。另一方面，作為地球上唯一的精神性存在，人又通過與萬物和諧相處而領悟存在的奧祕。其實，對待自然的詩意方式並不玄虛，這在一切虔信的民族那裡是一個傳統。比如在藏民眼中，自然山河絕不只是資源和能源，更不是征服的對象，相反，他們把大山大川看作神居住的地方，虔誠地崇拜。我們不要說他們愚昧，愚昧的可能是我們而不是他們，他們遠比我們善於和自然和諧相處，並從中獲得神聖的感悟。

毫無疑問，人為了生存，對待自然的技術方式是不可缺少的。但是，必須限制技術的施展範圍，把人類對自然物的干預和改變控制在最必要限度之內，讓自然物得以按照自然的法則完成其生命歷程。人類應該在這個前提下安排自己的經濟和生活，而這就意味著大大減少資源和能源的開發及使用。

也許有人會問：這不是要人類降低生活質量，因而是一種倒退嗎？且慢，我正想說，若要追究我們對待自然的錯誤方式的根源，恰恰在於我們的價值觀、幸福觀出了問題。正因為在我們的幸福藍圖中詩意已沒有位置，我們才會以沒有絲毫詩意的方式對待自然。在今天，人們往往把物質資料的消費視為幸福的主要內容，國家也往往把物質財富的增長視為治國的主要目標，我可斷言，這樣的價值觀若不改變，人類若不約束自己的貪慾，人對自然的掠奪就不可能停止。我聽到有論者強調說：低碳經濟的目標是低碳高增長。我不禁要問：為什麼一定要高增長？我很懷疑，以高增長為目標，低碳能否實現，至少在非石化能源尚難普及的時期裡無法實現。在我看來，寧可經濟增長慢一點，多花一點力氣來建構全民福利，縮小貧富差別，增進社會和諧，這樣人民會更幸福。

所以，真正需要反思的問題是：什麼是幸福？現代人很看重技術所帶來的便利，日常生活依賴汽車和家用電器，甚至運動和娛樂也依賴各種複雜的設施，耗費了大量能源，但因此就生活得比古人幸福嗎？李白當年「五嶽尋仙不辭遠，一生好入名山遊」，走了許多崎嶇的路，留下了許多不朽的詩。我們現在搭乘飛機往返景區，乘纜車上山下山，倒是便捷了，但看到、感受到的東西可有李白的萬分之一？我們比李白幸福嗎？蘇東坡當年夜遊承天寺，對朋友感嘆道：「何夜無月，何處無竹柏，但少閒人如吾二人耳。」我們現在更少這樣的閒人，而最可悲的是，從前無處不有的明月和竹柏也已經成了稀罕之物，我們比蘇東坡幸福嗎？

是的，詩意是棲居的本質，人如果沒有了詩意，大地就會遭受蹂躪，不再是家園，精神就會變得平庸，而不再幸福。

04 財富與幸福

金錢的好處

人們不妨讚美清貧，卻不可謳歌貧困。人生的種種享受需要好的心境，而貧困會剝奪好的心境，足以扼殺生命的大部分樂趣。

金錢的好處便是使人免於貧困。

但是，在提供積極的享受方面，金錢的作用極其有限。人生最美好的享受，包括創造、沉思、藝術欣賞、愛情、親情等等，都非金錢所能買到。原因很簡單，所有這類享受皆依賴於心靈的能力，而心靈的能力與錢包的鼓癟毫不相干。

人在多大程度上不依賴於物質的東西，人就在多大程度上是自由的。所謂不依賴，在生存有保障的前提下，是一種精神境界。窮人是不自由的，因為他的生存受制於物質。那些沒有精神目標的富人更是不自由，因為他的全部心靈都受制於物質。自由是精神生活的範疇，物質只是自由的必要條件，永遠不是充分條件，永遠不可能直接帶來自由。

無論個人，還是人類，如果謀求物質不是為了擺脫其束縛而獲得精神的自由，人算什麼萬物之靈呢？

愛默生說：有錢的主要好處是用不著看人臉色。這也是我的體會。錢是好東西，最大的好處是可以使你在錢面前獲得自由，包括在一切涉及錢的事情面前，而在這個俗世間，涉及錢的事情何其多。所以，即使對一個不貪錢的人來說，有錢也是件好事。

但是，錢不是最好的東西，不能為了這個次好的東西而犧牲最好的東西。一個人如果貪錢，有了錢仍受錢支配，在錢面前毫無自由，這裡所說有錢的好處就蕩然無存了。

在做事的時候，把興趣放在第一位，而把錢只當作副產品，這是面對金錢一種最愜意的自由。當然，前提是錢已經夠花了。不過，如果你把錢已經夠花的標準定得低一點，你就可以早一點獲得這種自由。

錢是好東西，但不是最好的東西。最好的東西是生命的單純、心靈的豐富和人格的高貴。為了錢而毀壞最好的東西，是十足的愚昧。

錢夠花了以後，給生活帶來的意義便十分有限，接下來能否提高生活質量，就要看你的精神實力了。

金錢、消費、享受、生活質量—當我把這些相關的詞排列起來時，我忽然發現它們好像有一種遞減關係：金錢與消費的聯繫最為緊密，與享受的聯繫要弱一些，與生活質量的聯繫就更弱。因為至少，享受不限於消費，還包括創造，生活質量不只看享受，還要看承受苦難的勇氣。在現代社會裡，金錢的力量當然是有目共睹的，但是這種力量肯定沒有大到足以修改我們對生活的基本理解。

兩種快樂的比較

物質帶來的快樂終究有限，只有精神的快樂才可能是無限。遺憾的是，現在人們都在拚命追求有限的快樂，甘願捨棄無限的快樂，結果普遍活得不快樂。

快樂更多地依賴於精神而非物質，這個道理一點也不深奧。任何一個品嘗過兩種快樂的人都可以憑自身的體驗予以證明，那些沉湎於物質快樂而不知精神快樂為何物的人，也可以憑自己的空虛予以證明。

肉體需要有它的極限，超於此上的都是精神需要。奢侈、揮霍、排場、虛榮，這些都不是直接的肉體享受，而是一種精神上的滿足，當然是比較低級的滿足。一個人在肉體需要得到了滿足之後，他的剩餘精力必然要投向對精神需要的追求，而精神需要有高低之分，由此鑑別出了人的靈魂質量。

正是與精神的快樂相比較，物質所能帶來的快樂顯出了它的有限，唯有精神的快樂才可能是無限的。因此，智者的共同特點是：一方面，因為看清了物質快樂的有限，最少的物質就能使他們滿足；另一方面，因為渴望無限的精神快樂，再多的物質也不能使他們滿足。

上天的賜予本來是公平的，每個人天性中都蘊涵著精神需求，在生存需要基本得到滿足之後，這種需求理應覺醒，它的滿足理應越來越成為主要的目標。那些永遠折騰在功利世界裡的人，那些從來不諳思考、閱讀、獨處、藝術欣賞、精神創造等心靈快樂的人，他們是如何辜負了上天的賜予啊！不管他們多麼有錢，卻是度過了如何貧窮的一生啊！

有的人始終在物質的層面上追求，無論得到了多少物質，仍然感到空虛，於是更熱切地追求，然而空虛依舊，這是怎麼回事呢？我想，對於這種情況，也許不可簡單地斥為慾壑難填了事。一個可能的情況是，他們不知道空虛的原因，在試圖解決時弄錯了方向。其實，是靈魂感到空虛，而靈魂的空虛是再多的物質也填補不了。人人都有一個靈魂，但並非人人都意識到自己靈魂的存在，而感到空虛恰恰是發現靈魂的一個契機。因此，我的勸告是，你不要逃避空虛，而要直接面對空虛，從而改變用力的方向，開啟精神層面上的追求。否則，你通過追求物質來逃避空虛，既然這空虛是在你的靈魂裡，你怎麼逃避得了呢！

為了抵禦世間的誘惑，積極的辦法不是壓抑低級慾望，而是喚醒、發展和滿足高級慾望。我所說的高級慾望指人的精神需要，它也是人性的組成部分。人一旦品嘗到和陶醉於更高的快樂，面對形形色色的較低快樂的誘惑就自然有了「定力」。最好的東西你既然已經得到，你對那些次好的東西也就不會特別在乎了。

對於飢餓者，肚子最重要，腦子不得不為肚子服務。吃飽了，肚子最不重要，腦子就應該為心靈工作了。人生在世，首先必須解決生存問題，生存問題解決了，精神價值就應該成為主要目標。如果仍盯著肚子以及肚子的延伸，腦子只圍著錢財轉動，正表明缺少了人之為人的最重要的「器官」—心靈，因此枉為了人。

民族也是如此。其情形當然比個人複雜，因為面對的是全體人民的生存問題，如何保證其公平的解決，一開始就必須貫穿民主、正義、人權等精神價值的指導。

謀財害命新解

惡人的謀財害命，是謀人之財，害人之命，這終究屬於少數。今日多的是另一種謀財害命—謀人世的錢財，害自己的性命。其中又有程度的不同。最顯著者是謀不義之財，因此埋下禍種，事未發則在恐懼中度日，事發則坐牢乃至搭上了性命。但是，這仍然屬於少數。最多的情形是，在無止境的物質追求中，犧牲了生命純真的享受，敗壞了生命純真的品質。這一種謀財害命，因為它的普遍性和隱蔽性，正是我們最應該警覺的。

有人說：「有錢可以買時間。」這話當然不錯。但是，如果大前提是「時間就是金錢」，買得的時間又追加為獲取更多金錢的資本，則一生勞碌便永無終時。

所以，應當改變大前提：時間不僅是金錢，更是生命，而生命的價值是金錢所無法衡量。

要熱愛生命，不要熱愛物質，沉湎於物質正說明對生命沒有感覺。

物質上的貧民，錢越少，越受金錢的奴役。精神上的貧民，錢越多，越受金錢的奴役。

「知足常樂」是中國的古訓，我認為在金錢的問題上，這句話是對的。以掙錢為目的，掙多少算夠，這個界限無法確定。事實上，凡是以掙錢為目的的人，他永遠不會覺得夠，因為富了終歸可以更富，一旦走上了這條路，很少有人能夠自己停下來。

到處供奉財神爺，供奉福祿壽三神，世上有哪一個民族如此厚顏無恥地公開崇拜金錢，如此坦然於自己的貪婪？

世界上好像只有中國有財神爺，在信仰問題上，我想像不出還會有什麼比這更大的諷刺了。神是最高價值的象徵，把金錢供為神，意味著一切神聖價值都可以遭到褻瀆。事實上，今天許多人拜佛，拜的也是金錢，佛成了財神爺的替身。個人為財富損害生命，政府為財政破壞自然，都是拜金主義導致的價值觀顛倒。

驕奢是做人的大忌。驕，狂妄自大，是不知道人的渺小，忘記了自己不是神；奢，耽於物欲，是不知道人的偉大，忘記了自己有神性。二者的根源，都是心中沒有神。心中有神，則可戒驕奢，第一知人的能力的有限，不驕傲，第二知物質慾望的卑下，不奢靡。

消費＝享受？

我討厭形形色色的苦行主義。人活一世，生老病死，受盡苦難，在能享受時憑什麼不享受？享受實在是人生的天經地義。蒙田甚至把善於享受人生稱作「至高至聖的美德」，據他說，凱撒、亞歷山大都是視享受生活樂趣為自己的正常活動，而把他們叱吒風雲的戰爭生涯看作非正常活動。

然而，怎樣才算真正享受人生呢？對此就不免見仁見智了。依我看，我們時代的迷誤之一是把消費當作享受，而其實兩者完全不是一回事。我並不想介入高消費能否促進繁榮的爭論，因為那是經濟學家的事，和人生哲學無關。我也無意反對汽車、別墅、高檔家具、四星級飯店、KTV等等，只想指出這一切僅屬於消費範疇，而奢華的消費並非享受的必要條件，更非充分條件。

當然，消費和享受不是絕對互相排斥，有時兩者會發生重合。但是，它們之間的區別又顯而易見。例如，純粹洩慾的色情活動只是性消費，靈肉與共的愛情才是性的真享受；走馬看花式的遊覽景點只是旅遊消費，陶然於山水之間才是大自然的真享受；用電視、報刊、書籍解悶只是文化消費，啟迪心智的讀書和藝術欣賞才是文化的真享受。要而言之，真正的享受有心靈參與，其中必定包含所謂「靈魂的愉悅和昇華」的因素。否則，花再多錢，也只能叫做消費。享受和消費的不同，正相當於創造和生產的不同。創造和享受屬於精神生活的範疇，就像生產和消費屬於物質生活的範疇一樣。

以為消費的數量會和享受的質量成正比，實在是一種糊塗看法。蘇格拉底看遍雅典街頭的貨攤，驚嘆道：「這裡有多少我不需要的東西啊！」每個稍有悟性的讀者讀到這則故事，都不禁會心一笑。塞涅卡說得好：「許多東西，僅當我們沒有它們也能對付時，我們才發現它們原來是多麼不必要的東西。我們過去一直使用著它們，這並不是因為我們需要它們，而是因為我們擁有它們。」另一方面，正因為我們擁有了太多的花錢買來的東西，便忽略了不用花錢買的享受。「清風朗月不用一錢買」，可是每天夜晚守在電視機前的我們哪裡還想得起它們？「何處無月，何處無竹柏，但少閒人如吾兩人耳。」在人人忙於賺錢和花錢的今天，這樣的閒人更是到哪裡去尋？

那麼，難道不存在純粹肉體、物質的享受嗎？不錯，人有一個肉體，這個肉體也是很喜歡享受，為了享受也是很需要物質手段的。可是，仔細想想，我們便會發現，人的肉體需要是被它的生理構造所決定的極限，因而由這種需要的滿足而獲得的純粹肉體性質的快感是千古不變，無非是食色溫飽健康之類。殷紂王「以酒為池，懸肉為林」，但

我思考價值的出發點是，
生命和精神是人身上最寶貴的東西，
幸福和道德都要據此衡量。

所以我得出的結論是，
幸福在於生命的單純和精神的豐富，
道德在於生命的善良和精神的高貴。

當另一個生命，
一個陌生得連名字也不知道的生命，
遠遠地卻又那麼親近地發現了你的生命，
透過世俗功利和文化的外觀，
向你的生命發出了不求回報的呼應，
這豈非人生中令人感動的幸遇？

他自己只有一個普通的胃。秦始皇築阿房宮，「東西五百步，南北五十丈」，但他自己只有五尺之軀。多麼熱烈的美食家，他的朵頤之快也必須有間歇，否則會消化不良。多麼勤奮的登徒子，他的床笫之樂也必須有節制，否則會腎虛。每一種生理慾望都是會饜足的，並且嚴格地遵循著過猶不足的法則。山珍海味，揮金如土，更多的是擺闊氣；藏嬌納妾，美女如雲，更多的是圖虛榮。萬貫家財帶來的最大快樂並非直接的物質享受，而是守財奴清點財產時的那份欣喜，敗家子揮霍財產時的那份痛快。凡此種種，都已經超出生理滿足的範圍了，但稱它們為精神享受未免肉麻，它們最多只是一種心理滿足罷了。

我相信人必定是有靈魂的，而靈魂與感覺、思維、情緒、意志之類的心理現象必定屬於不同的層次。靈魂是人的精神「自我」的棲居地，所尋求的是真摯的愛和堅實的信仰，關注的是生命意義的實現。幸福只是靈魂的事，它是愛心的充實，是一種活得有意義的鮮明感受。肉體只會有快感，不會有幸福感。奢侈的生活方式給人帶來的最多是一種淺薄的優越感，也談不上幸福感。當一個享盡人間榮華富貴的幸運兒仍然為生活的空虛苦惱時，他聽到的正是他靈魂的嘆息。

談錢

一、錢對窮人最重要

金錢是衡量生活質量的指標之一。一個起碼的道理是，在這個貨幣社會裡，沒有錢就無法生存，錢太少就要為生存操心。貧窮肯定是不幸，而金錢可以使人免於貧窮。

不要對我說錢不重要。試試看，讓你沒有錢，成為中國廣大貧困農民中的一員，你還會不會說這種話。對於他們來說，錢意味著活命，意味著過最基本的人的生活。因為沒有錢，多少人有病不能治，因此被奪走生命；因為沒有錢，多少孩子上不起學，早早輟學，考上大學也只好放棄，有的父母甚至被逼用自殺來逃避學費的難題；因為沒有錢，農村天天在上演著有聲或無聲的悲劇。

讓我們記住，對於窮人來說，錢是最重要的。讓我們記住，對於我們的社會來說，讓窮人至少有活命的錢是第一重要。

二、錢的重要性遞減

對於不是窮人的人，即基本生活已有保障的人，錢仍有其重要性。道理很簡單：有更多的錢，可以買更多的物資和更好的服務，改善衣食住行及醫療、教育、文化、旅遊等各方面的條件。但是，錢與生活質量之間的這種正比例關係有一定限度。超出這個限度，錢對於生活質量的作用就呈遞減的趨勢。原因就在於，一個人的身體構造，決定了他真正需要和能夠享用的物質生活終歸有限，多出來的部分只是奢華和擺設。

我認為，基本上可以用小康的概念來標示上面所說的限度。從貧困到小康是物質生活的飛躍，從小康再往上，金錢帶來的物質生活的滿足就會逐漸減弱，直至趨於零。單就個人物質生活來說，一個億萬富翁與一個千萬富翁之間不會有什麼重要的差別，錢超過了一定數量，便只成了抽象的數字。

至於在提供積極的享受方面，錢的作用就更有限。人生最美好的享受都依賴心靈能力，是錢所買不到的。錢能買到名畫，買不到欣賞；能買到色情服務，買不到愛情；能買到豪華旅遊，買不到旅程中的精神收穫。金錢最多只是我們獲得幸福的條件之一，但永遠不是充分條件，永遠不能直接成為幸福。

三、快樂與錢關係不大

以為錢越多就越快樂，實在是天大的誤會。錢太少，不能維持生存，這當然不行。排除了這種情況，我可以斷定，錢與快樂之間並無多少聯繫，更不存在正比例關係。

一對中國夫婦在法國生活，他們有別墅和花園，最近又搬進更大的別墅與花園。可是，他們告訴我，新居帶來的快樂，最強烈的一次是二十年前在國內時，住了多年集體宿舍，單位終於分給一套一居室，後來住房再大再氣派，也沒有這種快樂了。其實，許多人有類似的體驗。問那些窮苦過的大款，他們現在經常山珍海味，可有過去吃到一頓普通的紅燒肉快樂，回答必然是否定的。

快樂與花錢多少無關。有時候，花掉很多錢，結果並不快樂。有時候，花很少的錢，買到情人喜歡的一件小禮物，孩子喜歡的小玩具，自己喜歡的一本書，就可以很快樂。得到也是如此。我收到的第一筆稿費只有幾元，但當時快樂的心情遠超過現在收到幾千元的稿費。

伊比鳩魯早就說過：快樂較多依賴於心理，較少依賴於物質，更多的錢財不會使快樂超過有限錢財已經達到的水平。其實，物質所能帶來的快樂終究有限，只有精神的快樂才有可能是無限的。

金錢只能帶來有限的快樂，卻可能帶來無限的煩惱。一個看重錢的人，掙錢和花錢都是煩惱，他的心被錢占據，沒有給快樂留下多少餘地。天下真正快樂的人，不管他錢多錢少，都必是超脫金錢的人。

四、可怕的不是錢，是貪慾

人們常把金錢稱作萬惡之源，依我看，這是錯怪了金錢。錢本身在道德上是中性的，談不上善惡。問題不是出在錢上，而是出在對錢的態度上。可怕的不是錢，而是貪慾，即一種對錢貪得無厭的占有態度。當然，錢可能會刺激起貪慾，但也可能不會。無論在錢多錢少的人中，都有貪者，也都有不貪者。所以，關鍵是在人的素質。

貪與不貪的界限在哪裡？我這麼看：一個人如果以金錢本身或者它帶來的奢侈生活為人生主要目的，他就是被貪慾控制的人；相反，在不貪之人那裡，金錢永遠只是手段，一開始是保證基本生活質量的手段，在這個要求滿足以後，則是實現更高人生理想的手段。當然，要做到這一點，前提是他確有更高的人生理想。

貪慾首先是痛苦之源。正如愛比克泰德所說：「導致痛苦的不是貧窮，而是貪慾。」苦樂取決於所求與所得的比例，與所得大小無關。以錢和奢侈為目的，錢多了終歸可以更多，生活奢侈了終歸可以更奢侈，爭逐和煩惱永無寧日。

其次，貪慾不折不扣是萬惡之源。在貪慾的驅使下，為官必貪，有權在手就拚命納賄斂財，為商必不仁，有利可圖就不惜草菅人命。貪慾可以使人目中無法紀，心中無良知。今日社會上腐敗滋生，不義橫行，皆源於貪慾膨脹，當然也迫使人們叩問導致貪慾膨脹的體制之弊病。

貪慾使人墮落，不但表現在攫取金錢時的不仁不義，而且表現在攫得金錢後的縱慾無度。對金錢貪得無厭的人，除了少數守財奴，多是為了享樂，而他們對享樂的唯一理解是放縱肉慾。基本肉慾容易滿足，太多的金錢就用在放縱上玩花樣、找刺激，必然的結果是生活糜爛、禽獸不如。有靈魂的人第一講道德，第二講品位，貪慾使人二者都不講，成為一個沒有靈魂的行屍走肉。

五、做錢的主人，不做錢的奴隸

有的人是金錢的主人，無論錢多錢少都擁有人的尊嚴。有的人是金錢的奴隸，一輩子為錢所役，甚至被錢所毀。

判斷一個人是金錢的奴隸還是金錢的主人，不能看他有沒有錢，而要看他對金錢的態度。正是當一個人很有錢的時候，我們能夠更清楚地看出這一點來。一個窮人必須為生存而操心，我們無權評判他對錢的態度。

做金錢的主人，關鍵是戒除對金錢的占有慾，抱持不占有的態度。也就是真正把錢看作身外之物，不管是已到手的還是將到手的，都與之拉開距離，隨時可以放棄。只有這樣，才能在金錢面前保持自由的心態，做一個自由人。凡是對錢抱占有態度的人，他同時也就被錢占有，成了錢的奴隸，如同古希臘哲學家彼翁在談到一個富有的守財奴時所說：「他並沒有得到財富，而是財富得到了他。」

如何才算是做金錢的主人，哲學家的例子可供參考。蘇格拉底說：「一無所需最像神。」第歐根尼說：「一無所需是神的特權，所需甚少是類神之人的特權。」這可以說是哲學家的共同信念。多數哲學家安貧樂道，不追求也不積聚錢財。有一些哲學家出身富貴，為了精神的自由而主動放棄財產，比如古代的阿那克薩哥拉和現代的維根斯坦。古羅馬哲學家塞內卡是另一種情況，身為宮廷重臣，他不但不拒絕，而且享盡榮華富貴。

不過，在享受的同時，他內心十分清醒，用他的話來說便是：「我把命運女神賜予我的一切—金錢、官位、權勢—都擱置在一個地方，我同它們保持很寬的距離，使她可以隨時把它們取走，而不必從我身上強行剝走。」他說到做到，後來官場失意，權財盡失，乃至性命不保，始終泰然自若。

六、錢考驗人的素質

財富既可促進幸福，也可導致災禍，取決於人的精神素質。金錢是對人的精神素質的一個考驗。擁有的財富越多，考驗就越嚴峻。大財富要求大智慧，素質差者往往被大財富所毀。

看一個人素質的優劣，我們可以看他：獲取財富的手段是否正當，能否對不義之財不動心；對已得之財能否保持超脫的心情，看作身外之物；富裕之後是否仍樂於過相對簡樸的生活。

後面這一點很重要。奢華不但不能提高生活質量，往往還會降低生活質量，使人耽於物質享受，遠離精神生活。只有在那些精神素質極好的人身上，才不會發生這種情況，而這又只因為他們其實並不在乎物質享受，始終把精神生活看得更珍貴。一個人在巨富之後仍樂於過簡樸生活，正證明了靈魂的高貴，能夠從精神生活中獲得更大的快樂。

七、錢尤其考驗企業家的素質

財富是我們時代最響亮的一個詞，上至政治領袖，下至平民百姓，包括知識分子，都在理直氣壯地說這個詞。過去不是這樣，傳統的宗教、哲學和道德都是譴責財富的，一般俗人即使喜歡財富，也羞於聲張。公開謳歌財富，是資本主義造就的新觀念。我承認這是財富觀的一種進步。

不過，我們應該仔細分辨，新的財富觀究竟新在哪？按照韋伯的解釋，資本主義精神的特點就在於，一方面把獲取財富作為人生的重要成就予以鼓勵，另一方面又要求節制物質享受的慾望。這裡的關鍵是把財富的獲取和使用加以分離，獲取不再是為了自己使用，在獲取時要敬業，在使用時則要節制。很顯然，新就新在肯定了財富的獲取，只要手段正當，發財是光榮的。在財富的使用上，則繼承了歷史上宗教、哲學、道德崇尚節儉的傳統，不管多麼富裕，奢侈和揮霍仍是可恥的。

那麼，怎樣使用財富才是光榮的呢？既然不應該用於自己，甚至是子孫的消費，當然就只能回饋社會，民間公益事業因此而發達。事實上，在西方，尤其美國的富豪中，前半生聚財、後半生散財已成慣例。在獲取財富時，一個個都是精明的資本家，在使用財富時，一個個彷彿又都成了宗教家、哲學家和道德家。當老卡耐基說出「擁巨資而死者以恥辱終」這句箴言時，你不能不承認他的確有一種哲人風範。

就亞洲目前的狀況而言，發展民間公益事業的條件也許還不很成熟。但是，有一個問題是成功的企業家所共同面臨的：錢多了以後怎麼辦？是仍以賺錢乃至奢侈的生活為唯一目標，還是使企業的長遠目標、管理方式、投資方向等更多地體現崇高的精神追求和社會使命感，由此最能見出一個企業家素質的優劣。如果說能否賺錢主要靠頭腦的聰明，那麼，如何花錢主要靠靈魂的高貴。也許企業家沒有不愛錢的，但是，一個好的企業家肯定還有遠勝於錢的所愛，那就是有意義的人生和有理想的事業。

不占有

我們總是以為，已經到手的東西便屬於自己，一旦失去，就覺得蒙受損失。其實，一切皆變，沒有一樣東西能真正占有。得到了一切的人，死時又交出一切。不如在一生中不斷地得而復失，習以為常，也許能更為從容地面對死亡。

另一方面，對於一顆有接受力的心靈來說，沒有一樣東西會真正失去。

我失去的東西，不能再得到了。我還能得到一些東西，但遲早還會失去。我最後注定要無可挽救地失去自己。既然如此，我為什麼還要看重得與失呢？到手的一切，連同我的生命，我都可以拿它們來做試驗，至多不過是早一點失去罷了。

一切外在的欠缺或損失，包括名譽、地位、財產等等，只要不影響基本生存，實質上都不應該帶來痛苦。如果痛苦，只是因為你在乎，越在乎就越痛苦。只要不在乎，就無法傷你一根毫毛。

守財奴的快樂並非來自財產的使用價值，而是來自所有權。所有權帶來的心理滿足遠遠超過所有物本身提供的生理滿足。一件一心盼望獲得的東西，未必要真到手，哪怕它被放到月球上，只要宣布它屬於我了，就會產生一種愚蠢的歡樂。

耶穌說：「富人要進入天國，比駱駝穿過針眼還要困難。」對耶穌所說的富人，不妨作廣義的解釋，凡是把自己所占有的世俗的價值，包括權力、財產、名聲等等，看得比精神的價值更寶貴，不肯捨棄的人，都可以包括在內。如果心地不明，我們在塵世所獲得的一切就都會成為負擔，把我們變成負重的駱駝，而把通往天國的路堵塞成針眼。

東西方宗教都有布施一說。照我的理解，布施的本義是教人去除貪鄙之心，由不執著於財物，進而不執著於一切身外之物，乃至於這塵世的生命。如此才可明白，佛教何以把布施列為「六度」之首，即從迷惑的此岸渡向覺悟的彼岸的第一座橋樑。佛教主張「無我」，既然「我」不存在，也就不存在「我的」這回事了。無物屬於自己，連自己也不屬於自己，何況財物。明乎此理，人還會有什麼得失之患呢？

王爾德說：「人生只有兩種悲劇，一是沒有得到想要的東西，另一是得到了想要的東西。」我曾經深以為然，並且佩服他把人生的可悲境遇表述得如此輕鬆。但仔細玩味，發現這話的立足點仍是占有，所以才會有占有慾未得滿足的痛苦和已得滿足的無聊這雙重悲劇。如果把立足點移到創造上，以審美的眼光看人生，我們豈不可以反其意而說：

人生有兩種快樂，一是沒有得到想要的東西，於是你可以去尋求和創造；另一是得到了想要的東西，於是你可以去品味和體驗？

大損失在人生中的教化作用：使人對小損失不再計較。

有一個人因為愛泉水的歌聲，就把泉水灌進瓦罐，藏在櫃子裡。我們常常和這個人一樣傻。我們把女人關在屋子裡，便以為占有了她的美。我們把事物據為己有，便以為占有了它的意義。可是，意義是不可占有的，一旦你試圖占有，它就不在了。無論我們和一個女人多麼親近，她的美始終在我們之外。不是在占有中，而是在男人的欣賞和傾倒中，女人的美便有了意義。我想起了海涅，他終生沒有娶到一個美女，但他把許多女人的美變成了他的詩，因而也變成了他和人類的財富。

習慣於失去

出門時發現，擱在樓梯間的那輛新自行車不翼而飛了。兩年之中，這已是第三輛。我一面為世風搖頭，一面又感到內心比前兩次失竊時要平靜得多。

莫非是習慣了？

也許是。近年來，我的生活中接連遭到慘重的失去，相比之下，丟幾輛自行車真是不足掛齒。生活的劫難似乎使我悟出了一個道理：人生在世，必須習慣於失去。

一般來說，人的天性是習慣得到，而不習慣失去。呱呱墜地，我們首先得到了生命。自此以後，我們不斷地得到：從父母得到衣食、玩具、愛和撫育，從社會得到職業的訓練和文化的培養。長大成人以後，我們靠著自然的傾向和自己的努力繼續得到：得到愛情、配偶和孩子，得到金錢、財產、名譽、地位，得到事業的成功和社會的承認。

當然，有得必有失，我們在得到的過程中也確實不同程度地經歷了失去。但是，我們比較容易把得到當做是應該、正常的，把失去看作是不應該、不正常的。所以，每有失去，仍不免感到委屈。所失越多越大，就越委屈。我們暗暗下定決心要重新獲得，以補償所失。在我們心中的藍圖上，人生之路彷彿是由一系列的獲得勾勒出來，而失去則是必須塗抹掉的筆誤。總之，不管失去是一種多麼頻繁的現象，我們對它反正不習慣。

道理本來很簡單：失去當然也是人生的正常現象。整個人生是一個不斷得而復失的過程，就其最終結果看，失去反比得到更為本質。我們遲早要失去人生最寶貴的贈禮——生命，隨之也就失去了在人生過程中得到的一切。有些失去看似偶然，例如天災人禍造成的意外損失，但也是無所不包的人生的題中應有之義。「人有旦夕禍福」，既然生而為人，就得有承受旦夕禍福的精神準備和勇氣。至於在社會上的挫折和失利，更是人生在世的尋常遭際。由此可見，不習慣於失去，至少表明對人生尚欠覺悟。一個只求得到不肯失去的人，表面上似乎富於進取心，實際上是很脆弱的，很容易在遭受重大失去之後一蹶不振。

為了習慣於失去，有時不妨主動地失去。東西方宗教都有布施一說。照我的理解，布施的本義是教人去除貪鄙之心，由不執著於財物，進而不執著於一切身外之物，乃至於這塵世的生命。如此才可明白，佛教何以把布施列為「六度」之首，即從迷惑的此岸渡向覺悟的彼岸的第一座橋樑。俗眾借布施積善圖報，寺廟靠布施斂財致富，實在是小和尚念歪了老祖宗的經。我始終把佛教看作古今中外最透徹的人生哲學，對它後來不倫不類的演變深不以為然。佛教主張「無我」，既然「我」不存在，也就不存在「我的」這回事了。無物屬於自己，連自己也不屬於自己，何況財物。明乎此理，人還會有什麼得失之患呢？

當然，佛教畢竟是一種太悲觀的哲學，不宜提倡。只是對於入世太深的人，它倒是一味必要的清醒劑。我們在社會上盡可以積極進取，但是，內心深處一定要為自己保留一份超脫。有了這一份超脫，我們就能更加從容地品嘗人生的各種滋味，其中也包括失去的滋味。

由丟車引發這麼多議論，可見還不是太不在乎。如果有人嘲笑我阿Q精神，我樂意承認。試想，對於人生中種種不可避免的失去，小至破財，大至死亡，沒有一點阿Q精神行嗎？由社會的眼光看，盜竊是一種不義，我們理應與之作力所能及的鬥爭，而不該擺出一副哲人的姿態容忍姑息。可是，倘若社會上有更多的人了悟人生根本道理，世風是否會好一些呢？那麼，這也許正是我對不義所作的一種能力所及的鬥爭罷了。

白兔和月亮

在眾多的兔姐妹中，有一隻白兔獨具審美的慧心。她愛大自然的美，尤其愛皎潔的月色。每天夜晚，她來到林中草地，一邊無憂無慮地嬉戲，一邊心曠神怡地賞月。她不愧是賞月的行家，在她的眼裡，月的陰晴圓缺無不各具風韻。

於是，諸神之王召見這隻白兔，向她宣布了一個慷慨的決定：

「萬物均有所歸屬。從今以後，月亮歸屬於你，因為你的賞月之才舉世無雙。」

白兔仍然夜夜到林中草地賞月。可是，說也奇怪，從前的閒適心情一掃而空了，腦中只繃著一個念頭：「這是我的月亮！」她牢牢盯著月亮，就像財主盯著自己的金窖。烏雲蔽月，她便緊張不安，唯恐寶藏丟失。滿月缺損，她便心痛如割，彷彿遭了搶劫。在她的眼裡，月的陰晴圓缺不再各具風韻，反倒險象迭生，勾起了無窮的得失之患。

和人類不同的是，我們的主人公畢竟慧心未滅，她終於去拜見諸神之王，請求他撤銷了那個慷慨的決定。

簡單生活

在五光十色的現代世界中，讓我們記住一個古老的真理：活得簡單才能活得自由。

自古以來，一切賢哲都主張過一種簡樸的生活，以便不為物役，保持精神的自由。

事實上，一個人為維持生存和健康所需要的物品並不多，超乎此的屬於奢侈品。它們固然提供享受，但更強求服務，反而成了一種奴役。

現代人是活得越來越複雜了，結果得到許多享受，卻並不幸福，擁有許多方便，卻並不自由。

一個專注於精神生活的人，物質上的需求必定十分簡單。因為他有更重要的事情要做，沒有工夫關心物質方面的區區小事；他沉醉於精神王國的偉大享受，物質享受不再成為誘惑。

在一個人的生活中，精神需求相對於物質需求所占比例越大，他就離神越近。

智者的特點是，一方面，很少的物質就能使他滿足，另一方面，再多的物質也不能使他滿足。原因在於，他的心思不在這裡，真正能使他滿足的是精神事物。

在生存需要能夠基本滿足之後，是物質慾望仍占上風，繼續膨脹，還是精神慾望開始上升，漸成主導，一個人的素質由此可以判定。

人活世上，有時難免要有求於人和違心做事。但是，我相信，一個人只要肯約束自己的貪慾，滿足於過比較簡單的生活，就可以把這些減少到最低限度。遠離這些麻煩的交際和成功，實在算不得什麼損失，反而受益無窮。我們因此獲得了好心情和好光陰，可以把它們奉獻給自己真正喜歡的人、真正感興趣的事，而首先是奉獻給自己。對於一個滿足於過簡單生活的人，生命的疆域是更加寬闊的。

人生應該力求兩個簡單：物質生活的簡單，人際關係的簡單。有了這兩個簡單，心靈就擁有了廣闊的空間和美好的寧靜。

現代人卻在兩個方面都複雜，物質生活上是財富的無窮追逐，人際關係上是利益的不盡糾葛，兩者幾乎占滿了生活的全部空間，而人世間的大部分煩惱也是源自這兩種複雜。

精神棲身於茅屋

如果你愛讀人物傳記，你就會發現，許多優秀人物生前都非常貧困。就談談那位最著名的印象派畫家梵谷吧！現在他的一幅畫已經賣到了幾千萬美元，可是，他活著時，一張畫連一餐飯錢也換不回，經常挨餓，一生窮困潦倒，終致精神失常，在三十七歲時開槍自殺了。要論家境，他的家族是當時歐洲最大的畫商，幾乎控制著全歐洲的美術市場。作為一名畫家，他有得天獨厚的便利條件，可以像那些平庸畫家那樣迎合時尚以謀利，成為一個富翁，但他不屑於這麼做。他說，他可不能把他唯一的生命，耗費在給非常愚蠢的人畫非常蹩腳的畫，做藝術家並不意味著賣好價錢，而是要去發現一個未被發現的新世界。確實，梵谷用他的作品為我們發現了一個全新的世界，一個萬物在陽光中按照同一節奏舞蹈的世界。另一位荷蘭人史賓諾沙是名垂史冊的大哲學家，他為了保持思想的自由，寧可靠磨鏡片的收入維持最簡單的生活，謝絕了海德堡大學以不觸犯宗教為前提要他去當教授的聘請。

我並不是提倡苦行僧哲學。問題在於，如果一個人太看重物質享受，就必然要付出精神上的代價。人的肉體需要是很有限的，無非是溫飽，超於此的便是奢侈，而人要奢侈起來卻是沒有盡頭的。溫飽是自然的需要，奢侈的慾望則是不斷膨脹的市場刺激起來的。你本來習慣於騎自行車，不覺得有什麼欠缺，可是，當你看到周圍不少人開汽車，你就會覺得你缺汽車，有必要也買一輛。富了可以更富，事實上也必定有人比你富，於是你永遠不會滿足，不得不去掙越來越多的錢。這樣，賺錢便成了你的唯一目的。即使你是畫家，你哪裡還顧得上真正的藝術追求？即使你是學者，你哪裡還會在乎科學的良心？

所以，自古以來，一切賢哲都主張一種簡樸的生活方式，目的就是為了不當物質慾望的奴隸，保持精神上的自由。古羅馬哲學家塞內卡說得好：「自由人以茅屋為居室，奴隸才在大理石和黃金下棲身。」柏拉圖也說：胸中有黃金的人不需要住在黃金屋頂下。

或者用孔子的話說：「君子居之，何陋之有？」我非常喜歡關於蘇格拉底的一個傳說，這位被尊稱為「師中之師」的哲人在雅典市場上閒逛，看了那些琳瑯滿目的貨攤後驚嘆：「這裡有多少我用不著的東西啊！」的確，一個熱愛精神事物的人必定是淡然於物質的奢華的，而一個人如果安於簡樸的生活，他即使不是哲學家，也相去不遠了。

05 成功與幸福

成功是優秀的副產品

在確定自己的人生目標時，首要目標應該是優秀，其次才是成功。所謂優秀，是指一個人的內在品質，即有高尚的人格和真實的才學。一個優秀的人，即使他在名利場上不成功，他仍能有充實的心靈生活，他的人生仍充滿意義。相反，一個平庸的人，即使他在名利場上風光十足，他也只是在混日子，至多是混得好一些罷了。

事實上，一個人倘若真正優秀，而時代又不是非常糟，他獲得成功的機會還是相當大的。即使生不逢時，或者運氣不佳，也多能在身後得到承認。

優秀者的成功往往是大成功，遠非那些追名逐利之輩的渺小成功可比。人類歷史上一切偉大的成功者都出自精神上優秀的人之中，不管在哪一個領域，包括創造財富的領域，做成大事業的決非只有一些小伎倆的精明之人，而必定是對世界和人生有廣闊思考與深刻領悟、擁有大智慧的人。

一個人能否成為優秀的人，基本上可以自己做主，能否在社會上獲得成功，則在相當程度上要靠運氣。所以，應該把成功看作優秀的副產品，不妨在優秀的基礎上爭取它，得到了最好，得不到也沒有什麼。在根本的意義上，作為一個人，優秀就已經是成功。

人生在世，首先應當追求的是優秀，而非成功。成為一個優秀的人，在此前提下，不妨把成功當作副產品來爭取。

所謂優秀，是在人性的意義上說的，就是要把人之所以為人的稟賦發展得盡可能的好，把人性的品質在自己身上實現出來。按照我的理解，可以把這些品質概括為四項，即善良的生命、豐富的心靈、自由的頭腦、高貴的靈魂。

真正的成功是做人的成功，即做一個有靈魂的人，一個精神上優秀的人。這樣的人即使在世俗的意義上不成功，他的人生仍是充滿意義的。不過，事實上，人類歷史上一切偉大的成功者，都恰恰出於這樣的人之中。

把優秀當作第一目標，而把成功當作優秀的副產品，這是最恰當的態度，有助於一個人獲取成功，或者坦然面對失敗。

也許，在任何時代，從事精神創造的人都面臨著這個選擇：是追求精神創造本身的成功，還是追求社會功利方面的成功？前者的判官是良知和歷史，後者的判官是時尚和權力。在某些幸運的場合，兩者會出現一定程度的一致，時尚和權力會向已獲得顯著成就的精神創造者頒發證書。但是，在多數場合，兩者往往偏離甚至背道而馳，因為它們畢竟是性質不同的兩件事，需要花費不同的工夫。即使真實的業績受到足夠的重視，決定升遷的還有觀點異同、人緣、自我推銷的幹勁和技巧等其他因素，然而總有人不願意在這些方面浪費寶貴的生命。

現在書店裡充斥著所謂勵「志」實則勵「欲」的垃圾書，其內容無非一是教人如何在名利場上拚搏，發財致富，出人頭地，二是教人如何精明地處理人際關係，討上司或老闆歡心，在社會上吃得開。偏是這類書似乎十分暢銷，每次在書店看到它們堆放在最醒目的位置上，我就為這個時代感到悲哀。

勵志沒有什麼不好，問題是勵什麼樣的志。完全沒有精神目標，一味追逐世俗的功利，這算什麼「志」，恰恰是胸無大志。

看到書店出售教授交際術、成功術之類的暢銷書，我總感到滑稽。一個人對某個人有好感，和他或她交了朋友，或者對某件事感興趣，想方設法把它做成功，這本來都是自然而然的。不熟記要點就交不了朋友，不乞靈祕訣就做不成事業，可見多麼缺乏真情感真興趣。但是，沒有真情感，怎麼會有真朋友呢？沒有真興趣，怎麼會有真事業呢？

既然如此，又何必孜孜於交際和成功？這樣做當然有明顯的功利動機，但那還算是比較表面的，更深的原因是精神上的空虛，於是急於找尋捷徑，躲到人群和事物中。我不知道其效果如何，只知道如果這樣的交際家走近我身旁，我一定會更感寂寞，如果這樣的成功者站在我面前，我一定會更覺得無聊。

對於真正有才華的人來說，機會是會以各種面目出現。

靈性＋耐性＝成功。

但兩者難以兼備，有靈性者往往缺乏耐性，有耐性者往往缺乏靈性，故成功者甚少。

比成功更重要的

在我看來，所謂成功就是把自己真正喜歡做的事情做好，其前提是要有自己真正喜歡做的事情。所以，比成功更重要的是，一個人必須有自己的真興趣，知道自己究竟想要什麼。

成功是一個社會概念，一個直接面對上帝和自己的人是不會太看重它的。

最基本的劃分不是成功與失敗，而是以偉大的成功和偉大的失敗為一方，以渺小的成功和渺小的失敗為另一方。

在上帝眼裡，偉大的失敗也是成功，渺小的成功也是失敗。

有一些渺小的人獲得了虛假的成功，他們的成功很快就被歷史遺忘。有一些偉大的人獲得了真實的成功，他們的成功則被歷史永遠記住。但是我知道，還有許多優秀的人，他們完全淡然於成功，最後也確實與成功無緣。對於這些人，歷史既沒有記住他們，也沒有遺忘他們，他們是超脫於歷史之外。

我們都很在乎成功和失敗，但對它們的理解卻很不一樣，有必要做出區分。譬如說，通常有兩種不同的含義。其一是指外在的社會遭際，以飛黃騰達為成，以窮困潦倒為敗。其二是指事業上的追求，目標達到為成，否則為敗。可以肯定，抽象地談問題，人們一定會擁護第二義而反對第一義。但是，事業有大小，目標有高低，所謂事業成敗的意義也就十分有限。我不知道如何衡量人生的成敗，也許人生是超越所謂成功和失敗的評價的。

有一種人追求成功，只是為了能居高臨下地蔑視成功。

對於我來說，人生即事業，除了人生，我別無事業。我的事業就是要窮盡人生的一切可能性。這是一個肯定無望但極有誘惑力的事業。

我的野心是要證明一個沒有野心的人也能得到所謂成功。

不過，我必須立即承認，這只是我即興想到的一句俏皮話，其實我連這樣的野心也沒有。

我的「成功（被社會承認，所謂名聲）」給我帶來的最大便利，是可以相對超脫於我所隸屬的小環境及其凡人瑣事，無須再為許多合理的然而瑣屑的權利去進行渺小的鬥爭。那些東西，人們因為你的「成功」而願意或不願意地給你了，不給卻也無所謂。

我相信一切深刻的靈魂都蘊藏著悲觀。如果一種悲觀可以輕易被外在的成功打消，我敢斷定那不是悲觀，而只是膚淺的煩惱。

最淒涼的不是失敗者的哀鳴，而是成功者的悲嘆。在失敗者心目中，人間尚有值得追求的東西：成功。但獲得成功仍然悲觀的人，他的一切幻想都破滅了，他已經無可追求。失敗者僅僅悲嘆自己的身世；成功者若是悲嘆，必是悲嘆整個人生。

成功的真諦

在通常意義上，成功指一個人憑自己的能力做出了一番成就，並且這成就獲得社會的承認。成功的標誌，說穿了，無非是名聲、地位和金錢。這個意義上的成功當然也是好東西。世上有人淡泊於名利，但沒有人會願意自己徹底窮困潦倒，成為實際生活中的失敗者。歌德曾說：「勛章和頭銜能使人在傾軋中免遭挨打。」根據我的體會，一個人即使相當超脫，某種程度的成功也仍然是好事，對於超脫不但無害反而有所助益。當你在廣泛的範圍裡得到了社會的承認，你就更不必在乎在你所隸屬小環境中的遭遇。眾所周知，小環境裡往往充滿短兵相接的瑣碎的利益之爭，而你因為你的成功便彷彿站在了天地比較開闊的高處，可以俯視，從而以此方式擺脫這類渺小的鬥爭。

但是，這樣的俯視畢竟還是站得比較低的，只不過是恃大利而棄小利罷了，仍未脫利益的計算。真正站得高的人應該能夠站到世間一切成功的上方俯視成功本身。一個人能否做出被社會承認的成就，並不完全取決於才能，起作用的還有環境和機遇等外部因素，有時候這些外部因素甚至起決定性作用。單憑這一點，就有理由不以成敗論英雄。

我曾經在邊遠省份的一個小縣生活了將近十年，如果不是大環境發生變化，也許我會在那裡「埋沒」終生。我嘗試自問，倘真如此，我便比現在的我還差嗎？我不相信。當然，我肯定不會有現在的所謂成就和名聲，但只要我精神上足夠富有，我就一定會以另一種方式收穫自己的果實。成功是一個社會概念，一個直接面對上帝和自己的人不會太看重它。

成功不是衡量人生價值的最高標準，比成功更重要的是，一個人要擁有內在的豐富，有自己的真性情和真興趣，有自己真正喜歡做的事。只要你有自己真正喜歡做的事，你就在任何情況下都會感到充實和踏實。那些僅僅追求外在成功的人，實際上沒有真正喜歡自己做的事，他們真正喜歡的只是名利，一旦在名利場上受挫，內在的空虛就暴露無遺。

照我的理解，把自己真正喜歡做的事做好，儘量做得完美，讓自己滿意，這才是成功的真諦，如此感到的喜悅才是不摻雜功利考慮的純粹的成功之喜悅。當一個母親生育了一個可愛的小生命，一個詩人寫出了一首美妙的詩，所感覺到的就是這種純粹的喜悅。當然，這個意義上的成功已經超越於社會的評價，而人生最珍貴的價值和最美好的享受恰恰就寓於這樣的成功之中。

職業和事業

在人生中，職業和事業都是重要的。大抵而論，職業關係到生存，事業關係到生存的意義。在現實生活中，兩者的關係十分複雜，從重合到分離、背離乃至於根本衝突，種種情形都可能存在。人們常常視職業與事業的一致為幸運，但有時候，兩者的分離也會是一種自覺的選擇，例如史賓諾沙為了保證以哲學為事業，而寧願以磨鏡片為職業。因此，事情最後也許可以歸結為一個人有沒有真正意義上的事業，如果沒有，所謂事業與職業的關係問題也就不存在，如果有，這個關係問題也就有了答案。

怎樣確定一個職業是否適合自己？我認為應該符合三個條件：第一，有強烈的興趣，甚至到了不給錢也一定要做的程度；第二，有明晰的意義感，確信自己的生命價值借此得到了實現；第三，能夠靠它養活自己。

你做一項工作，只是為了謀生，對它並不喜歡，這項工作就只是你的職業；你做一項工作，只因為喜歡，並不在乎它能否帶來利益，這項工作就是你的事業。最理想的情形是，事業和職業一致，做喜歡的事並能以之謀生。其次好的是，二者分離，業餘做喜歡的事。最糟糕的是，根本沒有自己真正喜歡做的事。

我相信，從理論上說，每一個人的稟賦和能力的基本性質早已確定，因此，在這個世界上必定有一種最適合他的事業，一個最適合他的領域。當然，在實踐中，他能否找到這個領域，從事這種事業，不免會受客觀情勢的制約。但是，自己應該有一種自覺，儘量縮短尋找的過程。在人生的一定階段上，一個人必須知道自己是怎樣的人，到底想要什麼。

人的能力有兩個層次。第一個層次是智力的一般品質，即是否養成了智力活動的興趣和習慣，是否愛動腦子和善動腦子。第二個層次是個體的特殊稟賦，由基因或者說先天的生理心理特性所決定，因之而具備在某個特定領域發展的潛在優勢。前者好，後者才會顯示出來，這是鐵的規律。一個智力遲鈍的人永遠不可能發現自己有什麼特殊稟賦。首先讓自己的一般智力品質發育得好，在此基礎上找到最適合自己特殊稟賦的領域，使自己最好的能力得到最好的運用和發展，我稱之為事業。

從人性看，僅僅作為謀生手段的工作是不快樂的，但是，作為人的心智能力和生命價值的實現的工作，則本應該是人生快樂的最重要源泉。

現在許多年輕人對職業不滿意，然而，可悲的是，真給了他們選擇的自由，他們只有一個標準，除了掙錢多一些，謀生得好一些之外，不知道自己要什麼。

事業是精神性追求與社會性勞動的統一，精神性追求是其內涵和靈魂，社會性勞動是其形式和軀殼，二者不可缺一。

所以，一個僅僅為了名利而從政、經商、寫書的人，無論他在社會上獲得了怎樣的成功，都不能說他有事業。

所以，一個不把自己的理想、思考、感悟體現為某種社會價值的人，無論他內心多麼真誠，也不能說他有事業。

一個不知對自己的人生負有什麼責任的人，他甚至無法弄清他在世界上的責任是什麼。許多人對責任的關係是完全被動的，他們之所以把一些做法視為自己的責任，不是出於自覺的選擇，而是由於習慣、時尚、輿論等原因。譬如說，有的人把偶然卻又長期從事的某一職業當作自己的責任，從不嘗試去擁有真正適合自己本性的事業。有的人看見別人發財和揮霍，便覺得自己也有責任拚命掙錢花錢。有的人十分看重別人，尤其是上司對自己的評價，謹小慎微地為這種評價而活著。由於他們不曾認真思考過自己的人生使命究竟是什麼，在責任問題上也必然是盲目的了。

愛情與事業，人生的兩大追求，其實為一，均是自我確認的方式。愛情是透過某一異性的承認來確認自身價值，事業是透過社會承認來確認自身的價值。

在人類一切事業中，情感都是原動力，而理智則有時是煞車系統，有時是執行者。或者說，情感提供原材料，理智則做出取捨，進行加工。世上絕不存在單憑理智就能夠成就的事業。

所以，無論哪一領域的天才，都必是具有某種強烈情感的人。區別只在於，由於理智加工程度和方式的不同，對那作為原材料的情感，我們從其產品上容不容易認出罷了。

人類歷史上的一切優秀者，不管是哪一領域的，必是對世界和人生有自己廣闊的思考和獨特的理解的人。一個人只有小聰明而沒有大智慧，卻做成大事業，這樣的例子古今中外都不曾有過。

對於我來說，人生即事業，除了人生，我別無事業。我的事業就是要窮盡人生的一切可能性。這是一個肯定無望但極有誘惑力的事業。

賺不到錢也做，才是真正做事業，包括—經商！

做自己喜歡做的事

一個人活在世上，必須有自己真正愛好的事情，才會活得有意思。這愛好完全是出自於真性情，而不是為了某種外在的利益，例如金錢、名聲之類。喜歡做這件事情，只是因為覺得事情本身非常美好，被事情的美好所吸引。這就好像一個園丁，他僅僅因為喜歡而開闢了一塊自己的園地，在其中培育了許多美麗的花木，為它們傾注了自己的心血。當他在自己的園地上耕作時，他心裡非常踏實。無論他走到哪裡，他也都會牽掛著那些花木，如同母親牽掛著自己的孩子一樣。這樣的人，他一定會活得很充實。相反的，一個人如果沒有自己的園地，不管他當多大的官，做多大的買賣，他本質上始終是空虛的。這樣的人一旦丟了官，破了產，他的空虛就表露無遺，惶惶然不可終日，發現自己在世界上無事可做，也沒有人需要他，成了一個多餘的人。

世界無限廣闊，誘惑永無止境，然而，屬於每一個人的現實可能性終究有限。你不妨對一切可能性保持開放的心態，因為那是人生魅力的泉源，但同時你也要早一些在世界之海拋下自己的錨，找到最適合自己的領域。一個人不論偉大還是平凡，只要他順應自己的天性，找到了自己真正喜歡做的事，並且一心把自己喜歡做的事做得盡善盡美，在這世界上就有牢不可破的家園。不但會有足夠的勇氣承受外界的壓力，而且會有足夠的清醒來面對形形色色的機會與誘惑。

每個人生活中最重要的部分是自己所熱愛的那項工作，藉此而進入世界，在世上立足。有了這項能夠全身心投入的工作，生活就有了核心，全部生活圍繞這個核心組織成了一個整體。沒有這個核心的人，他的生活是碎片。譬如說，會分裂成兩個令人不快的部分，一部分是折磨人的勞作，另一部分是無所用心的休閒。

衡量一件事情是不是你的事業，有兩個標準。一是真興趣，如果你是真正喜歡它，做事情的過程本身就是最大的愉悅，因而不再在乎外在的報酬和結果。這說明這件事情是真正適合你，你最好的能力在其中得到運用及發展。另一是意義感，透過做這件事情，你感到你的生命意義、人生價值得到了實現。

現今很多人的問題就在這裡，他們沒有做的事，於是只好把外在的東西作為標準，什麼事情可以掙錢、顯得風光，社會上大家在爭什麼，他也往那裡擠。在沒頭腦的激烈競爭中，輸了當然不痛快，但什麼叫贏了？總是比上不足，所以心態總是不平衡。

我對成功的理解：把自己喜歡做的事做得盡善盡美，讓自己滿意，不要去管別人怎麼說。

真實、不可遏制的興趣是天賦的可靠標誌。

最好的職業是有業無職，就是有事業，而無職務、職位、職稱、職責之束縛，能夠自由地支配自己的時間，做自己喜歡做的事。例如藝術家、作家、學者，當然，前提是他們真正熱愛藝術、文學和學術。否則，職位、職務、職稱俱全而唯獨無事業的所謂學者、作家、藝術家，今天多的是。

人的身體受心靈支配，心態好是最好的養生。怎麼做到心態好？我的體會是，一定要有自己喜歡做的事，快樂的工作是養生的良藥。

我們活在世上，必須知道自己究竟想要什麼。一個人認清了在這世界上要做的事情，並且在認真地做著這些事情，他就會獲得一種內在的平靜和充實。

在商場裡，有的人總是朝人多的地方擠，去搶購大家都在買的東西，結果買了許多自己不需要的東西，還為沒有買到另外許多自己不需要的東西而痛苦。那些不知道自己究竟想要什麼的人，就生活在同樣可悲的境況中。

快樂工作的能力

在這個世界上生活，快樂是人人都想要的東西。不過，在多數情況下，快樂與工作好像沒有什麼關係。相反，人們似乎只有在工作之外才能找到快樂，下班之後、周休二日、節日才是一天、一週、一年中的快樂時光。當然，快樂是需要錢的，為此就必須工作，工作的價值似乎只是為工作之外的快樂埋單。

工作本身不快樂，快樂只在工作之外，這種情況相當普遍，但並不合理，因為不合人性。

什麼是快樂？快樂是人性或者說人的需要得到滿足的一種狀態。人性有三個層次。

一是生物性，即食色溫飽之類生理需要，滿足則感到肉體的快樂。二是社會性，比如交往、被關愛、受尊敬的需要，滿足則感到情感的快樂。三是精神性，包括頭腦和靈魂，頭腦有進行智力活動的需要，靈魂有追求和體悟生活意義的需要，二者的滿足使人感到的是精神的快樂。

精神性是人的最高屬性，正是作為精神性的存在，人與動物有了本質的區別。同樣，精神的快樂是人所能獲得的最高快樂，遠比肉體的快樂更持久也更美好。對於那些稟賦優秀的人來說，這一點是不言而喻的。如果讓他們像一個沒有頭腦和靈魂的東西活著，他們寧可不活。獲得精神快樂的途徑有兩類：一類是接受的，例如閱讀、欣賞藝術品；另一類是給予的，例如工作。正是在工作中，人的心智能力和生命價值都得到了積極實現，人感受到了生命的最高意義。如同紀伯倫所說：工作是看得見的愛，通過工作來愛生命，你就領悟了生命最深刻的祕密。

當然，這裡所說的工作不同於僅僅作為職業的工作，人們通常把它稱作創造或自我實現。但是，就人性而言，這個意義上的工作原是屬於所有人。人人都有天賦的心智能力，區別在於是否得到了充分運用和發展。現在我們明白快樂工作與不快樂工作的界限：僅僅作為謀生手段的工作是不快樂的，作為人的心智能力和生命價值的實現的工作是快樂的。用馬克思的話說，前者是一個必然王國，後者是一個自由王國。

毫無疑問，在現實生活中，我們都必須為謀生而工作。最理想的情況是謀生與自我實現達成一致，做自己真正喜歡做的事情，同時又能藉此養活自己。能否做到這一點，在一定程度上要靠運氣。不過，我相信，在開放社會中，一個人只要有真正的志趣，終究有許多機會接近這個目標。就個人而言，最重要的還是要有自己真正的志趣，機會只可能為這樣的人開放。也就是說，一個人首先必須具備快樂工作的願望和能力，然後才談得上快樂工作。

正是在這方面，今日年輕人的情況令人擔憂。中華英才網發起的「中國大學生最佳僱主調查」表明，在大學生對僱主的評價中，擺在首位的是全面薪酬和品牌實力兩個因素。擇業時考慮薪酬不奇怪，我的擔心是，許多人也許只有這一類外在標準，沒有任何內心要求，對工作的唯一訴求是掙錢，掙得錢越多就是越好的工作，對於作為自我實現的工作毫無概念，那十分可悲。

事實上，工作的快樂與學習的快樂是一脈相承、性質相同，基本的因素都是好奇心的滿足、發現和創造的喜悅、智力的運用和得勝、心靈能力的生長等。一個學生倘若在學校的學習中從未體會過這些快樂，在走出學校之後，他怎麼可能向工作要求這些快樂呢？學校教育的使命是讓學生學會快樂地學習，為將來快樂地工作打好基礎。能夠快樂地學習和工作，這是精神上優秀的徵兆。說到底，幸福是一種能力，它屬於那些有著智慧的頭腦和豐富的靈魂的優秀的人。首先要成為一個優秀的人，而只把成功看作優秀的副產品。不求優秀，只求成功，求得的至多是謀生的成功罷了。

毋須諱言，今日的學校乃至整個社會存在著嚴重的急功近利傾向，對於培養快樂學習和工作的能力並非有利的環境。把大學辦成職業培訓場，只教給學生一些狹窄的專業知識，結果必然使大多數學生心目中只有就業這一個可憐的目標，只知道作為謀生手段的這一種不快樂的工作。這種做法極其近視，即使從經濟發展的角度看，一個社會是由心智自由活潑的成員組成，還是由只知謀生的人組成，何者有更好的前景，答案應是不言而喻的。對於企業來說也是如此，許多企業已經強烈地感覺到，那些只有學歷背景和專業技能、整體素質差的大學生完全不能適合其發展的需要。教育與市場直接掛鉤，其結果反而是人才的緊缺，這表明市場本身已開始向教育提出質疑，要求它與自己拉開距離。教育應該比市場站得高看得遠，培養出人性層面上真正優秀的人才，這樣的人才自會給社會—包括企業和市場—增添活力。

創造的幸福

生活質量的要素：一、創造；二、享受；三、體驗。

其中，創造在生活中所占據的比重，乃是衡量一個人的生活質量的主要標準。

一個人創造力的高低，取決於兩個因素，一是有無健康的生命本能，二是有無崇高的精神追求。這兩個因素又有密切關聯、互相依存，生命本能若無精神的目標是盲目的，精神追求若無本能的啟發則是空洞的。它們的關係猶如土壤和陽光，一株植物唯有既紮根於肥沃的土壤，又沐浴著充足的陽光，才能茁壯生長。

創造力無非是在強烈的興趣推動下才能持久的努力。其中最重要的因素，第一是興趣，第二是良好的工作習慣。通俗地說，就是第一要有自己真正喜歡做的事，第二能夠全神貫注又持之以恆把它做好。在這過程中，人的各種智力品質，包括好奇心、思維能力、想像力、直覺、靈感等等，都會被調動起來，為創造作出貢獻。

人要做成一點事情，第一靠熱情，第二靠毅力。我在各領域有大作為的人身上，都發現這兩種品質。

首先要有熱情，對所做的事情真正喜歡，以之為樂，全力以赴。但是，單有熱情還不夠，因為即使是喜歡做的事情，只要它足夠大，其中必包含艱苦、困難乃至枯燥，沒有毅力是堅持不下去的。何況在人生之中，人還經常要面對自己不喜歡但必須做的事情，那時候就完全要靠毅力了。

一個人的工作是否值得尊敬，取決於他完成工作的精神而非行為本身。這就好比造物主在創造萬物之時，是以同樣的關注之心創造一朵野花、一隻小昆蟲或一頭巨象。無論做什麼事情，都力求盡善盡美，並從中獲得極大的快樂，這樣的工作態度中蘊涵著一種神性，不是所謂職業道德或敬業精神所能概括。

從工作中感受到生命意義的人，勛章不能報償他，虧待也不會使他失落。內在的富有找不到、也不需要世俗的對應物。像托爾斯泰、卡夫卡、愛因斯坦這樣的人，沒有得諾貝爾獎於他們何損，得了又能增加什麼？只有那些心中沒有歡樂源泉的人，才會斤斤計較外在的得失，孜孜追求教授的職稱、部長的頭銜和各種可笑的獎狀。可以理解他們為什麼會這樣做，倘若沒有這些，他們便一無所有。

聖修伯里把創造定義為「用生命去交換比生命更長久的東西」，我認為非常準確。創造者與非創造者的區別就在於，後者只是用生命去交換維持生命的東西，僅僅生產自己直接或間接用得上的財富；相反，前者工作是為了創造自己用不上的財富，生命的意義恰恰是寄託在這用不上的財富上。

繁忙中清靜的片刻是一種享受，閒散中緊張創作的片刻則簡直是一種幸福。

天才是偉大的工作者。凡天才必定都是熱愛工作、養成了工作的習慣的人。當然，這工作他自己所選定，是由他的精神慾望所發動，所以他樂在其中，欲罷不能。那些無此體驗的人從外面看他，覺得不可理解，便勉強給了一個解釋，叫做勤奮。

俗人有卑微的幸福，天才有高貴的痛苦，上帝的分配很公平。對此憤憤不平的人，儘管自命天才，卻比俗人還不如。

度一個創造的人生

如果要用一個詞來概括人類精神生活的特徵，那麼，最合適的便是這個詞—創造。所謂創造，未必是指發明某種新的技術，也未必是指從事藝術的創作，這些僅是創造的若干具體形態罷了。創造的含義要深刻得多，範圍也更廣。人與動物的區別在於人有一個靈魂，靈魂使人不能滿足於動物的生存方式，而要追求高出於生存的價值，由此展開了人的精神生活。大自然所賦予人的只是生存，因此，人所從事超出生存以上的活動，都是給大自然的安排增添了一點新東西，無不具有創造的性質。這樣的活動當然不是肉體（它只要求生存）所發動，而是靈魂。正是在創造中，人用行動實現著對真善美的追求，把自己內心所珍愛的價值，變成可以看見和感覺到的對象。

由此可見，決定一種活動是否具有創造性的關鍵，在於有無靈魂的真正參與。一個畫匠畫了一幅毫無靈感的畫，一個學究寫了一本人云亦云的書，他們都不是在創造。相反的，如果你真正陶醉於一片風景、一首詩、一段樂曲的美，如果你對某個問題形成了你的獨特的見解，那麼你就是在創造。

許多哲學家都曾強調勞作與創造的區別，前者是非精神性的，後者是具精神性。在這方面，馬克思的看法也許最有啟發意義。他認為，人的本性是更喜歡從事自由的創造活動，因為人在這種活動中，能夠充分實現自己的能力和價值，從而獲得精神上的享受。然而，為了生存，人又必須從事生產活動。因此，可以把我們的時間劃分為必要勞動時間與自由時間。一個理想的社會，應該將必要勞動時間縮短到最低限度，以便為每個人從事創造活動騰出充足的自由時間。這個道理也適用於個人。一個人只是為謀生或賺錢而從事的活動都屬於勞作，而他出於自己的真興趣和真性情從事的活動則屬於創造。勞作僅能帶來外在的利益，唯創造才能獲得心靈的快樂。但外在的利益是很實在的誘惑，往往會誘使人們無休止地勞作，乃至於一輩子體會不到創造的樂趣。在我看來，創造在生活中所占據的比重，是衡量一個人的生活質量的主要標準。

真正的創造不計較結果，它是一個人內在力量的自然而然的實現，本身即是享受。有一位夫人督促羅曼．羅蘭抓緊寫作，快出成果，羅曼．羅蘭回答說：「一棵樹不會太關心它結的果實，它只是在它生命液汁的歡樂流溢中自然生長，而只要它的種子是好的，它的根紮在沃土中，它必將結好的果實。」我非常欣賞這個回答。只要你的心靈是活潑、敏銳的，只要你聽從心靈的吩咐，去做能真正使它快樂的事，那麼，不論你終於做成了什麼事，不論社會對你的成績如何評價，你都度過了一個有意義的創造人生。

最合宜的位置

我相信，每個人誕生到這個世界上，一定有一個最適合他的位置，這個位置彷彿在他出生時就準備好了，只等他來認領。我還相信，這個位置既然僅僅是最適合他的，別人便無法與他競爭，如果他不認領，這個位置就只是浪費掉了，並不是被他人占據。我之所以有這樣的信念，則是因為我相信，上帝造人不會把兩個人造得完全一樣，每個人的天賦都是獨一無二，由此決定能使其稟賦和價值得到最佳實現的那個位置，也必然是獨特的。

然而，一個人要找到這個對於他最合宜的位置，卻又不容易。環境的限制、命運的捉弄，都可能阻礙他走向這個位置。即使客觀上不存在重大困難，由於心智的糊塗和慾望的矇蔽，他仍可能在遠離這個位置的地方徘徊乃至折騰。尤其在今天這個充滿誘惑的時代，不少人奮力爭奪名利場上的位置，甚至壓根沒想到世界上其實有一個僅僅屬於他的位置，而那個位置始終空著。

這個認知，是我在許多年裡逐漸清晰起來的，現在可以說到了牢不可破的地步。我絲毫不懷疑，現在所在的這個位置是最適合自己的，因此，外界的誘惑對我產生不了什麼作用。可是，倘若有人問我這究竟是一個什麼位置，我又說不清楚。可以肯定的是，完全不能用學者、作家之類的職業來定義它。勉強說，它是一種很安靜的生活狀態吧！

現在我的生活基本上由兩件事情組成：一是讀書和寫作，我從中獲得靈魂的享受；另一是親情和友情，我從中獲得生命的享受。親情和友情使我遠離社交場的熱鬧，讀書和寫作使我遠離名利場的熱鬧。人最寶貴的兩樣東西，生命和靈魂，在這兩件事情中得到了妥善的安放和真實的滿足，夫復何求，所以我過著很安靜的生活。

我當然知道，這種很安靜的生活適合我，未必適合別人。一定有人更適合過轟轟烈烈的生活，他們不妨去叱吒風雲，指點江山，一展宏圖。人的稟賦各不相同，共同的是，一個位置對於自己是否最合宜，標準不是看社會上有多少人爭奪它，眼紅它，而應該去問自己的生命和靈魂，看它們是否真正感到快樂。

06 做自己的朋友

自愛和自尊

盧梭說：「大自然塑造了我，然後把模子打碎了。」這話聽起來自負，其實適用於每一個人。可惜的是，多數人忍受不了這個失去了模子的自己，於是又用公共的模子把自己重新塑造一遍，結果彼此變得如此相似。

自愛者才能愛人，富裕者才能餽贈。給人以生命歡樂的人，必是自己充滿著生命歡樂的人。一個不愛自己的人，既不會是一個可愛的人，也不可能真正愛別人。他帶著對自己的怨恨到別人那裡去，就算他是行善，他的怨恨仍會在他的每一件善行裡顯露出來，加人以損傷。受惠於一個自怨自艾的人，還有比這更不舒服的事嗎？

只愛自己的人不會有真正的愛，只有驕橫的占有。不愛自己的人也不會有真正的愛，只有謙卑的奉獻。

如果說愛是一門藝術，那麼，恰如其分的自愛便是一種素質，唯有具備這種素質的人才能成為愛的藝術家。

人與人之間有同情，有仁義，有愛。所以，世上有克己助人的慈悲和捨己救人的豪俠。但是，每一個人終究是生物學上和心理學上的個體，最切己的痛癢唯有自己能最真切地感知。在這個意義上，對每個人來說，他最關心的還是自己，世上最關心他的也是他自己。要別人比他自己更關心他，要別人比關心自己更關心他人，都違背個體生物學與心理學特性。結論是：每個人都應該自立。

我曾和一個五歲男孩談話，告訴他，我會變魔術，能把一個人變成一隻蒼蠅。他聽了十分驚奇，問我能不能把他變成蒼蠅，我說能。他陷入了沉思，然後問我，變成蒼蠅後還能不能變回來，我說不能，他不讓我變了。我也一樣，想變成任何一種人，體驗任何一種生活，包括國王、財閥、聖徒、僧侶、強盜、妓女等，甚至也願意變成一隻蒼蠅，但前提是能夠變回我自己。所以，歸根究柢，我更願意是我自己。

對於別人的痛苦，我們的同情一開始可能相當活躍，一旦痛苦持續下去，同情就會消退。我們在這方面的耐心，遠不如對別人罪惡的耐心。一個我們不得不忍受的人，其罪惡彷彿是命運；一個我們不得不忍受的人，其痛苦卻幾乎是罪惡。

我並非存心刻薄，而是想從中引出一個很實在的結論：當你遭受巨大痛苦時，你要自愛，懂得自己忍受，儘量不用你的痛苦去打擾別人。

失敗者往往會成為成功者的負擔。

失敗者的自尊在於不接受施捨，成功者的自尊在於不以施主自居。

獲得理解是人生的巨大歡樂。然而，一個孜孜以求理解、沒有旁人的理解便痛不欲生的人卻是個可憐蟲，把自己的價值完全寄託在他人理解上的人往往並無價值。

做自己的一個冷眼旁觀者和批評者，這是一種修養，它可以使我們保持某種清醒，避免落入自命不凡，或者顧影自憐的可笑復可悲之境地。

儘管世上有過無數片葉子，還會有無數片葉子，儘管一切葉子都終將凋落，我仍然要抽出自己的綠芽。

人人都在寫自己的歷史，但這歷史缺乏細心的讀者。我們沒有工夫讀自己的歷史，即使讀，也是讀得何其草率。

擁有「自我」

一個人怎樣才算擁有「自我」呢？我認為有兩個可靠的標誌。

一是看他有沒有自己的真興趣，亦即自己安身立命的事業，他能夠全身心地投入其中，並感到內在的愉快和充實。如果有，便表明他正在實現「自我」，這個「自我」是指他的個性，每個人獨特的生命價值。

二是看他有沒有自己的真信念，亦即自己處世做人的原則，那是他的精神上的坐標軸，使他在俗世中不隨波逐流。如果有，便表明他擁有「自我」，這個「自我」是指他的靈魂，一個堅定的精神核心。

這兩種意義上的「自我」都不是每個人一出生就擁有的，而是在人生過程中不斷選擇和創造的結果。正因為此，每個人都要為自己成為怎樣的人負責。

每個人都是一個獨一無二的個體，都應該認識自己獨特的稟賦和價值，從而自我實現，真正成為自己。

一個人應該認清自己的天性，知道自己究竟是什麼樣的人，從而過最適合他天性的生活，對他而言，這就是最好的生活。明白這些道理，他就不會在喧鬧的人世間迷失方向了。

人必須有人格上的獨立自主。你不能脫離社會和與他人生活，但你不能一味攀援在社會和他人身上。你要自己在生命的土壤中紮根。你要在人生的大海上拋下自己的錨。一個人如果把自己僅僅依附於身外的事物，即使是極其美好的事物，順利時也許看不出他的內在空虛、缺乏根基，一旦起了風浪，例如社會動亂、事業挫折、親人亡故、失戀等等，就會一蹶不振乃至精神崩潰。

一個靈魂在天外遊蕩，有一天透過某一對男女的交合而投進一個凡胎。他從懵懂無知開始，似乎完全忘記了自己的本來面目。但是，隨著年歲和經歷的增加，那天賦的性質漸漸顯露，使他不自覺地對生活有一種基本的態度。在一定意義上，「認識你自己」就是要認識附著在凡胎上的這個靈魂，一旦認識了，過去的一切都有了解釋，未來的一切都有了方向。

在一定意義上，可以把「認識自己」理解為認識你的內在自我，那個使你之所以成為你的核心與根源。認識了這個東西，你心中就有數了，知道怎樣的生活才是合乎你的本性，你究竟應該要什麼和可以要什麼了。

然而，內在的自我必定也是隱蔽的，怎樣才能認識它呢？我覺得我找到了一個方便的路徑。事實上，我們平時做事和與人相處，這個內在自我始終是表態，只是往往不被我們留意罷了。那麼，讓我們留意，做什麼事、與什麼人相處，我們發自內心感到喜悅，或者相反，感到厭惡，那便是內在自我在表態。就此而論，認清你自己最真實的好惡就是認識了你自己，而你在這個世界上倘若有自己真正鍾愛的事和人，就可算是在實現自我。

耶穌說：「一個人賺得了整個世界，卻喪失了自我，又有何益？」他在向其門徒透露自己的基督身分後說了這話，可謂意味深長。真正的救世主就在我們每個人自己身上，便是那個清明寧靜的自我。這個自我即是我們身上的神性，只要我們能守住它，就差不多可以說上帝和我們同在了。守不住它，一味沉淪於世界，我們便會渾渾噩噩，隨波漂蕩，世界也將沸沸揚揚，永無得救的希望。

獨特，然後才有溝通。毫無特色的平庸之輩廝混在一起，只有委瑣，豈可與語溝通。每人都展現出自己獨特的美，開放出自己的奇花異卉，每人也都欣賞其他一切人的美，人人都是美的創造者和欣賞者，這樣的世界才是賞心悅目的人類家園。

儘管世上有過無數片葉子，還會有無數片葉子，儘管一切葉子都終將凋落，我仍然要抽出自己的綠芽。

此刻我心中湧現出一些多麼生動的感覺，使我確信我活著—正是我，不是別人，這個我不會和別人混同。於是我想，在我的生命中還是有太多的空白，那時候感覺沉睡著，我渾渾噩噩，與芸芸眾生沒有什麼兩樣。

每到一個陌生的城市，我的習慣是隨便走走，好奇心驅使我去探尋熱鬧的街巷與冷僻的角落。在途中，難免暫時地迷路，但心中一定要有把握，自信能記起回住處的路線，否則便會感覺不踏實。我想，人生也是如此。你不妨在世界上闖蕩，去建功創業，去探險獵奇，去覓情求愛，可是，你一定不要忘記了回家的路。這個家，就是你的自我，你自己的心靈世界。

一個人為了實現自我，必須先在非我的世界裡漫遊一番。但是，有許多人迷失在這漫遊途中，沾沾自喜於他們在社會上的小小成功，不再想回到自我。成功使他們離自我越來越遠，終於成為隨波逐流之輩。另有一類靈魂，時時為離家而不安，漫遊越久而思家越切，唯有他們，無論成功失敗，都能帶著豐富的收穫返回他們的自我。

「記住回家的路」這句話有兩層意思。其一，人活在世上，總要到社會上做事。如果說這是一種走出家門，那麼，回家便是回到每個人的自我，回到個人的內心生活。一個人倘若只有外在生活，沒有內心生活，他最多只是活得熱鬧或者忙碌罷了，絕不可能活得充實。其二，如果把人生看作一次旅行，那麼，只要活著，我們就總是在旅途上。人在旅途，怎能沒有鄉愁？鄉愁使我們追思世界的本原，人生的終極，靈魂的永恆故鄉。總括起來，「記住回家的路」就是：記住從社會回到自我的路，記住從世界回到上帝的路。人當然不能不活在社會上和世界中，但是，時時記起回家的路，便可以保持清醒，不在社會的紛爭和世界的喧囂中沉淪。

我走在自己的路上了。成功與失敗、幸福與苦難都已經降為非常次要的東西。最重要的東西是這條路本身。

他們一窩蜂擠在那條路上，互相競爭、推讓、阻擋、踐踏。前面有什麼？不知道。既然大家都朝前趕，肯定錯不了。

你悠然獨行，不慌不忙，因為你走在自己的路上，它僅僅屬於你，沒有人與你相爭。

成為你自己

童年和少年是充滿美好理想的時期。如果問你們，將來想成為怎樣的人，你們一定會給我許多漂亮的答案。譬如說，想成為拿破崙那樣的偉人、愛因斯坦那樣的科學家、曹雪芹那樣的文豪等等。這些回答都不壞，不過，我認為比這一切都更重要的是：首先應該成為你自己。

姑且假定你特別崇拜拿破崙，成為像他那樣的蓋世英雄是你最大的願望。好吧！我問你：就讓你完完全全成為拿破崙，生活在他那個時代，有他那些經歷，你願意嗎？你很可能會激動地喊叫：太願意啦！我再問你：讓你從身體到靈魂整個都變成他，你也願意嗎？這下你或許會有些猶豫，會這麼想：整個變成他，不就是沒有我自己了嗎？對了，我的朋友，正是這樣。那麼，你不願意了？當然囉，因為這意味著世界上曾經有過拿破崙，這個事實沒有改變，唯一的變化是你壓根不存在了。

由此可見，對每個人來說，最寶貴的還是他自己。無論多麼羨慕別的人，如果讓他徹頭徹尾成為這個別人而不再是自己，那誰都不肯了。

也許你會反駁：你說的是廢話，每個人都已經是他自己了，怎麼會徹頭徹尾成為別人呢?不錯,我只是在假設一種情形,這種情形不可能完全按照我所說的方式發生。不過,在實際生活中,類似情形卻常常在以稍微不同的方式發生著。真正成為自己可不是一件容易的事。世上有許多人,你可以說他是隨便什麼東西,例如是一種職業、一種身分、一個角色,唯獨不是他自己。如果一個人總是按照別人的意見生活,沒有自己的獨立思考,總是為外在的事務忙碌,沒有自己的內心生活,那麼,說他不是他自己則一點也沒有冤枉他。因為確確實實,從他的頭腦到他的心靈,你在其中已經找不到絲毫真正屬於他自己的東西,他只是別人的一個影子罷了。

那麼,怎樣才能成為自己呢?這是真正的難題,我承認我給不出一個答案。我還相信,不存在一個適用於一切人的答案。我只能說,最重要的是每個人都要真切地意識到他的「自我」的寶貴,有了這個覺悟,他就會自己去尋找屬於他的答案。在茫茫宇宙間,每個人都只有一次生存的機會,都是一個獨一無二、不可重複的存在。名聲、財產、知識等等是身外之物,人人都可求而得之,但沒有人能夠代替你感受人生。你死之後,沒有人能夠代替你再活一次。如果你真正意識到了這一點,你就會明白,活在世上,最重要的事就是活出你自己的特色和滋味來。你的人生是否有意義,衡量的標準不是外在的成功,而是你對人生意義的獨特領悟和堅守,從而使你的自我散放出個性的光華。

最好的朋友是你自己

人在世上都離不開朋友，但是，最忠實的朋友還是自己，就看你是否善於做自己的朋友。要能夠成為自己的朋友，就必須比外在的自己站得更高，看得更遠，從而能夠從人生的全景出發，給自己提醒、鼓勵和指導。

在每個人身上，除了外在的自我以外，都還有著一個內在的精神性的自我。可惜的是，許多人的這個內在的自我始終昏睡著，甚至是發育不良。為了使內在的自我能夠健康生長，你必須給它充足的營養。如果你經常讀好書、沉思、欣賞藝術，擁有豐富的精神生活，你就一定會感覺到，在你身上確實還有一個更高的自我，這個自我是你人生路上堅貞不渝的精神密友。

我身上有兩個自我。一個好動，什麼都要嘗試，什麼都想經歷。另一個喜靜，對一切加以審視和消化。這另一個自我，彷彿是它把我派遣到人世間活動，同時又始終關切地把我置於它的視野之內，隨時準備把我召回它身邊。即使我在世上遭受最悲慘的災難和失敗，只要識得返回它的途徑，我就不會全軍覆沒。它是我的守護神，為我守護著一個永遠的家園，使我不致無家可歸。

自我是一個中心點，一個人有了堅實的自我，他在這個世界上便有了精神的坐標，無論走多遠都能夠找到回家的路。換一個說法，我們不妨說，一個有著堅實自我的人便彷彿有了一個精神的密友，他無論走到哪裡都帶著這個密友，這個密友將忠實地分享他的一切遭遇，傾聽他的一切心語。

世事的無常使得古來許多賢哲主張退隱自守、清靜無為、無動於衷。我厭惡這種哲學。我喜歡看見人們生氣勃勃地創辦事業，如痴如醉地墮入情網，痛快淋漓地享受生命。但是，不要忘記了最主要的事情：你仍然屬於你自己。每個人都是一個宇宙，每個人都應該有一個自足的精神世界。這是一個安全的場所，其中珍藏著你最珍貴的寶物，任何災禍都不能侵犯它。心靈是一本奇特的帳簿，只有收入，沒有支出，人生的一切痛苦和歡樂，都化作寶貴的體驗記入它的收入欄中。是的，連痛苦也是一種收入。人彷彿有兩個自我，一個自我到世界上去奮鬥、去追求，也許凱旋、也許敗歸，另一個自我便含著寧靜的微笑，把這遍體汗水和帶著血跡、哭著笑著的自我迎回家，把豐厚的戰利品指給他看，連敗歸者也有一份。

做自己的朋友

有人問斯多葛派創始人芝諾：「誰是你的朋友？」他回答：「另一個自我。」

人生在世，不能沒有朋友。在所有朋友中，不能缺了最重要的一個，那就是自己。缺了這個朋友，一個人即使朋友遍天下，也只是表面的熱鬧而已，實際上他是空虛的。

一個人是不是自己的朋友，有一個可靠的測試標準，就是看他能否獨處，獨處是否感到充實。如果他害怕獨處，一心逃避自己，他當然不是自己的朋友。

能否和自己做朋友，關鍵在於有無芝諾所說的「另一個自我」。它實際上是一個人更高的自我，這個自我以理性的態度關愛著那個在世上奮鬥的自我。理性的關愛，這正是友誼的特徵。有的人不愛自己，是一味自怨，彷彿是自己的仇人。有的人愛自己而沒有理性，一味自戀，儼然是自己的情人。在這兩種場合，更高的自我都是缺席的。

成為自己的朋友，這是人生很高的成就。塞內卡說，這樣的人一定是全人類的朋友。蒙田說，這比攻城治國更了不起。我只想補充一句：如此偉大的成就，卻是每一個無緣攻城治國的普通人都希望達到的目標。

與自己談話的能力

有人問犬儒派創始人安提西尼，哲學給他帶來了什麼好處，回答是：「與自己談話的能力。」

我們經常與別人談話，內容大抵是事務的處理、利益的分配、是非的爭執、恩怨的傾訴、公關、交際、新聞等等。獨處的時候，我們有時也在心中說話，細察其內容，仍不外上述這些，因此實際上也是在對別人說話，是對別人說話的預演或延續。我們真正與自己談話的時候十分稀少。

要能夠與自己談話，必須把心從世俗事務和人際關係中擺脫出來，回到自己。這是發生在靈魂中的談話，是一種內在生活。哲學教人立足於根本審視世界，反省人生，帶給人的就是過內在生活的能力。

與自己談話的確是一種能力，而且是一種罕見的能力。有許多人，你不讓他說凡事俗務，他就不知道該說什麼。他只關心外界的事情，結果也就只擁有僅僅適合於與別人交談的語言。這樣的人面對自己當然無話可說。可是，一個與自己無話可說的人，難道會對別人說出什麼有意思的話嗎？哪怕他談論的是天下大事，你仍感到是在聽市井瑣聞，因為在裡面找不到那個把一切連結為整體的核心，那個照亮一切的精神。

獨處也是一種能力

人們往往把交往看作一種能力，卻忽略了獨處也是一種能力，並且在一定意義上是比交往更為重要的一種能力。反過來說，不擅交際固然是一種遺憾，不耐孤獨也未嘗不是一種很嚴重的缺陷。

獨處也是一種能力，並非任何人在任何時候都具備。具備這種能力並不意味不再感到寂寞，而在於安於寂寞並使之具有生產力。人在寂寞中有三種狀態。一是惶惶不安，茫無頭緒，百事無心，一心逃出寂寞。二是漸漸習慣於寂寞，安下心來，建立起生活的條理，用讀書、寫作或別的事務來驅逐寂寞。三是寂寞本身成為一片詩意的土壤，一種創造的契機，誘發出關於存在、生命、自我的深邃思考和體驗。

有的人只習慣於與別人共處，和別人說話，自己對自己無話可說，一旦獨處就難受得要命，這樣的人終究是膚淺的。人必須學會傾聽自己的心聲，自己與自己交流，這樣才能逐漸形成一個較有深度的內心世界。

托爾斯泰在談到獨處和交往的區別時說：「你要使自己的理性適合整體，適合一切的源，而不是適合部分，不是適合人群。」這句話說得極好。

對於一個人來說，獨處和交往均屬必需。但是，獨處更本質，因為在獨處時，人是直接面對世界的整體，面對萬物之源。相反，在交往時，人卻只是面對部分、面對過程的片斷。人群聚集之處，只有凡人瑣事，過眼煙雲，沒有上帝和永恆。

也許可以說，獨處是時間性的，交往則是空間性的。

人們常常誤認為，那些熱心於社交的人是一些慷慨之士。泰戈爾說得好，他們只是在揮霍，不是在奉獻，而揮霍者往往缺乏真正的慷慨。

那麼，揮霍與慷慨的區別在哪裡呢？我想是這樣的：揮霍是把自己不珍惜的東西拿出來，慷慨是把自己珍惜的東西拿出來。社交場上的熱心人正是這樣，他們不覺得自己的時間、精力和心情有什麼價值，所以毫不在乎地把它們揮霍掉。相反，一個珍惜生命的人必定寧願在孤獨中從事創造，然後把最好的果實奉獻給世界。

直接面對自己似乎是一件令人難以忍受的事，所以人們往往要設法逃避。逃避自我有二法，一是事務，二是消遣。我們忙於職業上和生活上的種種事務，一旦閒下來，又用聊天、娛樂和其他種種消遣打發時光。

對於文人來說，許多時候，讀書和寫作也只是一種消遣或一種事務，比起鬥雞走狗之輩，誠然有雅俗之別，但逃避自我的實質則為一。

通宵達旦地坐在喧鬧的電視機前，他們把這叫做過年。

我躲在我的小屋裡，守著我今年的最後一刻寂寞。當歲月的閘門一年一度打開時，我要獨自坐在壩上，看我生命的河水洶湧流過。這河水流向永恆，我不能想像我缺席，使它不帶著我的虔誠，也不能想像有賓客，使它帶著酒宴的汙穢。

我要為自己定一個原則：每天夜晚，每個週末，每年年底，只屬於我自己。在這些時間裡，我不做任何履約交差的事情，而只讀我自己想讀的書，只寫我自己想寫的東西。如果不想讀不想寫，我就什麼也不做，寧可閒著，也決不應付差事。差事是應付不完的，唯一的辦法是人為地加以限制，確保自己的自由時間。

在舞曲和歡笑聲中，我思索人生；在沉思和獨處中，我享受人生。

有的人只有在沸騰的交往中才能辨認他的自我，有的人卻只有在寧靜的獨處中才能辨認他的自我。

獨處的充實

怎麼判斷一個人究竟有沒有他的「自我」呢？我可以提出一個檢驗的方法，就是看他能不能獨處。當你自己一個人時，你是感到百無聊賴，難以忍受呢？還是感到一種寧靜、充實和滿足？

對於有「自我」的人來說，獨處是人生中的美好時刻和體驗，雖則有些寂寞，寂寞中卻又有一種充實。獨處是靈魂生長的必要空間。在獨處時，我們從別人和事務中抽身出來，回到了自己。這時候，我們獨自面對自己和上帝，開始了與自己的心靈以及與宇宙中的神祕力量對話。一切嚴格意義上的靈魂生活，都是在獨處時展開。和別人一起談古說今，引經據典，那是閒聊和討論；唯有自己沉浸於古往今來大師們的傑作之時，才會有真正的心靈感悟。和別人一起遊山玩水，那只是旅遊；唯有自己獨自面對蒼茫的群山和大海之時，才會真正感受到與大自然的溝通。所以，一切注重靈魂生活的人，對於盧梭的這話都會產生同感：「我獨處時從來不感到厭煩，閒聊才是我一輩子忍受不了的事情。」這種對於獨處的愛好與一個人的性格完全無關，愛好獨處的人同樣可能是一個性格活潑、喜歡朋友的人，只是無論他怎麼樂於與別人交往，獨處始終是他生活中的必需。在他看來，一種缺乏交往的生活當然是一種缺陷，一種缺乏獨處的生活則簡直是災難。

當然，人是一種社會性的動物，需要與他的同類交往，需要愛與被愛，否則就無法生存。世上沒有一個人能夠忍受絕對的孤獨。但是，絕對不能忍受孤獨的人，卻是一個靈魂空虛的人。世上正有這樣的人，他們最怕的就是獨處，讓他們和自己相處，對他們而言簡直是一種酷刑。只要閒下來，他們就必須找地方去消遣，像是卡拉OK舞廳、MTV包廂、電子娛樂廳等，或是找人聊天。自己待在家裡，他們必定會打開電視機，沒完沒了地看那些粗製濫造的節目。他們的日子表面上過得十分熱鬧，實際上內心極其空虛。他們所做的一切都是為了想方設法避免面對面看見自己。對此我只能有一個解釋，就是連他們自己也感覺到了自己的貧乏，和這樣貧乏的自己待在一起是沒有意思的，再無聊的消遣也比這有趣的多。這樣做的結果是他們變得越來越貧乏，越來越沒有了自己，形成了一個惡性循環。

獨處的確是一種檢驗，用它可以測出一個人的靈魂深度，測出一個人對自己的真正感覺，他是否厭煩自己。對於每一個人來說，不厭煩自己是最起碼的要求。一個連自己也不愛的人，我敢斷定他對於別人也不會有多少價值，他不可能有高質量的社會交往。

他跑到別人那裡去，對於別人只是一種打擾、一種侵犯。一切交往的質量都取決於交往者本身的質量。唯有在兩個靈魂充實豐富的人之間，才可能有真正動人的愛情和友誼。我敢擔保歷史上和現實生活中找不出一個例子，能夠駁倒我的這個論斷，證明某一個淺薄之輩竟也會有此種美好的經歷。

往事的珍寶

人生中有些往事是歲月無法帶走的，彷彿越經沖洗就越加鮮明，始終活在記憶中。我們生前守護著它們，死後便把它們帶入了永恆。

人心中應該有一些有份量的東西，使人沉重的往事不會流失。

人在世界上行走，在時間中行走，無可奈何地迷失在自己的行走之中。他無法把家鄉的泉井帶到異鄉，把童年的彩霞帶到今天，把十八歲生日的燭光帶到四十歲的生日。不過，那不能帶走的東西未必永遠丟失。也許他所珍惜的所有往事都藏在某個人跡不至的地方，在一個意想不到的時刻，其中一件或另一件會突然向他顯現，就像從前的某一片燭光突然在記憶的夜空中閃亮。

我不相信時間帶走了一切。逝去的年華，我們最珍貴的童年和青春歲月，必定以某種方式把它們保存在一個安全的地方。我們遺忘了藏寶的地點，但必定有這麼一個地方，否則我們不會這樣苦苦追尋。或者說，有一間心靈的密室，其中藏著我們過去的全部珍寶，只是我們竭盡全力也回想不起開鎖的密碼。然而，可能會有一次純屬偶然，我們漫不經心地碰對密碼，於是密室開啟，我們重新置身於從前的歲月。

人生中一切美好的時刻，我們都無法留住。人人都生活在流變中，人人的生活都是流變。那麼，一個人的生活是否精彩，就並不在於他留住了多少珍寶，而在於他有過多少想留而留不住的美好的時刻，正是這些時刻組成了他的生活中的流動的盛宴。留不住當然是悲哀，從來沒有想留住的珍寶卻是更大的悲哀。

世上有一樣東西，比任何別的東西都更忠誠於你，那就是你的經歷。你生命中的日子，你在其中遭遇的人和事，你因這些遭遇產生的悲歡、感受和思考，這一切僅僅屬於你，不可能轉讓給任何人，哪怕是你最親近的人。這是你最珍貴的財富，而只要你珍惜，也會是你最可靠的財富，無人能夠奪走。相反，如果你不珍惜，就會隨歲月而流失，在任何地方都找不到了。正因為如此，我一直主張人人養成寫日記的習慣。

相較之下，金錢是最不可靠的財富。金錢毫無忠誠可言，它們沒有個性，永遠是那副模樣，今天在你這裡，明天會在別人那裡，後天又可能回到你這裡。可是，人們熱衷於積聚金錢，卻輕易揮霍掉僅僅屬於自己的經歷，這是怎樣地本末倒置啊！

物質的財寶，弄丟了可以掙回，掙不回也沒有什麼，它們是這樣毫無個性，和你本來就沒有必然的關係，只不過是換了一個地方存放罷了。可是，你生命中的珍寶是僅僅屬於你的，它們只能存放在你的心靈中和記憶中，如果這裡沒有，別的任何地方也不會有，你一旦把它們丟失，就永遠找不回來了。

聖修伯里說：「使沙漠顯得美麗的，是它在什麼地方藏著一口水井。」我相信童年就是人生沙漠中的這樣一口水井。始終攜帶著童年走人生之路的人是幸福的，由於心中藏著永不枯竭愛的源泉，最荒涼的沙漠也化作美麗的風景。

逝去的感情事件，無論痛苦還是歡樂，無論它們一度如何使我們激動不寧，隔開久遠的時間再看，都是美麗的。我們還會發現，痛苦和歡樂的差別並不像當初想像的那麼大。歡樂的回憶夾著憂傷，痛苦的追念摻著甜蜜，兩者又都同樣令人惆悵。

消逝是人的宿命。但是，有了懷念，消逝就不是絕對的。人用懷念挽留逝者的價值，證明自己是與古往今來一切存在息息相通的有情。失去了童年，我們還有童心；失去了青春，我們還有愛；失去了歲月，我們還有歷史和智慧。沒有懷念，人便與木石無異。

然而，在這個日益匆忙的世界上，人們越來越沒有工夫也沒有心境去懷念了。人心如同躁動的急流，只想朝前趕，不復反顧。可是，如果忘掉源頭，我們如何校正航向？如果不知道從哪裡來，我們如何知道向哪裡去？

意義的源泉是追求和懷念，而不是擁有。擁有的價值，似乎僅在於它使追求有一個目標，使懷念有一個對象。擁有好像只是一塊螢幕，種種色彩繽紛的影像都是追求和懷念投射在上面。

逝去的事件往往在回憶中獲得了一種當時並不具備的意義，這是時間的魔力之一。

人生一切美好經歷的魅力就在於不可重複，它們因此而永遠活在了記憶中。

——藍藍《人間情書》序

時光村落裡的往事

一、人分兩種，一種人有往事，另一種人沒有往事。

有往事的人愛生命，對時光流逝無比痛惜，因而懷著一種特別的愛意，把自己所經歷的一切珍藏在心靈的穀倉裡。

世上什麼不是往事呢？此刻我所看到、聽到、經歷到的一切，無不轉瞬即逝，成為往事。所以，珍惜往事的人便滿懷愛憐地注視一切，注視即將被收割的麥田，正在落葉的樹，最後開放的花朵，大路上邊走邊衰老的行人。這種對萬物的依依惜別之情是愛的至深源泉。由於這愛，一個人才會真正用心在看、在聽、在生活。

是的，只有珍惜往事的人才真正在生活。

沒有往事的人對時光流逝毫不在乎，這種麻木使他輕慢萬物，凡經歷的一切都如過眼煙雲，隨風飄散，什麼都留不住。他根本沒有想到要留下。他只是貌似在看、在聽、在生活罷了，實際上早已是一具沒有靈魂的空殼。

二、珍惜往事的人也一定有一顆溫柔愛人的心。

當我們的親人遠行或過世之後，我們會不由自主地百般追念他們的好處，悔恨自己的疏忽和過錯。然而，事實上，即使尚未生離死別，我們所愛的人何嘗不是在時時刻刻離我們而去呢？

浩渺宇宙間，任何一個生靈的誕生都是偶然，離去卻是必然；一個生靈與另一個生靈的相遇總是千載一瞬，分別卻是萬劫不復。說到底，誰和誰不都同是這空空世界裡的天涯淪落人？

在平凡的日常生活中，你已經習慣了和你所愛的人相處，彷彿日子會這樣無限延續下去。忽然有一天，你心頭一驚，想起時光在飛快流逝，正無可挽回地把你、你所愛的人以及你們共同擁有的一切帶走。於是，你心中升起一股柔情，想要保護你的愛人免遭時光劫掠。你還深切感到，平凡生活中這些最簡單的幸福也是多麼寶貴，有著稍縱即逝的驚人的美……。

三、人是怎樣獲得一個靈魂的？

透過往事。

正是被親切愛撫著的無數往事使靈魂有了深度和廣度，造就了一個豐滿的靈魂。在這樣一個靈魂中，一切往事都繼續活著：從前的露珠在繼續閃光，某個黑夜裡飄來的歌聲繼續迴蕩，曾經醉過的酒繼續芳香，早已死去的親人繼續對你說話……，你透過活著的往事看世界，世界別具魅力。活著的往事—這是靈魂之所以具有孕育力和創造力的祕密所在。

在一切往事中，童年占據著最重要的篇章。童年是靈魂生長的源頭。我甚至要說，靈魂無非就是一顆成熟了的童心，因為成熟而不會再失去。聖修伯里創作的小王子說得好：「使沙漠顯得美麗的，是它在什麼地方藏著一口水井。」我相信童年就是人生沙漠中的這樣一口水井。始終攜帶著童年走人生之路的人是幸福的，由於心中藏著永不枯竭的愛的源泉，最荒涼的沙漠也化作了美麗的風景。

四、

「上帝創造了鄉村，人類創造了城市。」這是英國詩人古柏的詩句。我要補充：在鄉村中，時間保持著上帝創造時的形態，它是歲月和光陰；在城市裡，時間卻被抽象成了日曆和數字。

在城市裡，光陰是停滯的。城市沒有季節，它的春天沒有融雪和歸來的候鳥，秋天沒有落葉和收割的莊稼。只有敏感到時光流逝的人才有往事，可是，城裡的人整年被各種建築物包圍，對季節變化和歲月交替又怎會有什麼敏銳的感覺呢？

何況在現代商業社會中，人們活得越來越匆忙，哪裡有工夫去注意草木發芽、樹葉飄落這種小事！哪裡有閒心用眼睛看，用耳朵聽，用心靈感受！時間就是金錢，生活被簡化為盡快地賺錢和花錢。沉思未免奢侈，回味往事簡直是浪費。一個古怪的矛盾：生活節奏加快了，然而沒有生活。天天爭分奪秒，歲歲年華虛度，到頭來發現一輩子真短。怎麼會不短呢？沒有值得回憶的往事，一眼就望到了頭。

五、

就在這樣一個越來越沒有往事的世界上，一個珍惜往事的人悄悄寫下了她對往事的懷念。這是一些太細小的往事，就像她念念不忘的小花、甲蟲、田野上的炊煙、井台上的綠苔一樣細小。可是，在她心目中，被時光帶來又帶走的一切都是造物主寫給人間的情書，她用情人的目光，從其中讀出了無窮的意味，並把它們珍藏在忠貞的心中。

這就是擺在你們面前的這本《人間情書》。你們將會發現，在我序中的許多話都是藍藍說過的，我只是稍作概括罷了。

藍藍上過大學，出過詩集，但我覺得她始終只是個鄉下孩子。她的這本散文集也好像是鄉村田埂邊的一朵小小野花，在溫室鮮花成為時髦禮品的今天也許是很不起眼的。但是，我相信，一定會有讀者喜歡它，並且想起泰戈爾的著名詩句—

「我的主，你的世紀，一個接著一個，來完成一朵小小的野花。」

心靈的寧靜

老子主張「守靜篤」，任世間萬物在那裡一齊運動，我只是靜觀其往復，如此便能成為萬物運動的主人。這叫「靜為躁君」。

當然，人是不可能只靜不動的，即使能也不可取，有如一潭死水。你的身體盡可以在世界上奔波，你的心情盡可以在紅塵中起伏，關鍵在於你的精神中一定要有一個寧靜的核心。有了這個核心，你就能夠成為你奔波身體與起伏心情的主人了。

尋求心靈的寧靜，前提是要有一個心靈。理論上，人人都有一個心靈，但事實上卻不盡然。有一些人，他們永遠被外界的力量所左右，永遠生活在喧鬧的外部世界，未嘗有真正的內心生活。對於這樣的人，心靈的寧靜就無從談起。一個人唯有關注心靈，才會因為心靈被擾亂而不安，才會有尋求心靈寧靜之需要。

我們的前輩日出而作，日入而息，生活的節奏與自然一致，日子過得忙碌，然而卻安靜。現代人卻忙碌得何其不安靜，充滿了慾望、焦慮、爭鬥、煩惱。在今天，相當一部分人的忙碌是由兩件事所組成—掙錢與花錢，這兩件事又製造出一系列的熱鬧，無非紙醉金迷、燈紅酒綠、聲色犬馬。人生任何美好的享受都有賴於一顆澄明的心，當一顆心在低劣的熱鬧中變得渾濁之後，它就既沒有能力享受安靜，也沒有能力享受真正的狂歡了。

心靜是一種境界。一個人只要知道自己真正想要什麼，找到了最適合於自己的生活，外界一切的誘惑和熱鬧對他而言就成了無關之物。

對於心的境界，我所能夠給出的最高評價就是：豐富的單純。這大致上屬於一種極其健康生長的情況：一方面，始終保持兒童般的天性，所以單純；另一方面，天性中蘊涵的各種能力得到了充分的發展，所以豐富。我所知道一切精神上的偉人，他們的心靈世界無不具有這個特徵，其核心始終是單純的，卻又能夠包容豐富的情感、體驗和思想。

與此相反的境界是貧乏的複雜。這是那些平庸的心靈，它們被各種人際關係及利害計算所占據，所以複雜，可是完全缺乏精神的內涵，所以又是一種貧乏的複雜。

除了這兩種情況外，也許還有貧乏的單純，不過，一種單純倘若沒有精神的光彩，我就寧可說它是簡單而不是單純。有沒有豐富的複雜呢？我不知道，如果有，那很可能是一顆魔鬼的心吧！

太熱鬧的生活終究有危險，那就是被熱鬧所占有，漸漸誤以為熱鬧就是生活，熱鬧之外別無生活，最後真的只剩下了熱鬧，沒有了生活。

在有些人眼裡，人生是一碟乏味的菜，為了嚥下這些菜，少不了種種佐料，種種刺激。他們的日子過得才熱鬧。

人既需要動，也需要靜，在生命的活躍與靈魂的寧靜之間形成適當的平衡。我相信，在動與靜之間，必有一個適合於我的比例或節奏。如果比例失調，節奏紊亂，我就會生病—太動則煩躁，太靜則抑鬱。

每逢節日，獨自在燈下，心中就有一股非常濃郁的寂寞，濃郁得無可排遣，自斟自飲生命的酒，別有一番酩酊。

人生作為過程總要逝去，似乎哪種活法都相同。但就是不一樣。我需要一種內在的沉靜，可以以逸待勞地接收和整理一切外來印象。這樣，我才覺得自己具有一種連續性和完整性。當我被過於紛繁的外部生活攪得不復安寧時，我就斷裂了、破碎了，因而也就失去了吸收消化外來印象的能力。

世界是我的食物。人只用少量時間進食，大部分時間在消化。獨處就是我消化世界。

活動和沉思，哪一種生活更好？

有時候，我渴望活動，漫遊、交往、戀愛、冒險、成功。如果沒有充分嘗試生命的種種可能性就離開人世，未免太遺憾。但是，我知道，我的天性更適合過沉思的生活。我必須休養我這顆自足的心靈，唯有帶著這顆心靈去活動，我才心安理得並且確有收穫。

如果沒有好胃口，天天吃宴席有什麼樂趣？如果沒有好的感受力，頻頻周遊世界有什麼意思？反之，天天吃宴席的人怎麼會有好胃口，頻頻周遊世界的人怎麼會有好的感受力？

心靈和胃一樣，需要休息和復原。獨處和沉思便是心靈的休養方式。當心靈因充分休息而飽滿，又因久不活動而飢渴時，它就能最敏銳地品味新的印象。

所以，問題不在於兩者擇一。高質量的活動和高質量的寧靜都需要，而後者實為前者的前提。

這麼好的夜晚，寧靜、孤獨、精力充沛，無論做什麼，都覺得可惜了、糟蹋了。我什麼也不做，只是坐在燈前，吸著菸……。

我從我的真朋友和假朋友那裡抽身出來，回到了我自己。只有我自己。

這種時刻非常好。沒有愛，沒有怨，沒有激動，沒有煩惱，可是依然強烈地感覺到自己的生存，感到充實。這樣的感覺非常好。

一個夜晚就這麼過去了。可是我仍然不想睡覺。這是這樣的一種時候，什麼也不想做，包括睡覺。

安靜的位置

對於各種熱鬧，諸如記者採訪、電視亮相、大學講座之類，我始終不習慣，總是儘量推辭。有時盛情難卻答應，結果多半是後悔。人各有志，我不反對別人追求和享受所謂文化的社會效應，只是覺得這種熱鬧與我的天性太不合。我的性格決定我不能做一個公眾人物。做公眾人物一要自信，相信自己真是一個人物；二要有表演慾，一到台上就充滿情緒。我偏偏既自卑又怯場，面對攝影機和麥克風，沒有一次不感到是在受難。因此我想，萬事不可勉強，就讓我順應天性過安靜的日子。如果有人喜歡我的書，他們喜歡的也一定不是這種表面的熱鬧，就讓我們的心靈在各自的安靜中相遇吧！

世上從來不缺熱鬧，因為一旦缺少，便必定會有不甘心的人製造出來。不過，大約到了今日這個商業時代，文化似乎才必須成為一種熱鬧，不熱鬧就不為文化。譬如說，從前一個人不愛讀書就老老實實不讀，如果愛讀，必是自己選擇要讀的書籍，在選擇中貫徹了他的個性乃至於怪癖。現在，媒體擔起了指導公眾讀書的職責，暢銷書推出一輪又一輪，書目不斷在變，不變的是全國熱心讀者，彷彿同一時期全在閱讀相同的書。與此相映成趣的是，這些年來，學界總有一兩個當紅的熱門話題，話題不斷在變，不變的是不同學科的學者，同一時期彷彿在研究相同課題。我不懷疑仍有認真的研究者，但更多的只是憑著新聞記者式的嗅覺和喉嚨，代替學者的眼光和頭腦，正是他們起鬨，把任何學術問題都變成熱門話題，亦即變成過眼煙雲的新聞。

在這個熱鬧的世界上，我嘗試自問：我的位置究竟在哪？我不屬於任何主流、非主流或反主流的圈子。也不是現在有些人很喜歡標榜的另類，因為這個名稱也太熱鬧，使我想起市場上的叫賣聲。我不屬於這個熱鬧的世界嗎？可是，我絕不是一個出世者。對此我只能這樣解釋：不管世界多熱鬧，熱鬧永遠只占據世界的一小部分，熱鬧之外的世界無邊無際，那裡才有著我的位置，一個安靜的位置。這就好像在海邊，有人弄潮、有人戲水、有人撿拾貝殼、有人聚在一起高談闊論，而我則找到一個安靜的角落獨自坐著。是的，一個角落—在無邊無際的大海邊，哪裡找不到這樣一個角落呢—但我看到的卻是整個大海，也許比那些熱鬧地聚玩的人看得更加完整。

在一個安靜的位置上，去看世界的熱鬧，去看熱鬧背後無限廣袤的世界，這也許是最適合我性情的一種活法吧！

豐富的安靜

我發現，世界越來越喧鬧，而我的日子卻越來越安靜。我喜歡過安靜的日子。

當然，安靜不是靜止，不是封閉，如井中的死水。曾經有一個時代，廣大的世界對我們而言只是一個無法證實的傳說，我們每一個人都被鎖定在一個狹小的角落，如同螺絲釘被擰在一個不變的位置上。那時候，我剛離開學校，被分配到邊遠山區，生活平靜又單調。日子彷彿停止了，不像是一條河，更像是一口井。

後來，時代突然改變，人們的日子如同解凍的江河，在陽光下的大地上縱橫交錯。

我也像是一條積壓了太多能量的河，生命的浪潮在我的河床裡奔騰起伏，把我的成年歲月變成一道動盪不寧的急流。

現在，我又重歸於平靜。不過，這是跌宕之後的平靜。在經歷了許多衝撞和曲折之後，我的生命之河彷彿終於來到一處開闊的谷地，匯蓄成一片浩渺的湖泊。我曾流連於阿爾卑斯山麓的湖畔，看雪山、白雲和森林的倒影伸展在蔚藍的神祕之中。我知道，湖中的水仍在流轉，是湖的深邃才使得湖面寂靜如鏡。

我的日子真的很安靜。每天，我在家裡讀書寫作，外面各種熱鬧的圈子和聚會都與我無關。我和妻子、女兒一起品嘗普通的人間親情，外面各種尋歡作樂的場所和玩意也都和我無關。我對這樣過日子很滿意，因為我的心境也是安靜的。

也許，每一個人在生命中的某個階段是需要某種熱鬧。那時候，飽脹的生命力需要向外奔突，去為自己尋找一條河道，確定一個流向。但是，一個人不能永遠停留在這個階段。托爾斯泰如此自述：「隨著年歲增長，我的生命越來越精神化了。」人們或許會把這解釋為衰老的徵兆，但是，我清楚地知道，即使在老年時，托爾斯泰也比所有的同齡人、甚至比許多年輕人更充滿生命力。毋寧說，唯有強大的生命，才能逐步朝精神化的方向發展。

現在我覺得，人生最好的境界是豐富的安靜。安靜，是因為擺脫了外界虛名浮利的誘惑。豐富，是因為擁有了內在精神世界的寶藏。泰戈爾曾說：外在世界的運動無窮無盡，證明了其中沒有我們可以達到的目標，目標只能在別處，即在精神的內在世界裡。「在那裡，我們最為深切地渴望的，乃是在成就之上的安寧。在那裡，我們遇見我們的上帝。」他接著說明：「上帝就是靈魂裡永遠在休息的情愛。」他所說的情愛應是廣義的，指創造的成就，精神的富有，博大的愛心，而這一切都超越於俗世的爭鬥，處在永久和平之中。這種境界，正是豐富的安靜之極致。

我並不完全排斥熱鬧，熱鬧也可以是有內容的。但是，熱鬧終究是外部活動的特徵，而任何外部活動倘若沒有一種精神追求為其動力，沒有一種精神價值為其目標，那麼，不管表面上多麼轟轟烈烈，有聲有色，本質上必定是貧乏和空虛的。我對一切太喧囂的事業與一切太張揚的感情都心存懷疑，它們總是使我想起莎士比亞對生命的嘲諷：「充滿了聲音和狂熱，裡面空無一物。」

第二輯

01 自己身上的快樂泉源

內在生活

人同時生活在外部世界和內心世界中。內心世界也是一個真實的世界。或者，反過來說也一樣：外部世界也是一個虛幻的世界。

對於內心世界不同的人，表面相同的經歷具有完全不同的意義，事實上就是完全不同的經歷。

一個經常在閱讀和沉思、與古今哲人文豪傾心交談的人，和一個沉湎在歌廳、肥皂劇，以及庸俗刊物中的人，他們生活在不同的世界。

說到底，在這世界上，誰的經歷不是平凡而又平凡的？心靈歷程的懸殊才在人與人之間鋪下了鴻溝。

人生的道路分內外兩個面向。外在方面是一個人的外部經歷，它是有形的，可以簡化成一張履歷表，標示出曾經的職業、地位、榮譽等等。內在方面是一個人的心路歷程，它是無形的，生命的感悟，情感的體驗，理想的追求，這些都是履歷表所無法反映。

我的看法是，儘管如此，內在方面比外在方面重要得多，它是一個人的人生道路的本質。我還認為，外在方面往往由命運、時代、環境、機遇決定，自己沒有多少主動選擇權，在盡力而為之後，不妨順其自然，應該把主要的努力投注於自己可以支配的內在方面。

外在遭遇受制於外在因素，並非自己所能支配，所以不應該成為人生的主要目標。真正能支配的，唯有對一切外在遭遇的態度。內在生活充實的人，彷彿有另一個更高的自我，能與身外遭遇保持距離，對變故和挫折持適當態度，心境不受塵世禍福沉浮的擾亂。

人與人之間最重要的區別，不在物質上的貧富，或是社會方面的境遇，而是內在的精神素質，將人區分成了偉大和渺小、優秀和平庸。

閱讀是與歷史上的偉大靈魂交談，藉此把人類創造的精神財富「占為己有」；寫作是與自己的靈魂交談，藉此把外在的生命經歷轉變成內在的心靈財富；信仰是與心中的上帝交談，藉此積聚「天上的財富」。這是人生不可缺少的三種交談，而這三種交談都是在獨處中所進行。

茫茫人海裡，你遇見了這一些人而不是另一些人，這決定了你在人世間的命運。你的愛與恨，喜和悲，順遂與挫折，這一切都是因為相遇。

但是，請記住，在相遇中，你不是被動的，你始終可以擁有一種態度。相遇組成了你的外部經歷，對相遇的態度組成了你的內心經歷。

還請記住，除了現實中的相遇之外，還有一種超越時空的相遇，即在閱讀和思考中與偉大靈魂的相遇。這種相遇使你得以擺脫塵世命運的束縛，生活在一個更廣闊、更崇高的世界裡。

一個人越是珍視心靈生活，他就越容易發現外部世界的有限，因而能夠以從容的心態面對。相反的，對於沒有內在生活的人來說，外部世界就是一切，難免會害怕錯過了什麼而急切追趕。

心靈也是一種現實

對於理想的實現不能做機械的理解，好像非要變成看得見、摸得著的現實似的。現實不限於物質現實和社會現實，心靈現實也是一種現實。尤其是人生理想，它的實現方式只能變成心靈現實，即一個美好而豐富的內心世界，以及由之所決定、一種正確的人生態度。除此之外，你還能想像出人生理想的別的實現方式嗎？

物質理想（例如產品的極大豐富）和社會理想（例如消滅階級）的實現，要用外在可見的事實來證明，精神理想的實現方式只能是內在的心靈境界。

理想、信仰、真理、愛、善，這些精神價值永遠不會以一種看得見的形態存在，它們實現的場所只能是人的內心世界。正是在這無形之域，有的人生活在光明之中，有的人生活在黑暗之中。

對真的理解應該廣泛一些，你不能說只有外在的榮華富貴是真實的，內在的智慧教養是虛假的。一個內心生活豐富的人，與一個內心生活貧乏的人，他們是在實實在在的意義上，過著截然不同的生活。

心靈也是一種現實，甚至是唯一真實的現實，這個觀點可以在佛教對心的論述中找到根據。

對於不同的人，世界呈現不同的面貌。在精神貧乏者眼裡，世界也是貧乏的。世界豐富的美，是依據每個人心靈豐富的程度而開放。

對於樂盲來說，貝多芬等於不存在；對於畫盲來說，畢卡索等於不存在；對於只讀流行報刊的人來說，從荷馬到海明威，整個文學寶庫等於不存在；對於終年在名利場上奔忙的人來說，大自然的美等於不存在。

內心生活與外部生活並非互相排斥，同一個人可能在兩方面都十分豐富，區別在於，注重內心生活的人，善於把外部生活的收穫變成心靈的財富；缺乏此種稟賦或習慣的人，則往往會迷失在外部生活中，整個人是散的。

對於一顆善於感受和思考的靈魂來說，世上並無完全沒有意義的生活，任何一種經歷，都可以轉化為內在的財富。而且這是最可靠的財富，因為正如一位詩人所說：「你所經歷的，世間沒有力量能從你那裡奪走。」

生活是廣義的，內心經歷、感情、體驗也是生活，讀書也是寫作的生活泉源。

心靈的財富也是累積而成。一個人酷愛精神的勞作和積聚，不斷產生、蒐集、貯藏點滴的感受，日積月累，就在自己內心中建立了一個巨大的寶庫，造就了一顆豐富的靈魂。在他面前，那些精神懶漢相比之下形同乞丐。

自己身上的快樂泉源

古希臘哲學家都主張，快樂主要不是來自外物，而是來自人自身。蘇格拉底說：「享受不是從市場上買來的，而是從自己的心靈所獲得。」德謨克利特說：「一個人必須習慣於反身自求快樂的泉源。」亞里斯多德說：「沉思的快樂不依賴於外部條件，是最高的快樂。」連號稱享樂主義祖師爺的伊比鳩魯也說：「身體的健康和靈魂的平靜是幸福的極致。」

人應該在自己身上擁有快樂的泉源，它本來就存於每個人身上，就看你是否去挖掘和充實它。這就是你的心靈。當然，如同伊比鳩魯所說，身體的健康也是重要的快樂泉源。但是第一，如果沒有心靈的參與，健康帶來的就只是動物性的快樂；第二，人對健康的自主權是有限的，潛伏的病魔防不勝防，所以這是一個不太可靠的快樂泉源。

相比之下，心靈的快樂是自足的。如果你的心靈足夠豐富，即使身處最單調的環境，你仍能自得其樂。如果你的心靈足夠高貴，即使遭遇最悲慘的災難，你仍能自強不息。這是一筆任何外力都奪不走的財富，是孟子所說的「人之安宅」，你可以藉之安身立命。

由此可見，人們為了得到快樂，熱衷於追求金錢、地位、名聲等身外之物，無暇為豐富和提升自己的心靈做一些事，對待這兩者是多麼地南轅北轍啊！

不滿足的人比滿足的豬幸福

常有人問我：不去想那些人生的大問題，豈不是可以活得快樂一些？

我想用英國哲學家約翰．穆勒的話來回答：不滿足的人比滿足的豬幸福，不滿足的蘇格拉底比滿足的傻瓜幸福。

人和豬的區別就在於，人有靈魂，豬沒有靈魂。蘇格拉底和傻瓜的區別就在於，蘇格拉底的靈魂醒著，傻瓜的靈魂昏睡著。靈魂生活開始於不滿足，不滿足什麼？不滿足於像動物那樣活著。正是在這不滿足之中，人展開了對意義的尋求，創造了豐富的精神世界。

中國古話說：知足常樂。這也正確。智者的特點正在於，在物質生活上很容易知足，卻又絕對不滿足於僅僅過物質生活；相反的，正如伊比鳩魯所說，凡不能滿足於少量物資的人，再多的物質也不會使他們滿足。

那麼，何以見得不滿足的人比滿足的豬幸福呢？穆勒說，因為前者的快樂更豐富，但唯有兼知兩者的人才能做出判斷。也就是說，如果你是一頭滿足的豬，跟你說了也是白說。我不是罵任何人，因為我相信，每個人身上都藏著一位不滿足的蘇格拉底。

不做夢的人必定平庸

一個有夢想的人和一個沒有夢想的人，他們是生活在完全不同的世界。如果你和那種沒有夢想的人一起旅行，你一定會覺得乏味透頂。有時我不禁想，與只知做夢的人比，從來不做夢的人更像白痴。

兩種人愛做夢：太有能力者與太無能者。他們都與現實不合，前者超出，後者不及。但兩者的界限不易分清，在成功之前，前者常常被誤認為後者。

可以確定的是，不做夢的人必定平庸。

在某種意義上，美、藝術都是夢。但是，夢並不虛幻，它對人心的作用，以及它在人生中的價值完全真實。不妨設想一下，倘若徹底排除掉夢、想像、幻覺的因素，世界不再有色彩和聲音，人心不再有憧憬和顫慄，生命還有什麼意義？在人生的畫面上，夢幻也是真實的一筆。

夢是虛幻的，但虛幻的夢所發生的作用卻是完全真實的。美、藝術、愛情、自由、理想、真理，都是人生的夢。如果沒有這些夢，人生會是什麼模樣啊！

兩種人愛做夢：弱者和智者。弱者夢想現實中有、但他無力得到的東西，他以之撫慰生存的失敗；智者夢想現實中沒有、也不可能有的東西，他以之解說生存的意義。人們做的事往往相似，做的夢卻天差地遠，也許在夢中，藏著每個人更獨特也更豐富的自我。

我喜歡尤金·歐尼爾的劇本《天邊外》。它使你感覺到，一方面，幻想毫無價值，美毫無價值，一個幻想家總是實際生活的失敗者，一個美的追求者總是處處碰壁的倒楣鬼；另一方面，對天邊外的祕密的幻想，對美的憧憬，仍然是人生的最高價值，那種在實際生活中即使一敗塗地，還始終如一地保持幻想和憧憬的人，才是真正的幸運兒。

夢想常常是創造的動力。梵谷這樣解釋他的創作衝動：「我一看到空白的畫布呆望著我，就迫不及待地要把內容投擲上去。」在每一個創造者眼中，生活本身也是這樣一張空白的畫布，等待他賦予內容。相反的，眼中的世界如果是一座琳瑯滿目的陳列館，擺滿了現成的畫作，這個人肯定不會再有創造的衝動，他最多只能做一個鑑賞家。

在這個時代，能夠沉醉於自己心靈空間的人越來越少了。那麼，好夢連篇就是福，何必成真。

在一定意義上，藝術家是一種夢與事不分的人，做事仍像在做夢，所以做出了獨一無二的事。

人生如夢，愛情是夢中之夢。諸色皆空，色慾乃空中之空。可是，若無愛夢縈繞，人生豈不更是赤裸裸的空無；離了暮雨朝雲，巫山縱然萬古長存，也只是一堆死石頭罷了。

在夢中，昨日的雲雨更美。只因襄王一夢，巫山雲雨才成為世世代代的美麗傳說。

理想主義永遠不會過時

據說，一個人如果在十四歲時不是理想主義者，他一定庸俗得可怕，如果在四十歲時仍是理想主義者，又未免幼稚得可笑。

我們或許可以引申說，一個民族如果全體都陷入某種理想主義的狂熱，當然太天真，如果在它的青年人中竟然也難覓理想主義者，又實在太墮落了。

因此我又相信，在理想主義普遍遭恥笑的時代，一個人仍然堅持做理想主義者，就必定不是因為幼稚，而是因為精神上的成熟和自覺。

有兩種理想。一種是社會理想，旨在救世和社會改造。另一種是人生理想，旨在自救和個人完善。如果說前者還有一個是否切合社會實際的問題，那麼，對於後者來說，這個問題根本不存在。人生理想僅僅關涉個人的靈魂，在任何社會條件下，一個人總是可以追求智慧和美德的。如果你不追求，那只是因為你不想，絕不能以不切實際為由替自己辯解。

理想是靈魂生活的寄託。所以，就處世來說，如果世道重實利而輕理想，理想主義會顯得不合時宜；就做人來說，只要一個人看重靈魂生活，理想主義對他便永遠不會過時。

當然，對於沒有靈魂的東西，理想毫無用處。

理想主義永遠不會遠去，它在每一個珍視精神價值的人的心中，這是它在任何時代存在的唯一方式。

理想：對精神價值的追求。理想主義：把精神價值置於實用價值之上，作為人生或社會的主要目標、最高目標。

向理想索取實用價值，這是自相矛盾。

精神性的目標只是一個方向，它的實現方式不是在未來某一天變成可見的現實，而是作為方向體現在每一個當下的行為中。也就是說，它永遠不會完全實現，又可以時時刻刻正在實現。

人類的那些最基本的價值，例如正義、自由、和平、愛、誠信，是不能以經驗來證明和證偽。它們本身就是目的，就像高尚和諧的生活，本身就值得人類追求一樣，因此我們不可用它們能帶來什麼實際的好處評價它們，當然更不可用違背它們會造成什麼具體的惡果檢驗它們。

有些人所說的理想，是指對於社會一種不切實際的美好想像，一旦看到社會真相，這種想像當然就會破滅。我認為這不是理想這個概念的本義。理想應該是指那些值得追求的精神價值，例如作為社會理想的正義，作為人生理想的真、善、美等等。這個意義上的理想是永遠不可能完全實現的，否則就不成其為理想了。

聖徒是激進的理想主義者，智者是溫和的理想主義者。

在沒有上帝的世界，一個尋求信仰而不可得的理想主義者，會轉而尋求智慧的救助，於是成為智者。

我們永遠只能生活在現在，要偉大就現在偉大，要超脫就現在超脫，要快樂就現在快樂。總之，如果你心目中有了一種生活的理想，那麼，你應該現在就實現它。倘若你只是想像將來有一天能夠偉大、超脫或快樂，而現在卻總是猥瑣、鑽營、苦惱，我敢斷定你永遠不會有偉大、超脫、快樂的一天。作為一種生活態度，理想是現在進行式，而不是未來式。

對於有靈魂生活的人來說，精神的獨立價值和神聖價值不言而喻，是無法證明、也不需證明的公理。

人的心靈可劃分為三個部分，即理智、意志和情感，而真、善、美便是與這三個部分相對應的精神價值。其中，真是理智的對象，體現為科學活動；善是意志的對象，體現為道德活動；美是情感的對象，體現為藝術活動。當然，正像人的心靈本是一個整體，理智、意志、情感只是相對的劃分一樣，真、善、美三者也不能截然分開，它們之間有著極為緊密的聯繫。理智上求真，意志上向善，情感上愛美，三者原是一體，屬於同一顆高貴心靈的追求，是從不同角度描述同一種高尚的精神生活。

夢並不虛幻

那是一個非常美麗的真實的故事——

在巴黎，有一個名叫夏米的老清潔工，他曾經替朋友撫育過一個小女孩。為了給小女孩解悶，他常常講故事給她聽，其中講了一個金薔薇的故事。他告訴她，金薔薇能使人幸福。後來，這個名叫蘇珊娜的小女孩離開了他，並且長大了。有一天，他們偶然相遇。蘇珊娜生活得並不幸福。她含淚的說：「要是有人送我一朵金薔薇就好了。」從此以後，夏米就把每天在首飾坊裡清掃到的灰塵蒐集起來，從中篩選金粉，決心把它們打成一朵金薔薇。終於有一天，金薔薇打造好了，可是，這時他聽說，蘇珊娜已經遠走美國，不知去向。不久後，人們發現，夏米悄悄地死去了，在他的枕頭下放著用皺巴巴的藍色髮帶包紮的金薔薇，散發出一股老鼠的氣味。

送給蘇珊娜一朵金薔薇，這是夏米的一個夢想。讓我們感到惋惜的是，他終究沒能實現這個夢想。也許有人會說：早知如此，他就不必年復一年徒勞地篩選金粉了。可是，我倒覺得，即使夏米的夢想毫無結果，這寄託了他的善良和溫情的夢想本身已經夠美好，給他單調的生活增添了一種意義，將他與那些沒有任何夢想的普通清潔工區分開了。

說到夢想，我發現和許多大人真是講不通。他們總是問這樣的問題：夢想到底有什麼用？在他們看來，一樣東西，只要不能吃，不能穿，不能賣錢，就是沒有用，他們和童話故事裡的小王子可差遠了。小王子從一顆外星落在地球的一片沙漠上，感到渴了，尋找一口水井。他一邊尋找，一邊覺得沙漠非常美麗，他明白了一個道理：「使沙漠顯得美麗的，是它在什麼地方藏著一口水井。」沙漠中的水井是看不見的，我們也許能找到，也許找不到。可是，正是對看不見的東西的夢想驅使我們尋找、追求，在看得見的事物裡發現隱祕的意義，而覺得我們周圍的世界無比美麗。

其實，詩、童話、小說、音樂等等都是人類的夢想。印度詩人泰戈爾說得好：「如果我小時候沒有聽過童話故事，沒有讀過《一千零一夜》和《魯賓遜漂流記》，遠處的河岸和對岸遼闊的田野景色就不會如此使我感動，世界對我就不會這樣富有魅力。」英國詩人雪萊肯定也聽到過人們指責詩歌沒有用，他反駁說：詩才「有用」呢！因為它「創造了另一種存在，使我們成為一個新世界的居民」。的確，一個有夢想的人和一個沒有夢想的人，他們生活在完全不同的世界裡。如果你和那種沒有夢想的人一起旅行，你一定會覺得乏味透頂。一輪明月當空，他們最多說月亮像一張燒餅，壓根不會有「明月幾時有，把酒問青天」的豪情。面對蒼茫大海，他們只看到一大灘水，絕不會像安徒生那樣想到海的女兒，或像普希金那樣想到漁夫和金魚的故事。唉，有時我不免想，與只知做夢的人比，從來不做夢的人是更像白痴。

好夢何必成真

好夢成真——這是現在流行的一句祝詞，人們以此互相慷慨地表達友善之意。每當聽見這句話，我就不禁思忖：好夢都能成真，都非要成真嗎？

有兩種不同的夢。

第一種夢，它的內容是實際的，譬如說，夢想升官發財、夢想娶一個傾國傾城的美人或嫁一個富甲天下的帥哥、夢想得諾貝爾獎等等。對於這些夢，佛洛伊德的定義是適用的：夢是未實現願望的替代。未實現不等於不可能實現，世上的確有人升官發財，娶了美人或嫁了富翁，或得了諾貝爾獎。這種夢的價值取決於能否變成現實，如果不能，我們就說它是不切實際的夢想。

第二種夢，它的內容與實際無關，因而不能用能否變成現實來衡量它的價值。例如說，陶淵明夢見桃花源，魯迅夢見好的故事，但丁夢見天堂，或者作為普通人的我們，夢見一片美麗的風景。這種夢不能實現也不需要實現，它的價值在其自身，做這樣的夢本身就是享受，而記載這類夢的《桃花源記》、《好的故事》、《神曲》本身便成了人類的精神財富。

所謂好夢成真，往往是針對第一種夢發出的祝願，我承認有其合理性。一則古代故事描繪了一個貧窮的樵夫，說他白天辛苦砍柴，夜晚大做富貴夢。奇異的是，每晚的夢像連續劇一樣向前推進，最後好像是當上了皇帝。這個樵夫因此過得十分快活，他的理由是：倘若把夜晚的夢當成現實，把白天的現實當成夢，他豈不就是天下最幸福的人。這種自欺的邏輯遭到了當時人的嘲笑，我相信今天的人也多半會加入嘲笑的行列。

可是，說到第二種夢，情形就很不同了。我想把這種夢的範圍和含義擴大一些，舉凡組成一個人心靈生活的東西，包括生命的感悟、藝術的體驗、哲學的沉思、宗教的信仰，都可歸入其中。這樣的夢永遠不會變成看得見、摸得著的直接現實，在此意義上不可能成真。但也不必在此意義上成真，因為它們有著與第一種夢完全不同的實現方式，不妨說，它們的存在本身就已經構成了一種內在的現實，這樣的好夢本身就已經是一種真。對真的理解應該廣泛一些，你不能說只有外在的榮華富貴是真實的，內在的智慧教養是虛假的。一個內心生活豐富的人，與一個內心生活貧乏的人，他們在實實在在的意義上過著截然不同的生活。

我把第一種夢稱作物質的夢，把第二種夢稱作精神的夢。不能說做第一種夢的人庸俗，但是，如果一個人只做物質的夢，從不做精神的夢，說他庸俗也不算冤枉。如果全人類只夢見黃金，而從不夢見天堂，即使夢想成真，也只是生活在鋪滿金子的地獄裡而已。

車窗外

小時候喜歡坐車，尤其是火車，占據一個靠窗的位置，趴在窗戶旁看窗外的風景，這愛好至今未變。

列車飛馳，窗外無物長駐，風景永遠新鮮。

其實，窗外掠過什麼風景，並不重要。我喜歡的是那種流動的感覺。景物是流動的，思緒也是流動的，兩者融為一片，彷彿置身於流暢的夢境。當我望著窗外掠過的景物出神時，我心靈的窗戶也打開了。許多似乎早已遺忘的往事，得而復失的感受，無暇顧及的思想，這時都不召自來，如同窗外的景物一樣，在心靈的窗戶前掠過。於是我發現，平時我忙於種種所謂必要的工作，使得我心靈的窗戶有太多時間是關閉著，我的心靈世界還有太多的風景未被鑑賞。而此刻，這些平時遭到忽略的心靈景觀，在打開的窗戶前源源不斷地閃現了。所以，我從來不覺得長途旅行無聊，毋寧說，我有點喜歡這一種無聊。在長途車上，我不覺得必須有一個伴和我閒聊，或者必須有一種娛樂讓我消遣。我甚至捨不得把時間花在讀一本好書上，因為書什麼時候都能讀，白日夢卻不是想做就能做的。就因為貪圖車窗前的這一份享受，凡出門旅行，我寧願坐火車，不願搭飛機。飛機太快把我送到目的地，使我來不及寂寞，因而來不及觸發那種出神遐想的心境，我會因此感到像是未曾旅行一樣。航行江海，我也寧願搭乘普通輪船，久久站在甲板上，看波濤萬古流湧，而不喜歡坐封閉型的豪華快艇。有一回，從上海到南通，我不幸誤乘這種快艇，當別人心滿意足地靠在舒適的軟椅上看影片時，我痛苦地盯著艙壁上那一個個窄小的密封窗口，覺得自己彷彿遭到了囚禁。

我明白，這些僅是我的個人癖好，或許還是過了時的癖好。現代人出門旅行講究效率和舒適，最好能快速到達將旅程縮減為零，舒適到如同住在自己家裡。令我不解的是，既然如此，又何必出門旅行呢？如果把人生比喻成長途旅行，那麼，現代人搭乘的這趟列車就好像是由工作車廂和娛樂車廂組成，而他們習慣的生活方式就是在工作車廂裡拚命幹活和掙錢，然後又在娛樂車廂裡拚命享受和把錢花掉，如此交替往復，再沒有工夫和心思看一眼車窗外的風景了。

光陰蹉跎，世界喧囂，我自己要警惕，要在人生旅途上保持一份童趣和閒心不容易。如果哪一天我只是埋頭於人生中種種事務，不再有興致趴在車窗旁看沿途的風光，傾聽內心的音樂，那時候我就真正老了俗了，那樣便辜負了人生這一趟美好的旅行。

美的享受

創世的第一日，上帝首先創造的是光。「神說，要有光，就有了光。神看光是好的，就把光和暗分開了。」你看，在上帝眼裡，光是好的而不是有用的，他創造世界根據的是趣味而不是功利。這對於審美的世界觀是何等有力的譬喻。

每個人都睜著眼睛，但不等於每個人都在看世界。許多人幾乎不用自己的眼睛看，他們只聽別人說，他們看到的世界永遠是別人說的樣子。人們在人云亦云中視而不見，世界就成了一個雷同的模式。一個人真正用自己的眼睛看，就會看見那些不能用模式概括的東西，看見一個與眾不同的世界。

人活在世上，真正有意義的事情是看。看使人與動物區別。動物只是吃喝，它們不看與維持生存無關的事物；動物只是交配，它們不看愛侶眼中的火花和臉上的漣漪。人不但看世間萬物和人間百相，而且看這一切背後的意蘊，於是有了藝術、哲學和宗教。

在孩子眼裡，世界充滿謎語。可是，成人常常用千篇一律的謎底殺死了許多美麗的謎語。這個世界被孩子好奇的眼光照耀得色彩絢麗，卻在成人洞察一切的眼睛注視下蒼白失色了。

「詩意地理解生活」，這是我們從童年和少年時代得到最可貴的禮物，可惜的是多數人丟失了這件禮物。也許是不可避免，匆忙的實際生活迫使我們把事物簡化、圖式化，無暇感受種種細微差別。概念取代了感覺，我們很少看、聽和體驗。唯有少數人沒有失去童年的清新直覺和少年的微妙心態，這少數人就成為了藝術家。

看並且驚喜，這就是藝術，一切藝術都存在於感覺和心情的直接性之中。不過，藝術並不因此而易逝，相反的，當藝術家為我們提供一種新的看、新的感覺時，同時也就為我們開啟了一個嶄新卻又永存的世界。

也許新鮮感大多憑藉遺忘。一個人如果把自己的所有感覺都琢磨透並且牢記在心，不久之後他就會發現世上沒有新鮮東西了。

藝術家是最健忘的人，他眼中的世界永遠新鮮。

美是主觀的還是客觀的？看見了美的人不會去爭論這種愚蠢的問題。在精神國度裡，一切發現都同時是創造，一切收穫都同時是奉獻。那些從百花中採蜜的蜜蜂，牠們同時也向世界貢獻了蜜。

藝術是一朵不結果實的花，正因為不結果實而更顯出它的美來，它是以美為目的、本身自為的美。

當心中強烈的情感無法排遣時，藝術就誕生了。

詩是找回那看世界的第一瞥。詩解除了因熟視無睹而產生的惰性，使平凡的事物回覆到它新奇的初生狀態。

每當我在燈下清點我詩的積蓄時，我的心多麼平靜，平靜得不像詩人。

我是我的感覺的守財奴。

世上本無奇蹟，但世界並不因此而失去魅力。我甚至相信，人最接近上帝的時刻，不是在上帝向人顯示奇蹟的時候，而是在人認識到世上並無奇蹟，卻仍然對世界的美麗感到驚奇的時候。

儘管美感的發生有賴於感官，但感官的任何感受如果未能使心靈愉悅，我們就不會覺得美。所以，美感本質上不是感官的快樂，而是一種精神性的愉悅。正因為此，美能陶冶性情，淨化心靈。一個愛美的人，在精神生活上往往會有較高的追求和品位。花的蓓蕾、樹的新芽、壁上搖曳的光影、手的輕柔的觸摸……，它們會使人的感官達於敏銳的極致，似乎包含著無窮的意味。

相反，繁花簇錦、光天化日、熱烈擁抱，真所謂資訊爆炸，但感官麻痺了，意味喪失了。

「奈此良夜何！」—不但良夜，一切太美的事物都會使人感到無奈：這麼美，叫人如何是好！

閱讀的快樂

青春期是人生最美妙的時期。戀愛是青春期最美妙的事情。我說的戀愛是廣義的，不只是對異性的憧憬和眷戀，隨著春心萌動，少男少女對世界和人生都是一種戀愛的心情，眼中的一切都閃放著誘人的光芒。在這樣的心情中，一個人有幸接觸到書的世界，就有了青春期最美妙的戀愛—青春期的閱讀。

青春期的閱讀真正具有戀愛的性質，那樣如痴如醉，充滿著奇遇和單純的幸福。人的一生中，以後再不會有如此純潔而痴迷的閱讀了，成年人的閱讀幾乎不可避免地被功利、事務、疲勞損害。但是，倘若從來不曾有過青春期的閱讀，結果是什麼，你們看一看那些走出校門後不再讀書的人就知道了。

對我們影響最大的書，往往是我們年輕時讀的某一本書，它的力量多半不源於自身，而源於它介入我們生活的那個時機。那是一個最容易受影響的年齡，我們好歹要崇拜一個什麼人，如果沒有，那就崇拜一本書。後來重讀這本書，我們很可能會對它失望，並且詫異當初它何以使自己如此心醉神迷。但我們不必慚愧，事實上那是我們的精神初戀，而初戀對象不過是把我們引入精神世界的一個誘因罷了。當然，同時它也是一個徵兆，我們早期著迷的書的性質，大致顯示了我們的精神類型，預示了我們後來精神生活的走向。

年長以後，書對我們很難再有這般震撼效果了。無論多麼出色的書，我們和它都保持著一段距離。或者是我們的理性已經足夠成熟，或者是我們的情感已經足夠遲鈍，總之，我們已經過了精神初戀的年齡。

閱讀不但可以養心，而且可以養生，使人心寬體健。人的身體在很大程度上受心靈支配，憂慮往往致病，心態好是最好的養生。愛閱讀的人，內心充實寧靜，不會陷入令人煩惱焦慮的世事紛爭之中。大學者中多人瑞，原因就在於此。

閱讀還可以救生，為人解惑消災。人遇事之所以想不開、尋短見，是因為坐井觀天，心胸狹窄。愛閱讀的人，眼界開闊，一覽眾山小，比較容易超脫人生中一時一地的困境。

閱讀甚至可以優生，助人教子育人。父母愛閱讀，會在家庭中形成良好的文化氛圍，對子女產生不教之教的熏陶作用。相反的，父母自己不讀書，卻逼迫孩子用功，一定事倍功半。

智力活躍的青年並不天然地擁有心智生活，他活躍的智力需要得到鼓勵，正是透過閱讀那些使他品嘗到智力快樂和心靈愉悅的好書，而被引導進入了作為一個整體的人類心智生活之中。

一個人僅僅有了大學本科或研究生學歷，或者有了某個領域的知識，他還不能算是知識分子。依我之見，一個人唯有真正品嘗到了智力生活的快樂，從此熱愛智力生活，養成智力活動的習慣，一輩子也改不掉了，讓他不學習不思考他就難受，這樣的人才叫知識分子。

喜歡學習，並且能夠按照自己的興趣安排自己的學習，這就是好的智力素質。我深信具有這樣素質的學生，不管是否考進名校，將來都會有出息。

真正的閱讀必須有靈魂的參與，它是一個人的靈魂，在一個藉文字符號構築的精神世界裡漫遊，是在這漫遊途中的自我發現和自我成長，因此是一種個人化的精神行為。

嚴格地說，好讀書和讀好書是一回事，在讀什麼書上沒有品位的人，是談不上好讀書的。所謂品位，就是能夠透過閱讀而過一種心智生活，使你對世界和人生的思索，始終處在活潑的狀態。世上真正的好書，都應該能夠發生這樣的作用，而不只是向你提供資訊或者消遣。

藏書多得一輩子讀不完，可是，一見好書或似乎好的書，還是忍不住要買，彷彿能夠永遠活下去讀下去似的。

嗜好往往使人忘記自己終有一死。

世人不計其數，知己者數人而已，書籍汪洋大海，投機者數本而已。

我們既然不為只結識總人口中一小部分而遺憾，那麼也就不必為只讀過全部書籍中一小部分而遺憾了。

好讀書和好色有一個相似之處，就是不求甚解。

我承認我從寫作中也獲得了許多快樂，但是，這種快樂並不能代替讀書的快樂。有時候我還覺得，寫作侵占了我的讀書時間，使我蒙受損失。寫作畢竟是一種勞動和支出，而讀書純粹是享受和收入。

讀書猶如交友，再情投意合的朋友，在一起太久也會膩。書是人生的益友，但也僅止於此，人生的路還得自己走。在這路途上，人與書之間有邂逅、離散、重逢、訣別、眷戀、反目、共鳴、誤解，其關係之微妙，不亞於人與人之間，給人生增添了些許情趣。也許有的人對一本書或一位作家一見傾心，愛之彌篤，乃至白頭偕老。我在讀書上卻沒有如此堅貞專一的愛情。倘若臨終時刻到來，我相信使我含恨難捨的不僅有親朋好友，還一定有若干冊體己好書。但儘管如此，我仍不願與我所喜愛的任何一本書或一位作家廝守太久，受染太深，喪失了我自己對書、對人的影響力。

我衡量一本書對於我的價值的標準是：讀了它之後，我自己是否也遏止不住地想寫點什麼，哪怕我想寫的東西表面上與它似乎全然無關。它給予我的是一種氛圍，一種心境，使我彷彿置身於一種合宜的氣候裡，心中潛藏的種子因此發芽破土。

有的書會喚醒我的血緣本能，使我辨認出我的家族淵源。書籍世界裡是存在親族譜系的，同譜系中的佼佼者既讓我引以為豪，也刺激起了我的競爭慾望，使我也想為家族爭光。

我在生活、感受、思考，把自己意識到的一些東西記錄了下來。更多的東西尚未被我意識到，它們已經存在，仍處在沉睡和混沌之中。讀書的時候，因為共鳴，因為抗爭，甚至因為走神，沉睡的被喚醒了，混沌的變清晰了。對我來說，讀書的最大樂趣之一是自我發現，知道自己原來還有這麼一些好東西。

我們讀一本書，讀到精彩處，往往情不自禁地喊出聲來：這是我的思想，這正是我想說的，被他偷去了！有時候甚至難以分清楚，哪些是作者的本意，哪些是自己的混入和添加。沉睡的感受喚醒了，失落的記憶找回了，朦朧的思緒清晰了。其餘一切，只是死的「知識」，也就是說，只是外在於靈魂有機生長過程的無機物。

讀書的心情是因時因地而異的。有一些書，最適合在羈旅中、在無所事事中、在遠離親人的孤寂中翻開。這時候，你會覺得，雖然有形世界的親人不在你的身旁，但你因此得以和無形世界的親人相逢了。在靈魂與靈魂之間，必定也有一種親緣關係，這種親緣關係超越種族和文化的差異，超越生死，當你和同類靈魂相遇時，你的精神本能會立刻將它認出。

書籍少的時候，我們往往從一本書中讀到許多東西。我們讀到了書中有的東西，還讀出了更多書中沒有的東西。

如今書籍越來越多，我們從書中讀到的東西卻越來越少。我們對書中有的東西尚且掛一漏萬，更無暇讀出書中沒有的東西。

讀書猶如採金。有的人是沙裡淘金，讀破萬卷，小康而已。有的人是點石成金，隨手翻翻，便成巨富。

書籍是人類經典文化的主要載體。電視和網路更多著眼於當下，力求訊息傳播的新和快，不在乎文化的積澱。因此，一個人如果主要，甚至僅僅看電視和上網，基本上他就是一個沒有文化的人。他也許知道天下許多奇聞八卦，但這些與他的真實生活毫無關係，與他的精神生長更毫無關係。一個不讀書的人是沒有根的，他對人類文化傳統一無所知，本質上是貧乏和空虛的。我希望今天的青少年不要成為沒有文化的一代人。

對今天青年人的一句忠告：多讀書，少上網。你可以是一個網民，但你首先應該是一個讀者。如果你不讀書，只上網，你就成為一條網蟲了。稱網蟲是名副其實的，整天掛在網上，看八卦、聊天、玩遊戲，精神營養極度不良，長成了一條蟲。

網際網路是一個好工具，然而，要把它當工具使用，前提是精神上足夠強健。否則，結果只能是它把你當工具使用，誘使你消費，它賺了錢，你卻被毀了。

與大師為友

費爾巴哈（Ludwig Feuerbach）說：人如其食。至少就精神食物而言，這句話是對的。從一個人的讀物大致可以判斷他的精神等級。一個在閱讀和沉思中與古今哲人文豪傾心交談的人，與一個只讀明星逸聞和兇殺故事的人，他們當然有著完全不同的內心世界。我甚至要說，他們也是生活在完全不同的外部世界上，因為世界本無定相，對於不同的人呈現不同的面貌。

有人問一位登山運動員為何要攀登珠穆朗瑪峰，得到的回答是：「因為它在那裡。」別的山峰不存在嗎？在他眼裡，它們的確不存在，他只看見那座最高的山。愛書者也應該有這樣的信念：非最好的書不讀。讓我們去讀最好的書吧，因為它在那裡。

攀登大自然的高峰，我們才能俯視大千，一覽眾山小。閱讀好書的效果與此相似，偉大的靈魂引領我們登上精神的高峰，超越凡俗生活，領略出人生天地的遼闊。

要讀好書，一定要避免讀壞書。所謂壞書，主要是指那些平庸的書。讀壞書不但沒有收穫，而且損害莫大。一個人平日讀什麼書，會在內聽覺中形成一種韻律，當他寫作的時候，他就會不由自主地跟著這韻律走。因此，大體而論，讀書的檔次決定了寫作的檔次。

優秀的書籍組成了一個偉大寶庫，它就在那裡，屬於一切人而又不屬於任何人。你必須走進去，自己去占有適合於你的那一份寶藏，而閱讀就是占有的唯一方式。對於沒有養成閱讀習慣的人來說，它等於不存在。人們孜孜於享用人類的物質財富，卻自動放棄了享用人類精神財富的權利，竟不知道自己蒙受了多麼大的損失。

人類歷史上產生了那樣一些著作，它們直接關注和思考人類精神生活的重大問題，因此具有人文性質，同時影響了許多世代的公認，已成為全人類共同的財富，因而又是經典性質的。我們把這些著作稱作人文經典。在人類精神探索的道路上，人文經典構成了一種偉大的傳統，任何一個走在這條路上的人都無法忽視其存在。

人文經典是一座聖殿，它就在我們身邊，一切時代的思想者正在那裡聚會，我們只要走進去，就能聆聽到他們的嘉言雋語。就最深層的精神生活而言，時代的區別並不重要，無論是兩千年前的先賢，還是近百年來的今賢，都同樣古老，也都同樣年輕。

我要慶幸世上畢竟有真正的好書，它們真實地記錄了那些優秀靈魂的內在生活。不，不只是記錄，當我讀它們的時候，我鮮明地感覺到，作者在寫它們的同時，就是在過一種真正的靈魂生活。這些書多半是沉默的，可是我知道它們存在著，等著我把它們一本本打開，無論打開哪一本，都必定會是一次新的難忘經歷。讀了這些書，我彷彿結識了一個個不同的朝聖者，他們走在各自的朝聖路上。

一個人的閱讀趣味大致規定了他的精神品位，而純正的閱讀趣味正是在讀好書中所養成。

讀那些永恆的書，做一個純粹的人。

讀大師的書，走自己的路。

有的人生活在時間中，與古今哲人賢士相晤談。有的人生活在空間中，與周圍鄰人俗士相往還。

大師絕對比追隨者可愛無比，也更加平易近人，直接讀原著是通往智慧的捷徑。這就像在現實生活中，真正的偉人，總是比那些包圍他們的祕書和僕役更容易接近，困難之處恰好在於怎樣衝破這些小人物的阻礙。可是，在閱讀中不存在這樣的阻礙，經典名著就在那裡，任何人想要翻開都不會遭到拒絕，那些愛讀二三手解讀類、輔導類讀物的人，其實是自甘於和小人物周旋。

自我是一個凝聚點。不應該把自我融解在大師們的作品中，而應該把大師們的作品吸收到自我中。對於自我來說，一切都只是養料。

怎麼讀大師的書？我提倡的方法是：不求甚解，為我所用。

不求甚解，就是用讀閒書的心情讀，不會被暫時不懂的地方卡住，領會其大意即可。這是一個受熏陶的過程，在此過程中，你用來理解大師的資源—即人文修養—在累積，總有一天會發現，你讀大師的書真的像讀閒書一樣輕鬆愉快了。

為我所用，就是不死扣所謂原義，只把大師的書當作自我生長的養料，你覺得自己在精神上有所感悟和提高就可以了。你的收穫不是採摘某一個大師的果實，而是結出你自己的果實。

我的讀書旨趣有三個特點。第一，雖然我的專業是哲學，但我的閱讀範圍不限於哲學，始終喜歡看「課外書」，而我從文學作品和各類人文書籍中同樣學到了哲學。第二，雖然我的閱讀範圍很廣，但對書籍的選擇卻很挑剔，以讀經典名著為主，其他的書只是隨便翻翻，對媒體宣傳的暢銷書完全不予理睬。第三，雖然讀的是經典名著，但我喜歡把它們當作閒書來讀，不端做學問的架子，而我確實在讀經典名著中得到了最好的消遣。

讀書的癖好

人的癖好五花八門，讀書是其中之一。只要人有了一種癖好，也就有了看世界的一種特別眼光，甚至有了一個屬於他的特別世界。不過，和別的癖好相比，讀書的癖好能夠使人獲得一種更為開闊的眼光，一個更加豐富多彩的世界。我們也許可以據此把人分為有讀書癖的人和沒有讀書癖的人，這兩種人生活在不同的世界上。

比起嗜書如命的人，我只能勉強算是一個有一點讀書癖的人。根據我的經驗，人之有無讀書的癖好，在少年，甚至童年時便已見端倪。那是一個求知慾洶湧勃發的年齡，不必名著佳篇，隨便一本稍微有趣的讀物，就能點燃對書籍的強烈好奇。回想起來，使我發現書籍之可愛的，不過是上小學時所讀到一本普通的兒童讀物，那裡面講述了一個淘氣孩子的種種惡作劇，逗得我不停地捧腹大笑。從此以後，我對書不再是視若不見，而是刮目相看了，我眼中有了一個書的世界，看得懂看不懂的書都會使我眼饞心癢，我相信其中一定藏著一些有趣的事情，等待我去見識。隨著年齡增長，所感興趣的書種類當然發生了很大的變化，對書的興趣則始終不衰。現在我覺得，一個人讀什麼書誠然不是一件次要的事情，但前提還是要有讀書的愛好，只要真正愛讀書，就遲早會找到自己的書中知己。

讀書的癖好與所謂刻苦學習是兩回事，它講究的是趣味。所以，一個認真做功課和背教科書的學生，一個埋頭從事專業研究的學者，都稱不上是有讀書癖的人。有讀書癖的人，所讀之書必不限於功課和專業，毋寧說更愛讀課外和專業之外的書籍，也就是所謂閒書。當然，這並不妨礙他對自己的專業產生濃厚的興趣，做出偉大的成就。英國哲學家羅素，便是一個在自己的專業上做出偉大成就的人，然而，正是他熱烈地提倡青年人多讀「無用的書」。其實，讀「有用的書」，即教科書和專業書，固然有其用途，可以獲得立足於社會的職業技能，但是讀「無用的書」也並非真的無用，那恰好是一個人精神生長的領域。從中學到到研究生，我從來不是一個很用功的學生，上課偷讀課外書乃至蹺課是常事。我相信許多人在回首往事時會和我有同感：一個人的成長基本上得益於自己讀書，相較之下，課堂上的收穫顯得微不足道。我不想號召現在的學生也蹺課，但亞洲的教育現狀確實令人擔憂。中小學本是培養對讀書的愛好的關鍵時期，而現在的中小學教育卻以升學率為唯一追求目標，為此不惜將超負荷的功課加於學生，剝奪其課外閱讀的時間，不知扼殺了多少孩子現在和將來對讀書的愛好。

那麼，一個人怎樣才算養成了讀書的癖好呢？我覺得倒不在於讀書破萬卷，一頭鑽進書堆，成為一個書呆子。重要的是一種感覺，即讀書已經成為生活的基本需要，不讀書就會感到欠缺和不安。宋朝詩人黃庭堅有一句名言：「三日不讀書，便覺語言無味，面目可憎。」林語堂解釋為：你三日不讀書，別人就會覺得你語言無味，面目可憎。這當然也說得通，一個不愛讀書的人往往是乏味的，因而不討人喜歡。不過，我認為這句話主要還是說自己的感覺：你三日不讀書，你就會自慚形穢，羞於對人說話，覺得沒臉見人。如果你有這樣的感覺，你就必定是個有讀書癖的人了。

有一些愛讀書的人，讀到後來，有一天自己會拿起筆來寫書，我也是其中之一。所以，我現在成了一個作家，也就是以寫作為生的人。我承認我從寫作中也獲得了許多快樂，但是，這種快樂並不能代替讀書的快樂。有時候我還覺得，寫作侵占了我的讀書的時間，使我蒙受了損失。寫作畢竟是一種勞動和支出，而讀書純粹是享受和收入。我向自己發願，今後要少寫多讀，人生幾何，我不該虧待自己。

愉快是基本標準

讀了大半輩子書，倘若有人問我選擇書的標準是什麼，我一定會毫不猶豫地回答：愉快是基本標準。一本書無論專家們說它多麼重要，排行榜說它多麼暢銷，如果讀它不能使我感到愉快，我就寧可不去讀。

人做事情，或是出於利益，或是出於性情。出於利益做的事情，當然就不必太在乎是否愉快。我常常看見名利場上的健將一面叫苦不迭，一面奮鬥不止，對此我完全能夠理解。我並不認為他們的叫苦是做假，因為我知道利益是一種強制力量，而就他們所做的事情的性質來說，利益的確比愉快更加重要。相反的，凡是出於性情做的事情，亦即僅僅為了滿足心靈而做的事情，愉快就是基本標準。屬於此列的不僅有讀書，還包括寫作、藝術創作、藝術欣賞、交友、戀愛、行善等等，簡言之，一切精神活動。如果在做這些事情時不感到愉快，我們就必須懷疑是否有利益的強制在其中發揮作用，使它們由性情生活蛻變成了功利行為。

讀書唯求愉快，這是一種很高的境界。關於這種境界，陶淵明做了最好的表述：「好讀書，不求甚解。每有會意，便欣然忘食。」不過，我們不要忘記，在《五柳先生傳》中，這句話前面的一句話是：「閑靜少言，不慕榮利。」可見要做到出於性情而讀書，其前提是必須有真性情。那些躁動不安、事事都想發表議論的人，那些渴慕榮利的人，一心以求解的本領和真理在握的姿態誇耀於人，哪裡肯甘心於自己會意的境界。

以愉快為基本標準，這也是在讀書上的一種誠實的態度。無論什麼書，只有你讀時感到愉快，使你產生共鳴和獲得享受，你才應該承認它對於你是一本好書。在這一點上，毛姆說得好：「你才是你所讀的書對於你的價值的最後評定者。」尤其是文學作品，本身並無實用，唯能使你的生活充實，而要做到這一點，前提是你喜歡讀。沒有人有義務必須讀詩、小說、散文。哪怕是專家們同聲讚揚的名著，如果你不感興趣，便與你無干。

不感興趣而硬讀，其結果只能是不懂裝懂，人云亦云。相反，據我所見，凡是真正把讀書當作享受的人，往往能夠直抒己見。譬如說，蒙田就勇於指責柏拉圖的對話錄和西塞羅的著作冗長拖沓，坦然承認自己無法欣賞，波赫士（Jorge Borges）甚至把密爾頓的《失樂園》和歌德的《浮士德》稱作最著名引起厭倦的方式，宣布喬伊斯作品的費解是作者的失敗。這兩位都是學者型的作家，他們的博學無人能夠懷疑。我們當然不必贊同他們對於那些具體作品的意見，我只是想藉此說明，以讀書為樂的人必有自己鮮明的好惡，而且對此心中坦蕩，不屑諱言。

我不否認，讀書未必只是為了愉快，出於利益的讀書也有其存在的理由，例如學生的做功課和學者的做學問。但是，同時我也相信，在好的學生和好的學者那裡，愉快的讀書必定占據著更大的比重。我還相信，與灌輸知識相比，保護和培育讀書的愉快是教育更重要的任務。所以，如果一種教育使學生不能體會和享受讀書的樂趣，反而視讀書為苦事，我們便可以有把握地判斷它是失敗了。

做一個真正的讀者

讀者是一個美好的身分。每個人在一生中會有各種其他的身分，例如學生、教師、作家、工程師、企業家等等，但是，如果不同時也是一位讀者，這個人肯定存在著某種缺陷。一個不是讀者的學生，不管他考試成績多麼優秀，本質上不是一個優秀的人才。一個不是讀者的作家，我們有理由懷疑他身為作家的資格。在很大程度上，人類精神文明的成果是以書籍的形式所保存，而讀書就是享用這些成果、並把它們據為己有的過程。簡而言之，做一個讀者，就是加入到人類精神文明的傳統中，做一個文明人。在某種意義上，一個民族的精神素質，取決於人口中高趣味讀者的比例。相反的，對於不是讀者的人來說，凝聚在書籍中的人類精神財富等於不存在，他們不去享用和占有這筆寶貴的財富，一個人唯有在成了讀者以後才會知道，這是多麼巨大的損失。歷史上有許多偉大的人物，在他們眾所周知的聲譽背後，往往有一個人所不知的身分，便是終身讀者，即一輩子愛讀書的人。

然而，一個人並不是隨便讀點什麼就可以稱作讀者的。在我看來，一個真正的讀者應該具備以下特徵——

第一，養成了讀書的癖好。也就是說，讀書成了生活的必需，真正感到不可缺少，幾天不讀書就寢食不安，自慚形穢。如果你必須強迫自己才能讀幾頁書，你就還不能算是一個真正的讀者。當然，這種情形決非刻意為之，而是自然而然的，是品嘗到閱讀的快樂之後的必然結果。事實上，每個人天性中都蘊涵著好奇心和求知慾，因而都有可能依靠自己去發現和領略閱讀的快樂。遺憾的是，當今功利至上的教育體制正在無情地扼殺人性中這種最寶貴的特質。在這種情形下，我只能向有識見的教師和家長反覆呼籲，請你們盡最大可能保護孩子的好奇心，能保護多少是多少，能搶救一個是一個。我還要提醒那些聰明的孩子，在達到一定年齡之後，你們要善於向現行教育爭自由，學會自我保護和自救。

第二，形成了自己的讀書趣味。世上書籍如汪洋大海，再熱衷的書迷也不可能窮盡，只能嘗其一瓢，區別在於嘗哪一瓢。讀書是一件非常私人的事情，喜歡讀什麼書，不論範圍是寬是窄，都應該有自己的選擇，體現了自己的個性和興趣。其實，形成個人趣味與養成讀書癖好是不可分的，正因為找到了和預感到了書中知己，才會鍥而不捨，欲罷不能。沒有自己的趣味，僅憑道聽塗說東瞧瞧，西翻翻，連興趣也談不上，遑論癖好。針對當今圖書市場的現狀，我要特別強調，千萬不要追隨媒體的宣傳，只讀一些暢銷書和時尚書，倘若那樣，你絕對成不了真正的讀者，永遠只是文化市場上的消費大眾而已。須知時尚和文明完全是兩回事，一個受時尚支配的人僅僅生活在事物的表面，貌似前衛，本質上卻是一個野蠻人，唯有紮根於人類精神文明土壤中的人，才是真正的文明人。

第三，有較高的讀書品味。一個真正的讀者，具備基本的判斷力和鑑賞力，彷彿擁有一種內在的嗅覺，能夠嗅出一本書的優劣，本能地拒斥劣書，傾心好書。這種能力部分地來自閱讀的經驗，但更多源自一個人靈魂的品質。當然，靈魂的品質是可以不斷提高的，讀好書也是提高的途徑，二者之間有一種良性循環的關係。重要的是，一開始就為自己確立一個標準，每讀一本書，一定要在精神上有收穫，能夠進一步開啟你的心智。只要堅持這個標準，靈魂的品質和對書的判斷力就自然會同步得到提高。一旦你的靈魂足夠豐富和深刻，你就會發現，你已經上升到了一種高度，不再能容忍那些貧乏和淺薄的書了。

能否成為一個真正的讀者，青少年時期是關鍵。經驗證明，一個人在這個時期如果沒有養成讀好書的習慣，以後想要培養就比較難，倘若養成了，則必定終身受用。青少年對未來有種種美好的理想，我對你們的祝福是，在你們的人生藍圖中，千萬不要遺漏了這一種理想，就是立志做一個真正的讀者，一個終身讀者。

寫作的理由

寫作是精神生活的方式之一。人有兩個自我，一個是內在的精神自我，一個是外在的肉身自我，寫作的是內在精神自我的活動。普魯斯特說，當他寫作的時候，進行寫作的不是日常生活中的那個他，而是「另一個自我」。他說的就是這個意思。

外在自我會有種種經歷，其中有快樂也有痛苦，有順境也有逆境。透過寫作，可以把外在自我的經歷，不論快樂和痛苦，都轉化成內在自我的財富。有寫作習慣的人，會更細緻品味、更認真地思考自己的外在經歷，彷彿在內心中把既有的生活重過一遍，從中發現豐富的意義並儲藏起來。

我相信人不但有外在的眼睛，而且有內在的眼睛。外在的眼睛看見現象，內在的眼睛看見意義。被外在的眼睛看見的，成為大腦的貯存，被內在的眼睛看見的，成為心靈的財富。

許多時候，我們的內在眼睛是關閉著的。於是，我們看見利益，卻看不見真理，看見萬物，卻看不見美，看見世界，卻看不見上帝，我們的日子是滿的，生命卻是空的，頭腦是滿的，心卻是空的。

外在的眼睛不使用，就會退化，常練習，就會敏銳。內在的眼睛也是如此。對於我來說，寫作便是一種訓練內在視力的方法，它促使我經常睜著內在的眼睛，去發現和捕捉生活中那些顯示了意義的場景和瞬間。只要我保持寫作狀態，這樣的場景和瞬間就會源源不斷。相反的，一旦被日常生活之流裹挾，長久中斷了寫作，我便會覺得生活成了一堆無意義的碎片。事實上它的確成了碎片，因為我的內在眼睛關閉著，我的靈魂昏睡著，而唯有靈魂君臨，才能把一個人的生活形成整體。所以，我之需要寫作，是因為唯有保持著寫作狀態，我才真正在生活。

我的體會是，寫作能夠練就一種內在視覺，使我留心並善於捕捉住生活中那些有價值的東西。如果沒有這種意識，總是聽任好的東西流失，時間一久，以後再有好的東西，你也不會珍惜，日子就會過得渾渾噩噩。寫作使人更敏銳也更清醒，對生活更投入也更超脫，既貼近又保持距離。

靈魂是一片園林，不知不覺中長出許多植物，然後又不知不覺地凋謝了。我感到惋惜，於是寫作。寫作使我成為自己靈魂園林中的一個細心的園丁，將自己所喜愛的植物趕在凋謝之前加以選擇、培育、修剪、移植和保存。

文字是感覺的保險櫃。歲月流逝，當心靈的衰老使你不再能時常產生新鮮的感覺，頭腦的衰老使你遺忘了曾經有過的新鮮感覺時，不必悲哀，打開你的保險櫃吧，你會發現你畢竟還是相當富有的。勤於為自己寫作的人，晚年不會太淒涼，因為你的文字——也就是不會衰老的那個你——陪伴著你，他比任何伴護更善解人意，更忠實可靠。

我不企求身後的不朽。在我有生之年，我的文字陪伴著我，喚回我的記憶，溝通我的歲月，這就夠了。

我也不追求盡善盡美。我的作品是我的足跡，我留下它們，以便辨認我走過的路，至於別人對它們做出何種解釋，就與我無關了。

最純粹、在我看來也最重要的私人寫作是日記。我相信，一切真正的寫作都是從寫日記開始，每一個好作家，都有一部相當長久、純粹私人寫作的前史，這個前史決定了他後來成為作家不是僅僅為了謀生，也不是為了出名，而是因為寫作乃是他的心靈的需要。一個真正的寫作者不過是一個改不掉寫日記習慣的人罷了，他的全部作品都是變相的日記。他向自己說了太久的話，因而很樂意有時候向別人訴說。

在很小的時候，我就自發地偷偷寫起了日記。一開始的日記極幼稚，只是寫些今天吃了什麼好東西之類。我彷彿本能地意識到那好滋味會消逝，於是想用文字把它留住。年歲漸大，我用文字留住了許多好滋味：愛、友誼、孤獨、歡樂、痛苦……，透過寫作，我不斷地把自己最好的部分轉移到文字中去，到最後，羅馬不在羅馬了，我藉此逃脫了時光的流逝。

我認為我的寫作應該從寫日記開始算，而不是從發表文章開始算。透過寫日記，我逐漸獲得了一種內在的視覺，使我注意並善於發現生活中那些有價值的片斷，及時把它們抓住。如果沒有這種意識，聽任好的東西流失，時間一久，以後再有好的東西，你也不會珍惜，日子就會過得渾渾噩噩。

人生最寶貴的是每天、每年、每個階段活生生的經歷，它們所帶來的歡樂和苦惱，心情和感受，這才是一個人真正擁有的東西。但是，這一切仍然無可避免地會失去。透過寫作，我們把易逝的生活變成長存的文字，就可以以某種方式繼續擁有它們。這樣寫下的東西，你會覺得對於自己的意義是至上的，發表與否只有很次要的意義。

寫作的快樂是向自己說話的快樂。真正愛寫作的人愛他的自我，似乎一切快樂只有被這自我分享之後，才真正成為快樂。他與人交談似乎只是為了向自己說話，每有精彩之論，總要向自己複述一遍。

當一個少年人並非出於師長之命，而是自發地寫日記時，他就已經進入了寫作的實質。這表明，第一，他意識到了並試圖克服生存的虛幻性質，要抵抗生命的流逝，挽留歲月，留下它們曾經存在的確鑿證據；第二，他有了與自己靈魂交談、過內心生活的需要。

寫日記一要堅持（基本上每天寫）；二要認真（不敷衍自己，對真正觸動自己的事情和心情要細寫，努力尋找準確的表達）；三要祕密（基本上不給人看，為了真實）。這樣持之以恆，不成為作家才怪呢！不成為作家也無所謂。

寫作也是在苦難中自救的一種方式。透過寫作，我們把自己與苦難拉出一段距離，把它作為對象，對它進行審視、描述、理解，以這種方式超越苦難。

一個人有了苦惱，去跟人訴說是一種排解，但始終這樣做的人就會變得膚淺。要學會跟自己訴說，和自己談心，久而久之，你就漸漸養成了過內心生活的習慣。當你用筆這樣做的時候，你就已經是在寫作了，而且這是和你的內心生活合一的真實寫作。

遇到惡人和痛苦之事，我翻開了日記本，這時候我成為一個認識者，與身外遭遇拉開距離，把它們變成了藉以認識人性和社會的材料。

我寫作從來就不是為了影響世界，而只是為了安頓自己──讓自己有事情做，活得似乎或者是有意義。

以為閱讀只是學者的事，寫作只是作家的事，這是極大的誤解。閱讀是與大師的靈魂交談，寫作是與自己的靈魂交談，二者都是精神生活的方式。本真意義的閱讀和寫作是非職業的，屬於每一個關注靈魂的人，而職業化則是一種異化。

養成寫日記的習慣

如果你是一個重視心靈生活的人，我建議你養成寫日記的習慣，理由如下──

第一，日記是歲月的保險櫃。每個人都只擁有一次人生，而人生是由每天、每年、每個階段活生生的經歷所組成。如果你熱愛人生，你就一定會無比珍惜自己的經歷，珍惜其中的歡樂和痛苦，心情和感受，因為它們是你真正擁有的東西。令人遺憾的是，這一切不可避免地會隨著時間的流逝而失去。為了留住它們，人們想出了種種辦法，例如用攝影保存生活中的若干場景。但是，我認為寫日記是更好的辦法，與圖像相比，文字的容量要大得多。透過寫日記，我們彷彿把逝去的一個個日子放進了保險櫃，有一天打開這個保險櫃，這些日子便會歷歷在目地重現在眼前。記憶是不可靠的，對於一個不寫日記的人來說，除了某些印象特別深刻的經歷外，多數往事會漸漸模糊，甚至永遠沉入遺忘的深淵。相反的，如果有日記作為依據，即使許多年前的細節，也比較容易在記憶中喚醒。在這個意義上，日記使人擁有了一個更豐富的人生。

第二，日記是靈魂的密室。人活在世上，不但要過外部生活，例如上學，和同學交往，而且要過內心生活。內心生活並不神祕，它實際上就是一個人自己與自己進行交談。你讀到了一本使你感動的書，你看到了一片使你陶醉的風景，你見到了一個使你心儀的人，你遇到了一件使你高興或傷心的事，在這些時候，你心中也許有一些不願或者不能對別人說的感受，你就用筆對自己說。當你這樣做的時候，你是在寫日記，同時也就是在過內心生活了。有的人只習慣與別人共處，和別人說話，自己對自己無話可說，一旦獨處就難受得要命，這樣的人終究是膚淺的。人必須學會傾聽自己的心聲，自己與自己交流，這樣才能逐漸形成一個較有深度的內心世界，而寫日記正是幫助我們達到這一目的的有效手段。

第三，日記是忠實的朋友。我們在人世間不能沒有朋友，真正的友誼使我們在困難時得到幫助，在痛苦時得到慰藉，在一切時候得到溫暖和鼓舞。不過，請不要忘記，在所有的朋友之外，每個人還可以擁有一個特殊的朋友，那就是日記。在某種意義上，它是你的最忠實的朋友。沒有人—包括你最親密的朋友—是你的專職朋友，唯有日記可以。別的朋友總有忙於自己的事情而不能關心你的時候，而日記卻隨時聽從你的召喚，永遠不會拒絕傾聽你的訴說。一個人養成了寫日記的習慣，他仍會有寂寞的時光，但不會無法忍受，因為有日記陪伴他。

第四，日記是作家的搖籃。要成為一個夠格的作家，基本條件是有真情實感，並且善於用恰當的語言把真情實感表達出來。在這方面，寫日記是最好的訓練，因為日記是寫給自己看的，一個人總不會把空洞虛假的東西獻給自己。對於學生提高寫作能力來說，日記有作文不可代替的作用。作文所發揮的作用很大程度上取決於教師的程度，如果教師程度低，指導失當，甚至會發揮壞作用。與寫作文不同，在寫日記時，你是自由的，可以只寫自己感興趣的東西，不用為你不感興趣的題目絞盡腦汁。你還可以只按照自己滿意的方式寫，不用考慮是否合乎某個老師的要求，或某種固定的規範。按照自己滿意的方式寫自己感興趣的題材，這正是文學創作的主要特徵，所以寫日記比寫作文更接近創作。事實上，許多優秀作家的創作就是從寫日記開始，而且，如果他們想繼續優秀，就必須在創作中保持寫日記時的那種自由心態。

要得到以上這些好處，必須遵守三個條件。一是堅持，尤其開始時每天都寫，來不及就第二天補寫，決不偷懶，決不姑息自己，這樣才能成為習慣。二是認真，對觸動了自己的事情和心情要仔細寫，努力尋找確切的表達，決不馬虎，決不敷衍自己，這樣寫出的日記才具有我在上面列舉的這些價值。三是私密，基本上不給人看，這樣在寫日記時才能排除他人眼光的干擾，坦然面對自己，句句都寫真心話。

02 愛的幸福

我愛故我在

一切終將黯淡，唯有被愛的目光鍍過金的日子，才會在歲月的深谷裡永遠閃著光芒。心與心之間的距離是最近的，也是最遠的。到世上來一趟，為不多的幾顆心靈所吸引，所陶醉，來不及滿足，也來不及厭倦，又匆匆離去，把一點迷惘留在世上。

相思不只是苦，苦中也有甜。心裡惦著一個人，並且知道那個人心裡也惦著自己，豈不比無人可惦記好得多？人是應該有所牽掛的，情感的牽掛使我們與人生有了緊密的聯繫。那些號稱一無牽掛的人其實最可悲，他們活得輕飄而空虛。

有邂逅才有人生魅力。有時候，不必更多，不知來自何方含情脈脈的一瞥，就足以驅散歲月的陰雲，重新喚起我們對幸福的信心。

給人帶來最大快樂的是人，給人帶來最大痛苦的也是人。

生命與生命之間的互相吸引。我設想，在一個絕對荒蕪、沒有生命的星球上，一個活人即使看見一隻蒼蠅，或一隻老虎，也會產生親切之感。

人這脆弱的蘆葦，是需要把另一支蘆葦想像成自己的根。

愛的價值在於自身，而不在於它的結果。結果可能不幸，可能幸福，但永遠不會最不幸和最幸福。在愛的過程中間，才會有「最」的體驗和想像。

性愛是人生之愛的原動力。一個完全不愛異性的人不可能愛人生。

大自然提供的只是素材，唯有愛才能把這素材創造成完美的作品。

世上並無命定的姻緣，但是，那種一見傾心、終生眷戀的愛情的確具有一種命運般的力量。

人們常說，愛情使人喪失自我。但還有相反的情形：愛情使人發現自我。在愛人面前，誰不是突然驚喜地發現，他自己原來還有這麼多平時疏忽的好東西？他渴望把自己最好的東西獻給愛人，於是他尋找，他果然找到了。呈獻的願望導致發現。沒有呈獻的願望，也許一輩子發現不了。

人在世上是需要有一個伴的。有人在生活上疼你，終歸比沒有好。至於精神上的幸福，這只能靠你自己—永遠如此。只要你心中的那個美好的天地完好無損，那塊新大陸常新，就沒有人能奪走你的幸福。

在我的生活中不能沒有這樣一個伴侶，我和她互相視為命根子，真正感到誰也缺不了誰。我自問是一個很自我的人，能夠欣賞孤獨、寂寞、獨處的樂趣，但我就是不能沒有這樣一個伴侶，如果沒有，孤獨、寂寞、獨處就會失去樂趣，我會感到自己孤零零地生活在無邊的荒漠中。

愛使人富有

那是在一個邊疆省會的書店裡，一個美麗而羞怯的女孩從陳列架上取下最後一本《妞妞》，因為書店經理答應把這本僅剩的樣書賣給她，她激動得臉蛋緋紅，然後請求我為她寫一句話。當時，我就在書的扉頁上寫下了這句話：

愛使人富有。

這句話寫在我的著作《妞妞》上，是對其中講述我的人生體驗的概括。妞妞是一個曇花一現的小生命，她的到來使我比以往任何時候都更深切地領悟了愛的實質和力量，現在她雖然走了，但因為她而獲得的愛的體驗，已經成為我永遠的財富。

這句話寫給這個美麗的女孩，又是對她以及許多和她一樣的年輕女性的祝福。在每一個年輕女性的前方，都有長長的愛的故事等待著她們，故事的情節也許簡單，也許曲折，結局也許幸福，也許不幸，不論情形如何，我祝福她們的心靈都將因愛而變得豐富，成為精神上的富有者。

常常聽人說：年輕美貌是財富。這對女性而言好像尤其如此，一個漂亮女孩有太多的機會，使人感到前途無量。可是我知道，如果內心沒有對真愛的追求和感悟，機會就只是一連串誘惑，只會引人失足，青春就只是一筆不可靠的財富，很容易被揮霍。

常常聽人說：愛情會把人掏空。這在遭遇挫折的時候好像尤其如此，傾心相愛的那個人離你而去了，你會頓時感到萬念俱灰。可是我知道，只要你曾經用真心去愛，愛的收穫就必定會以某種方式保藏在你的心中，當歲月漸漸撫平了創傷，你就會發現最主要的珍寶並未丟失。

愛是奉獻，但愛的奉獻不是單純的支出，同時也必是收穫。正是透過親情、性愛、友愛等等這些最具體的愛，我們才不斷地建立和豐富了與世界的聯繫。深深地愛一個人，你藉此所建立的不只是與這個人的聯繫，也是與整個人生的聯繫。一個從來不曾深愛過的人與人生的聯繫十分薄弱，他在這個世界上生活，但會感覺到自己只是一個局外人。愛的經歷決定了人生內涵的廣度和深度，一個人的愛的經歷越是深刻和豐富，他就越是深入和充分地活了一場。

如果說愛的經歷豐富了人生，那麼，愛的體驗則豐富了心靈。不管愛的經歷是否順利，所得到的體驗對於心靈都是寶貴的收入。因為愛，我們才有了觀察人性和事物的濃厚興趣。因為挫折，我們的觀察便被引向了深邃的思考。一個人歷盡挫折而仍保有愛心，正證明了他在精神上足夠富有，所以輸得起。在這方面，耶穌是一個象徵，拿撒勒這個窮木匠一生宣傳和實踐愛的教義，直到被釘上了十字架仍不改悔，因此而被世世代代的基督徒信奉為精神上最富有的人，即救世主。

表達你心中的愛和善意——皮特．尼爾森《聖誕節清單》中譯本序

這是一本令人感到溫暖的書，在一個人性迷失的時代，它試圖重新喚起我們對人性的信心。它提醒每一個人：你心中不但要有愛和善意，而且要及時地、公開地表達你心中的愛和善意。這個道理似乎簡單，卻常常被我們忽視。

我們活在世上，人人都需要愛與善意。今天你出門，不必有奇遇，只要一路遇到的是友好的微笑，你就會覺得這一天十分美好。如果你知道世上有許多人喜歡你、肯定你、善待你，你就會覺得人生十分美好，這個世界十分美好。即使你是一個內心很獨立的人，仍是如此，沒有人獨立到不需要來自同類的愛和善意。

那麼，我們就應該經常想到，我們的親人、朋友、同學、同事，他們都有這同樣的需要。這賦予了我們一種責任：對於我們周圍的人來說，這個世界是否美好，在很大程

度上取決於我們是否愛他們、善待他們。我們每一個人都有責任給世界增添愛和善意，如同本書的主人公所說，藉此「把世界變成一個更好的、值得留戀的地方」。

應該相信，世上絕大多數人是善良的，而在每一個善良的人心中，愛和善意原是最自然的情感。可是，在許多時候，我們寧願把這種情感埋在心裡，不向相關的人表達出來。有時候我們是顧不上表達，忙於做自己的事，似乎缺乏表達的機會。有時候我們是羞於表達，礙於一種反向的面子，似乎怕對方不在乎自己的表達，甚至會感到唐突。我們在這方面尤其有心理障礙，其根源也許可追溯到講究老幼尊卑的傳統文化，從小生活在連最親的親人—父母與子女—之間也缺乏情感語言交流的環境中，使得我們始終不習慣用語言表達情感。

當然，最重要的事情是愛和善意本身，而不是表達。當然，表達有種種方式，不限於語言。然而，不可低估語言的作用。有一個人，也許他正在苦悶中，甚至患了憂鬱症，認為自己已被世上一切人拋棄，你的一次充滿愛心的談話就能救他，但你沒有救他，他終於自殺了。其實，這樣的事經常發生。當親友中的某個人去世時，我們往往會後悔，有些一直想對他說的話便再也沒有機會說了。事實上，每一個人都在不可避免地走向死亡，我們隨時面臨著太遲的可能性。一切真誠的愛和善意，在本質上都是給予，並不求回報，因此沒有什麼羞於啟齒。那是你心中的財富，你本應該及時把它呈獻出來，讓那個與它相關的人共享。

今天的時代有種種弊病，包括人們過於看重功利，因此導致人情冷漠。我不主張對少年人隱瞞社會的實情，讓他們把一切都想像得非常美好，這會使他們失去免疫力，或者陷入幻滅的痛苦。但是，我更反對那種一味引導他們適應社會消極面的實用主義教育。在一定意義上，少年人今天的精神面貌決定了社會明天的面貌。我願意向少年人推薦本書，是期望他們成為珍惜精神價值的一代，珍惜愛和善意的價值的一代，期望他們每一個人從小就樹立本書主人公所表達的信念：「如果說學習如何給予愛、獲得愛不是這個世界上重要的事，那麼我就不知道什麼是重要的了。」

有愛心的人有福了

在與幸福相關的各種因素中，愛無疑是幸福的最重要泉源之一。然而，什麼是愛呢？當我們說到愛的時候，我們往往更多想到的是被愛。這並不奇怪。我們從小就生活在父母的寵愛之下，因而太習慣於被愛了。從小到大，我們渴望得到許多的愛。當我們遇到困難時，我們希望有人一伸援助之手。當我們經受痛苦時，我們希望有人與我們分擔。我們希望我們的親人和朋友常常惦記著我們，有福與我們同享。在戀愛和婚姻中，我們也非常在乎被愛，對於自己在愛人心目中的地位十分敏感。我們不自覺地把自己的

在五光十色的現代世界中，
讓我們記住一個古老的真理：

活得簡單才能活得自由。

倦鳥思巢，
落葉歸根，
我們回到故鄉故土，
猶如回到從前靠岸的地方，
從這裡啟程駛向永恆。

我相信，
如果靈魂不死，
我們在天堂
仍將懷念留在塵世的這個家。

幸福繫於被他人所愛的程度，一旦在這方面受挫，就覺得自己非常不幸。

的確，對於我們的幸福來說，被愛是重要的。如果我們得到的愛太少，我們就會覺得這個世界很冷酷，自己在這個世界上很孤單。然而，與是否被愛相比，有無愛心卻是更重要的。一個缺少被愛的人是一個孤獨的人，一個沒有愛心的人則是一個冷漠的人。孤獨的人只要具有愛心，他仍會有孤獨中的幸福，如雪萊所說，當他的愛心在不理解他的人群中無可寄託時，便會投向花朵、小草、河流和天空，並因此感受到心靈的愉悅。可是，倘若一個人沒有愛心，無論他表面上的生活多麼熱鬧，幸福的泉源已經枯竭，他那顆冷漠的心絕不可能真正快樂。

一個只想被人愛而沒有愛人之心的人，其實根本不懂得什麼是愛。他真正在乎的也不是被愛，而是占有。愛心是與占有慾正相反對的東西。愛本質上是一種給予，而愛的幸福就在這給予之中。許多賢哲都指出，給予比得到更幸福。一個明顯的證據是親子之愛，有愛心的父母在照料和撫育孩子的過程中，便感受到了極大的滿足。在愛情中，也是當你體會到你給你所愛的人帶來了幸福之時，你自己才最感到幸福。愛的給予既不是謙卑的奉獻，也不是傲慢的施捨，它是出於內在豐盈的自然而然的流溢，因而是超越於道德和功利的考慮。尼采說得好：「凡出於愛心所為，皆與善惡無關。」愛心如同光源，愛者的幸福就在於光照萬物。愛心又如同甘泉，愛者的幸福就在於澤被大地。豐盈的愛心使人像神一樣博大，所以，《聖經》裡說：「神就是愛。」

對於個人來說，最可悲的事情不是在被愛方面受挫，例如失戀、朋友反目等等，而是愛心的喪失，從而失去了感受和創造幸福的能力。對於一個社會來說，愛心的普遍喪失則是可怕的，它的確會使世界變得冷如冰窟，荒涼如沙漠。在這樣的環境中，善良的人們不免寒心，但我希望他們不要因此也趨於冷漠，而是要在學會保護自己的同時，仍保有一顆愛心。應該相信，世上善良的人總是多數，愛心必能喚起愛心。不論個人還是社會，只要愛心猶存，就有希望。

愛與孤獨

愛和孤獨是人生最美麗的兩支曲子，兩者缺一不可。無愛的心靈不會孤獨，未曾體會過孤獨的人也不可能懂得愛。

只要是人群聚集之處，必有孤獨。我懷著我的孤獨，離開人群，來到郊外。我的孤獨帶著如此濃烈的愛意，愛著田野裡的花朵、小草、樹木和河流。

原來，孤獨也是一種愛。

由於懷著愛的希望，孤獨才是可以忍受的，甚至是甜蜜的。當我獨自在田野裡徘徊時，那些花朵、小草、樹木、河流之所以能給我以慰藉，正是因為我隱約預感到，我可能會和另一顆同樣愛它們的靈魂相遇。

在最內在的精神生活中，我們每個人都是孤獨的，愛並不能消除這種孤獨，但正因為由己及人地領悟到別人的孤獨，我們內心才會對別人充滿最誠摯的愛。

孤獨源於愛，無愛的人不會孤獨。

也許孤獨是愛最意味深長的贈品，受此贈禮的人從此學會了愛自己，也學會了理解別的孤獨靈魂和深藏於它們之中深邃的愛，而為自己建立了一個珍貴的精神世界。

在我們的心靈深處，愛和孤獨其實是同一種情感，它們如影隨形，不可分離。越是在我們感覺孤獨之時，我們便越是懷有強烈的愛之渴望。也許可以說，一個人對孤獨的體驗與他對愛的體驗成正比，他孤獨的深度大致決定了他愛的容量。孤獨和愛互為根源，孤獨無非是愛尋求接受而不可得，而愛也無非是對他人之孤獨的發現和撫慰。

在愛與孤獨之間並不存在此長彼消的關係，現實的人間之愛不可能根除心靈對於孤獨的體驗，而且在我看來，我們也不應該對愛提出這樣的要求，因為一旦沒有了對孤獨的體驗，愛便失去了品格和動力。在兩個不懂得品味孤獨之美的人之間，愛必流於瑣碎和平庸。

孤獨是人的宿命，它基於這樣一個事實：我們每個人都是這世界上一個旋生旋滅的偶然存在，從無中來，又要回到無中去，沒有任何人任何事情能夠改變我們的這個命運。

是的，甚至連愛也不能。凡是領悟人生這樣一種根本性孤獨的人，便已經站到了一切人間歡愛的上方，愛得最熱烈時，也不會成為愛的奴隸。

生命純屬偶然，所以每個生命都要依戀另一個生命，相依為命，結伴而行。

生命純屬偶然，所以每個生命都不屬於另一個生命，像一陣風，無牽無掛。

每一個問題至少有兩個相反的答案。

相遇是一種緣

人與人的相遇，是人生的基本境遇。愛情，一對男女原本素不相識，忽然生死相依，成了一家人，這是相遇。親情，一個生命投胎到一個人家，把一對男女認作父母，這是相遇。友情，兩個獨立靈魂之間的共鳴和相知，這是相遇。

相遇是一種緣。愛情、親情、友情，人生中最重要的相遇，多麼偶然，又多麼珍貴。在這世界上，誰和誰的相遇不是偶然的呢？分歧在於對偶然的評價。在茫茫人海裡，兩個個體相遇的幾率只是千千萬萬分之一，而這兩個個體極其偶然地相遇了。我們是應該因此而珍惜這個相遇，還是因此而輕視它們？假如偶然是應該蔑視的，則首先要遭到蔑視的是生命本身，因為在宇宙永恆的生成變化中，每一個生命誕生的幾率幾乎等於零。然而，倘若一個偶然誕生的生命竟能成就不朽的功業，豈不更證明了這個生命的偉大？同樣的，世上並無命定的情緣，凡緣皆屬偶然，好的情緣的魔力，不是剛好在最偶然的相遇，卻喚起了最深刻的命運之感？

每一個人都是一個多麼普通又多麼獨特的生命，原本無名無姓，卻可歌可泣。我、你、每一個生命都是那麼偶然地來到這個世界上，有可能不會誕生，卻仍誕生了，然後又將必然離去。想一想世界在時間和空間上的無限，每一個生命的誕生的偶然，怎能不感到一個生命與另一個生命的相遇是一種奇蹟呢。有時我甚至覺得，兩個生命在世上同時存在過，哪怕永不相遇，其中也仍然有一種令人感動的因緣。我相信，對於生命的這種珍惜和體悟乃是一切人間之愛的至深的泉源。

浩瀚宇宙間，任何一個生靈的誕生都是偶然，離去卻是必然的；一個生靈與另一個生靈的相遇總是千載一瞬，分別卻是萬劫不復。說到底，誰和誰不都是這空空世界裡的天涯淪落人？

以大愛之心珍惜人生中一切美好的相遇，珍惜已經得到的愛情、親情和友情，在每一個小愛中實現大愛的境界。

你說你愛你的妻子，可是，如果你不是把她當作一個獨一無二的生命來愛，那麼你的愛還是有限。你愛她的美麗、溫柔、賢惠、聰明，當然都對，但這些品質在別的女人身上也能找到。唯獨她的生命，作為一個生命體的她，卻是在普天下女人身上也無法重組或再生，一旦失去，便是不可挽回地失去了。

世上什麼都能重複，戀愛可以再談，配偶可以另擇，身分可以炮製，錢財可以重掙，甚至歷史也可以重演，唯獨生命不能。

當我們的親人遠行或故世之後，我們會不由自主地百般追念他們的好，悔恨自己的疏忽和過錯。然而，事實上，即使尚未生離死別，我們所愛的人何嘗不是在時時刻刻離我們而去呢？

在平凡的日常生活中，你已經習慣了和你所愛的人的相處，彷彿日子會這樣無限延續下去。忽然有一天，你心頭一驚，想起時光在飛快流逝，正無可挽回地把你、你所愛的人以及你們共同擁有的一切帶走。於是，你心中升起一股柔情，想要保護你的愛人免遭時光劫掠。你還深切感受到，平凡生活中這些最簡單的幸福有多寶貴，有著稍縱即逝的驚人之美……。

當親友中某個人去世時，我們往往會後悔，有些一直想對他說的話再也沒有機會說了。事實上，每一個人都在不可避免地走向死亡，我們隨時都在面臨太遲的可能性。

因此，你心中不但要有愛和善意，而且要及時地表達，讓那個與之相關的人和你共享。

只要是正常人，都兼有疼人和被人疼兩種需要。在相愛者之間，如果這兩種需要不能同時在對方身上獲得滿足，便潛伏著危機。習慣被疼的一方最好不要以為，你遇到了一個只想疼人不想被人疼、純粹父親型的男人，或是純粹母親型的女人。在這茫茫宇宙間，有誰不是想要人疼的孤兒？

夫婦之間，親子之間，情太深了，怕的不是死，而是永不再聚的失散，以至於希望有來世或者天國。佛教說諸法因緣生，教導我們看破無常，不要執著。可是，千世萬世只能成就一次的佳緣，不管是遇合的，還是修來的，叫人怎麼能看得破。

茫茫宇宙中，兩個生命相遇和結合，然後又有新的生命來投胎，若干生命相伴了漫長歲月，在茫茫宇宙中卻只是一瞬間。此中的緣和情，喜和悲，真令人不勝唏噓。

父母和孩子的聯繫，在生物的意義上是血緣，在宗教的意義上是靈魂的約會。在超越時空的那個世界裡，這一個男人、這一個女人、這一個孩子原本都是靈魂，無所謂夫妻和親子，卻彷彿一直在相互尋找，相約來到這個時空的世界，在一個短暫的時間裡組成了一個親密的家，然後又將必不可免地彼此失散。每念及此，我心中充滿敬畏、感動和憂傷，倍感親情的珍貴。

假如死於那次車禍的人是我，會怎麼樣呢？怎麼樣也不會的！不錯，我就沒有後來的一切了，但是沒有了就沒有了，對這個世界不會有任何影響，一個沒有我的世界和以前不會有任何區別。

當然，親人啊！僅僅是親人們的生活軌道被徹底打亂了。說到底，和你命運真正休戚相關的，唯有你的親人。

女性的美麗和偉大

當我們貪圖感官的享受時，女人是固體，誠然是富有彈性的固體，但畢竟與我們只能有體表的接觸。然而，在一些充滿詩意的場合，女人是氣體，那樣溫馨芬芳的氣體，她在我們的四周飄蕩，沁入我們的肌膚，瀰漫在我們的心靈。一個心愛的女子每每將我們的生活染上一種色彩，給我們的心靈造成一種氛圍，給我們的感官帶來一種陶醉。

一個漂亮女人，能夠引起我的讚賞，卻不能使我迷戀。使我迷戀的是那種有靈性的美，那種與一切美的事物發生內在感應的美。在具有這種美的特質的女人身上，你不僅感受到她本身的美，而且透過她感受到了大自然的美、藝術的美、生活的美。因為這一切美她都心領神會，並且在她的氣質、神態、言語、動作中奇妙地表現出來。她以她自身的存在，增加了你眼中那個世界的美，同時又以她的體驗，強化了你對你眼中那個世界美的體驗。不，這麼說還有點不夠。事實上，當你那樣微妙地對美發生共鳴時，你從她的神采中，看到的恰好是你對美的全部體驗，而你本來是看不到、甚至把握不住你的體驗。

不純淨的美使人迷亂，純淨的美使人寧靜。

女人身上兼有這兩種美。所以，男人在女人懷裡癲狂，又在女人懷裡得到安息。女人作為母親，最接近大自然，大自然的美總是純淨的。

看見一個美麗的女人，你怦然心動。你目送她楚楚動人地走出你的視野，她不知道你的心動，你也沒有想要讓她知道。你覺得這是最好的：把歡喜留在心中，讓女人成為你的人生中的一種風景。

一個男人真正需要的只是自然和女人。其餘的一切，諸如功名之類，都是奢侈品。

當我獨自面對自然或面對女人時，世界隱去了。當我和女人一起面對自然時，有時女人隱去，有時自然隱去，有時兩者都似隱非隱，朦朧一片。

女人也是自然。

文明已經把我們從自然隔離開來，幸虧我們還有女人，女人是我們與自然之間的最後紐帶。

女人比男人更屬於大地。一個男人若終身未受女人熏陶，他的靈魂便是一顆飄蕩天外的孤魂。

女人比男人更接近自然之道，這正是女人的可貴之處。男人有一千個野心，自以為負有高於自然的許多複雜使命。女人只有一個野心，骨子裡總是把愛和生兒育女視為人生最重大的事情。一個女人，只要她遵循自己的天性，那麼，不論她在痴情地戀愛，在愉快地操持家務，在全神貫注地哺育嬰兒，都無往而不美。我的意思不是要女人回到家庭裡，婦女解放，男女平權，我都贊成。女子才華出眾，成就非凡，我更欣賞。但是，一個女人才華再高，成就再大，倘若她不肯或不會做一個溫柔的情人、體貼的妻子、慈愛的母親，她給我的美感就會大打折扣。

如果一定要在兩性之間分出高低，我相信老子的話：「牝常以靜勝牡」，「柔弱勝剛強」。也就是說，守靜、柔弱的女性比衝動、剛強的男性高明。

老子也許是世界歷史上最早的女性主義者，他一貫旗幟鮮明地歌頌女性，最典型的是這句話：「穀神不死，是謂玄牝。玄牝之門，是謂天地根。」翻譯成白話便是：空靈、神祕、永恆，這就是奇妙的女性，女性生殖器是天地的根源。注家一致認為，老子是在用女性比喻「道」，即世界的永恆本體。那麼，在老子看來，女性與道在性質上是最為接近的。

無獨有偶，歌德也說：「永恆的女性，引我們上升。」細讀《浮士德》原著可知，歌德的意思是說，「永恆」與「女性」乃同義語，在我們所追求的永恆之境界中，無物消逝，一切既神祕又實在，恰似女性一般圓融。

在東西方這兩位哲人眼中，女性都是永恆的象徵，女性的偉大可包容萬物。

大自然把生命孕育和演化的神祕過程，安置在女性身體中，此舉非同小可，男人當知敬畏。與男性相比，女性更貼近自然之道，她的存在更為圓融，更有包容性，男人當知謙卑。

男人喜歡上天入地，天上太玄虛，地下太陰鬱，女人便把他拉回到地面上來。女人使人生更實在，也更輕鬆了。

女人是人類的感官，具有感官的全部盲目性和原始性。只要她們不是自卑地一心要克服自己的「弱點」，她們就能成為抵抗這個世界理性化與貧乏化的力量。

強的男子，可能對千百個只知其強的崇拜者無動於衷，卻會在一個知其弱點的女人面前傾倒。

男人抽象而明晰，女人具體而混沌。

所謂形而上的衝動總是騷擾男人，他苦苦尋求著生命的家園。女人並不尋求，因為她從不離開家園，她就是生命、土地、花、草、河流、炊煙。

男人是被邏輯的引線放逐的風箏，他在風中飄搖，向天空奮飛，直到精疲力竭，邏輯的引線斷了，終於墜落在地面，回到女人的懷抱。

歌德詩曰：「永恆之女性，引導我們走。」

走向何方？走向一個更實在的人生，一個更人情味的社會。

也許，男人是沒救的。一個好女人並不自以為能夠拯救男人，她只是用歌聲、笑容和眼淚來安慰男人。她的愛鼓勵男人自救，或者，坦然走向毀滅。

好女人能刺激起男人的野心，最好的女人卻還能撫平男人的野心。

喜歡與男性交往的女子，或許是風騷的，或是有智慧的。你知道什麼是尤物嗎？就是那種既風騷又有智慧的女子。

放蕩和貞潔各有各的魅力，但更有魅力的是二者的混合：蕩婦的貞潔，或貞女的放蕩。

痴心女子把愛當作宗教，男子是她崇拜的偶像。風流女子把愛當作藝術，男子是她誘惑的對象。二者難以並存。集二者於一身，「一片志誠心，萬種風流相」，既懷一腔痴情，又解萬種風情，此種情人自是妙不可言，勢不可擋。那個同時受著崇拜和誘惑的男子有福了，或者—有危險了。

在男人心目中，那種既痴情又知趣的女人才是理想的情人。痴情，他得到了愛。知趣，他得到了自由。可見男人多麼自私。

我對女性只有深深的感恩

歌德是一個大文豪，也是一個大情種，一生中戀愛不斷，在女人身上享盡了豔福，也吃足了苦頭，獲得了大量靈感，也吸取了許多教訓。老天賦予他一個情慾飽滿的身體和一顆易感的心，使他一走近女人就春心蕩漾，熱血沸騰。不過，最後成就的不是一個普通的登徒子，而是一個偉大的詩人。他的天才使他能夠把從女人身上得到的全部快樂和痛苦，都釀成藝術的酒，他超乎常人的強大理性，使他能夠及時地從每一次豔遇、熱戀、失戀、單戀中抽出身來，不在情慾之海中滅頂，反而把這一切經歷當作認識的材料。認識什麼？認識世界和人生，也認識女性。回過頭去看，他所迷戀的那一個個具體的女人都是他的老師，他在她們身邊度過那些要死要活的日子，都是他的功課，他經由她們學習這門叫做女性的課程。最後，這個勤奮的學生在八十二歲的時候終於交出了畢業答卷，就是詩劇《浮士德》第二部的結束語：「永恆之女性，引我們上升。」

在我看來，這句話也是歌德一世風流的結束語，是他的女性觀的總結。從這句話中，我讀出的是他對女性的深深感恩，與女人之間所有的情感糾葛，一生愛的紛亂，都在這感恩之中平靜下來。戀愛是短暫的，與每一個女人的肌膚之親是短暫的，然而，女性是永恆的。這永恆的女性化身為青春少女，引領我們迷戀可愛的人生，化身為妻子，引我們執著平凡的人生，又化身為母親，引領我們包容苦難的人生。在這永恆的女性引導下，人類世代延續，生生不息，不斷唱響生命的凱歌。

當然，我不是歌德，沒有他的天才，也沒有他的豐富閱歷。但是，身為男人，我也喜歡女人，也由自己的經歷體會和認識女人，而最後的心情也和歌德一樣，我對女性只有深深的感恩。男女恩怨，一切怨都會消逝，女性給人生、給世界的恩卻將永存。我相信，不但我，一切懂得算總帳的男人，都會是這樣的心情。希臘神話裡的英雄伊阿宋，因為美狄亞的復仇而怨恨全部女性，祈願人類有別的方法生育，使男人可以徹底擺脫女人。我倒希望上天成全他的祈願，給像他這樣的男人另造一個沒有女人的世界，讓他們去享受無性繁殖的幸福。至於我自己，我無比熱愛眼前這個充滿著女性魅惑和女性恩惠的世界，無論給我什麼報償，我都絕不肯去伊阿宋的理想世界裡待上一天。

什麼是愛

愛，就是在這一世尋找那個彷彿在前世失散的親人，就是在人世間尋找那個最親的親人。

愛是一份伴隨著付出的關切，我們往往最愛我們傾注了最多心血的對象。

愛是耐心，是等待意義在時間中慢慢生成。

愛是沒有理由的心疼和不設前提的寬容。

愛不是對象，愛是關係，是你在對象身上付出的時間和心血。你培育的園林沒有皇家花園美，但你愛的是你的園林而不是皇家花園；你相濡以沫的女人沒有女明星美，但你愛的是你的女人，而不是女明星。也許你願意用你的園林換皇家花園，用你的女人換女明星，但那時候支配你的不是愛，而是慾望。

男女之間，真愛是什麼感覺？有人說，必須是如痴如醉、要死要活，才可算數。這種激情狀態當然很可貴也很美好，但一定是暫時的，不可能持久。真正長久和踏實的感情是這樣一種感覺，彷彿兩人從天老地荒就在一起了，並且將永遠這樣在一起下去。這是一種當下即永恆的感覺，只要有這種感覺，就是真愛。

愛一個人的最好的方式是：把她（他）當作獨立的個人尊重，把她（他）當作最親的親人心疼她。

愛一個人，就是心疼一個人。愛得深了，潛在的父性或母性必然會摻加進來。只是迷戀，並不心疼，這樣的愛還只停留在感官上，沒有深入到心坎裡，往往不能持久。

愛就是心疼。可以喜歡許多人，但真正心疼的只有一個。

一切真愛都是美的、善的，超越於是非和道德的評判。

與其說有理解才有愛，毋寧說有愛才有理解。愛一個人，一本書，一件藝術品，就會反覆玩味這個人的一言一行，這本書的一字一句，這件作品的細枝末節，自以為揣摩出了某種深長意味，於是，「理解」了。

我不知道什麼叫愛情。我只知道，如果那張臉龐沒有使你感覺到一種甜蜜的惆悵，一種依戀的哀愁，那你肯定還沒有愛。

你是看不見我最愛你時的情形，因為我在看不見你的時候才最愛你。

真正的愛情也許會讓人付出撕心裂肺的代價，但一定也能使人得到刻骨銘心的收穫。

愛情的滋味最是一言難盡，它無比甜美，帶給人的卻常是無奈、惆悵、苦惱和憂傷。不過，這些痛苦的體驗又何嘗不是愛情的豐厚贈禮，一份首先屬於心靈，然後屬於藝術的寶貴財富，古今中外大詩人的作品就是證明。

愛情的質量取決於相愛者的靈魂的質量。真正高質量的愛情，只能發生在兩個富有個性的人之間。

對於靈魂的相知來說，最重要的是兩顆靈魂本身的豐富，以及由此產生的互相吸引，絕非彼此的熟稔乃至於明察秋毫。

愛情既是在異性世界中的探險，帶來發現的驚喜，也是在某一異性身邊的定居，帶來家園的安寧。但探險不是獵奇，定居也不是占有。寧可說，好的愛情是雙方以自由為最高贈禮的灑脫，以及決不濫用這一份自由的珍惜。

憑人力可以成就和睦的婚姻，得到幸福的愛情卻要靠天意。

幸福是難的。也許，潛藏在真正愛情背後的是深沉的憂傷，潛藏在現代式尋歡作樂背後的是空虛。兩相比較，前者無限高於後者。

給愛情劃界時不妨寬容一些，以便為人生種種美好的遭遇保留懷念的權利。讓我們承認，無論短暫的邂逅，還是長久的糾纏，無論相識恨晚的無奈，還是終成眷屬的有情，無論傾注了巨大激情的衝突，還是伴隨著細小爭吵的和諧，這一切都是愛情。每個活生生的人的愛情經歷不是一座靜止的紀念碑，而是一道流動的江河。當我們回顧往事時，我們自己不必否認、更不該要求對方否認其中任何一段流程、一條支流或一朵浪花。

我不相信人一生只能愛一次，我也不相信人一生必需愛許多次。次數不說明問題。愛情的容量即一個人的心靈的容量。你是深谷，一次愛情就像一道江河，許多次愛情就像許多浪花。你是淺灘，一次愛情只是一條細流，許多次愛情也只是許多泡沫。

一個人的愛情經歷並不限於與某一個或某幾個特定異性之間的恩恩怨怨，而且也是對於整個異性世界的總體感受。

愛情不是人生中一個凝固的點，而是一條流動的河。這條河中也許有壯觀的激流，但也必然會有平緩的流程，也許有明顯的主航道，但也可能會有支流和暗流。除此之外，天上的雲彩和兩岸的景物，會在河面上映出倒影，晚來的風雨會在河面上吹起漣漪，打起浪花。讓我們承認，所有這一切都是這條河的組成部分，共同造就了我們生命中美麗的愛情風景。

愛情不論短暫或長久，都是美好的。甚至陌生異性之間毫無結果的好感，定睛的一瞥，朦朧的激動，莫名的惆悵，也是美好的。因為，能夠感受這一切的心畢竟是年輕的。生活中若沒有邂逅以及對邂逅的期待，未免太乏味了。人生魅力的前提之一是，新的愛情的可能性始終向你敞開，哪怕你不去實現它們。如果愛情的天空注定不再有新的雲朵飄過，異性世界對你不再有任何新的誘惑，人生豈不太乏味了？

不要以成敗論人生，也不要以成敗論愛情。

現實中的愛情多半是失敗的，不是敗於難成眷屬的無奈，就是敗於終成眷屬的厭倦。然而，無奈留下了永久的懷戀，厭倦激起了常新的追求，這又未嘗不是愛情本身的成功。

說到底，愛情是超越於成敗的。愛情是人生最美麗的夢，你能說你做了一個成功的夢或失敗的夢嗎？

心靈相通，在實際生活中又保持距離，最能使彼此的吸引力耐久。

好的愛情有韌性，拉得開，但又扯不斷。

相愛者互不束縛對方，是他們對愛情有信心的表現。誰也不限制誰，到頭來仍然是誰也離不開誰，這才是真愛。

愛情不風流

有一個字，內心嚴肅的人最不容易說出口，有時是因為它太假，有時是因為它太真。

愛情不風流，愛情是兩性之間最嚴肅的一件事。

調情是輕鬆的，愛情是沉重的。風流韻事不過是軀體的遊戲，至多還是感情的遊戲。可是，當真的愛情來臨時，靈魂因恐懼和狂喜而顫慄了。

愛情不風流，因為它是靈魂的事。真正的愛情是靈魂與靈魂的相遇，肉體的親暱僅是它的結果。不管持續時間是長是短，這樣的相遇極其莊嚴，雙方的靈魂必深受震撼。相反的，在風流韻事中，靈魂並不真正在場，一點小感情只是肉慾的佐料。

愛情不風流，因為它極認真。正因為此，愛情始終面臨著失敗的危險，如果失敗又會留下很深的創傷，這創傷甚至可能終身不癒。熱戀者把自己全身心投入對方並被對方充滿，一旦愛情結束，就往往有一種被掏空的感覺。風流韻事卻無所謂真正的成功或失敗，投入甚少，所以退出也甚易。

愛情不風流，因為它其實是很謙卑的。「愛就是奉獻」——如果除去這句話可能具有的說教意味，便的確是真理，準確揭示了愛這種情感的本質。愛是一種奉獻的激情，愛一個人，就會遏制不住地想為她（他）做些什麼，想使她快樂，而且是絕對不求回報的。愛者的快樂就在這奉獻之中，在他所創造被愛者的快樂之中。最明顯的例子是父母對小孩的愛，推而廣之，一切真愛均應如此。可以用這個標準去衡量男女之戀中真愛所占的比重，剩下的就只是情慾罷了。

愛情不風流，因為它需要一份格外的細緻。愛是一種瞭解的渴望，愛一個人，就會不由自主地想瞭解她的一切，把她所經歷和感受的一切當作最珍貴的財富接受過來，精心保護。如果你和一個異性發生了很親密的關係，但你並沒有這種瞭解的渴望，那麼，我敢斷定你並不愛她，你們之間只是又一段風流因緣罷了。

愛情不風流，因為它雖甜猶苦，使人銷魂也令人斷腸，同時是天堂和地獄。正如紀伯倫所說——

「愛雖給你加冠，它也要把你釘在十字架上。它雖栽培你，它也刈剪你。

「它雖升到你的最高處，撫惜你在日中顫動的枝葉。它也要降到你的根下，搖動你的根柢的一切關節，使之歸土。」

所以，內心不嚴肅的人，內心太嚴肅而又被這嚴肅嚇住的人，自私的人，懦弱的人，玩世不恭的人，飽經風霜的人，在愛情面前紛紛逃跑了。

所以，在這人際關係日趨功利化、表面化的時代，真正的愛情似乎越來越稀少了。有人憤激地問我：「這年頭，你可聽說某某戀愛了，某某又失戀了？」我一想，果然少了，甚至帶有浪漫色彩的風流韻事也不多見了。在兩性交往中，人們好像是越來越講究實際，也越來越瀟灑了。

也許現代人真是活得太累了，所以不願再給自己加上愛情的重負，而寧願把兩性關係保留為一個輕鬆娛樂的園地。也許現代人真是看得太透了，所以不願再徒勞地經受愛情的折磨，而寧願不動感情地面對異性世界。然而，逃避愛情不會是現代人精神生活空虛的一個徵兆嗎？愛情原是靈肉兩方面的相悅，而在普遍的物欲躁動中，人們尚且無暇關注自己的靈魂，又怎能懷著珍愛的情意去發現和欣賞另一顆靈魂呢？

可是，儘管真正的愛情確實可能讓人付出撕心裂肺的代價，卻也會使人得到刻骨銘心的收穫。逃避愛情的代價更大。就像一萬部豔情小說也不能填補《紅樓夢》的殘缺一樣，一萬件風流韻事也不能填補愛情的空白。如果男人和女人之間不再信任和關心彼此的靈魂，肉體徒然親近，靈魂終是陌生，他們就真正成了大地上無家可歸的孤魂了。如果亞當和夏娃互相不再有真情甚至不再指望真情，他們才是真正被逐出了伊甸園。

愛情不風流，因為風流不過爾爾，愛情無價。

婚姻的品質

無論如何，你對一個女人的愛倘若不是半途而廢，就不能停留在僅僅讓她做情人，還應該讓她做妻子和母親。只有這樣，你才親手把她變成了一個完整的女人，你們的愛情也才有了一個完整的過程。至於這個過程是否叫做婚姻，倒是一件次要的事情。

結婚是神聖的命名。是否在教堂裡舉行婚禮，這並不重要。蒼天之下，命名永是神聖的儀式。「妻子」的含義就是「自己的女人」，「丈夫」的含義就是「自己的男人」，對此命名當知敬畏。沒有終身相愛的決心，不可妄稱夫妻。若有此決心，一旦結為夫妻，不可輕易傷害自己的女人和自己的男人，使這神聖的命名蒙羞。

聖經記載，上帝用亞當身上的肋骨造成一個女人，於是世上有了第一對夫婦。據說這一傳說貶低了女性。可是，亞當說得明白：「這是我的骨中之骨，肉中之肉。」今天有多少丈夫能像亞當那樣，把妻子帶到上帝面前，問心無愧地說出這話呢？

在一次長途旅行中，最好是有一位稱心的旅伴，其次好是沒有旅伴，最壞是有一個不稱心的旅伴。

婚姻同樣如此。夫妻恩愛，攜手走人生之旅，當然是幸運的。如果做不到，獨身前行，雖然孤單，卻也清靜，不算什麼大不幸。最不幸的是明明兩人彼此厭煩，卻偏要朝夕相處，把一個沒有愛情的婚姻維持到底。

好的婚姻是人間，壞的婚姻是地獄，別想到婚姻中尋找天堂。

人終究是要生活在人間的，而人間也自有人間的樂趣，為天堂所不具有。

性是肉體生活，遵循快樂原則。愛情是精神生活，遵循理想原則。婚姻是社會生活，遵循現實原則。這是三個完全不同的東西。婚姻的困難在於，如何在同一個異性身上把三者統一起來，不讓習以為常麻痺性的誘惑和快樂、不讓瑣碎現實損害愛的激情和理想。

愛情僅是感情的事，婚姻卻是感情、理智、意志三方面通力合作的結果。因此，幸福的婚姻必定比幸福的愛情稀少得多。理想的夫婦關係是情人、朋友、伴侶三者合一的關係，兼有情人的熱烈、朋友的寬容和伴侶的體貼。三者缺一，便有點美中不足。然而，既然世上許多婚姻竟是三者全無，你若能擁有三者之一，也就應該知足了。

可以用兩個標準來衡量婚姻的質量，一是它的愛情基礎，二是它的穩固程度。這兩個因素之間未必有因果關係，所謂「佳偶難久」，熱烈的愛情自有其脆弱的方面，而婚姻的穩固往往更多取決於一些實際因素。兩者俱佳，當然是美滿姻緣。然而，如果其中之一甚強而另一稍弱，也算得上是合格的婚姻了。

在婚姻中，雙方感情的滿足程度取決於感情較弱那一方的感情。如果甲對乙有十分愛，乙對甲只有五分愛，則他們都只能得到五分的滿足。剩下的那五分欠缺，在甲會成為一種遺憾，在乙會成為一種苦惱。

婚姻中不存在一方單獨幸福的可能。必須雙贏，否則雙輸，這是婚姻遊戲鐵的法則。

在婚姻這部人間樂曲中，小爭吵乃是必有的音符，倘若沒有，我們就要讚歎它是天上的仙曲了，或者就要懷疑它是否已經臨近曲終人散了。

「我們兩人都變傻了。」
「這是我們婚姻美滿的可靠標誌。」

伴侶之情

在兩性之間，發生肉體關係是容易的，發生愛情則很難，而最難的便是使一段好婚姻能承受歲月的考驗。

喜新厭舊乃人之常情，但人情還有更深邃的一面，便是戀故懷舊。一個人不可能永遠年輕，終有一天會發現，人生最值得珍惜的，乃是那種歷盡滄桑始終不渝的伴侶之情。在持久和諧的婚姻生活中，兩個人的生命已經你中有我，我中有你，血肉相連一般地生長在一起。共同擁有的無數細小珍貴回憶，猶如一份無價之寶，一份僅僅屬於他們兩人、無法轉讓他人也無法傳之子孫的奇特財產。說到底，你和誰共有這一份財產，你也就和誰共有了今生今世的命運。與之相比，最浪漫的風流韻事也只成了過眼煙雲。

人的心是世上最矛盾的東西，它有時很野，想到處飛，但它最平凡最深邃的需要卻是一個憩息地，那就是另一顆心。倘若你終於找到了這另一顆心，當知珍惜，切勿傷害它。歷盡人間滄桑，遍閱各色理論，我發現自己到頭來信奉的仍是古典的愛情範式：真正的愛情必是忠貞專一。惦記著一個人並且被這個人所惦記，心便有了著落，這樣活著多麼踏實。與這種相依為命的伴侶之情相比，一切風流韻事都顯得何其虛飄。

大千世界裡，許多浪漫之情產生了，又消失了。可是，其中有一些幸運地活了下來，成熟了，變成了無比踏實的親情。好的婚姻使愛情走向成熟，而成熟的愛情是更有份量的。當我們把一個異性喚做戀人時，是我們的激情在呼喚。當我們把一個異性喚做親人時，卻是我們的全部人生經歷在呼喚。

初戀的感情最單純也最強烈，但同時也最缺乏內涵，幾乎一切初戀都是十分相像的。因此，儘管人們難以忘懷自己的初戀經歷，卻又往往發現可供回憶的東西很少。

我相信成熟的愛情更有價值，因為它是根據全部人生經歷做出的選擇。

愛情不風流，它是兩性之間最嚴肅的一件事。風流韻事頻繁之處，往往沒有愛情。愛情也未必浪漫，浪漫只是愛情的早期形態。在浪漫結束之後，一個愛情是隨之結束，還是推進為親密持久的伴侶之情，最能見出這個愛情質量的高低。

一個人活在世界上，一定要有相愛的伴侶、和睦的家庭、知心的朋友，一定要和自己的家人一起吃晚飯，餐桌上一定要有歡聲笑語，這比有錢、有車、有房重要得多。錢再多，車再名貴，房再豪華，沒有這些，就只是一個悲慘的孤魂野鬼。相反的，雖然窮一點，但擁有這些，就是在過一個活人的正常生活。

每當看見老年夫妻互相攙扶著，沿著街道緩緩地走來，我就禁不住感動。他們的能力已經很微弱，不足以給別人以幫助。他們的魅力也已經很微弱，不足以吸引別人幫助他們。於是，他們就用衰老的手臂互相攙扶著，彼此提供一點儘管太少、但極其需要的幫助。

年輕人結伴走向生活，最多是志同道合。老年人結伴走向死亡，才真正是相依為命。

家

如果把人生譬作一種漂流─它確實是的，對於有些人來說是漂過許多地方，對於所有人來說是漂過歲月之河─那麼，家是什麼呢？

一、家是一條船

南方水鄉，我在湖上盪舟。迎面駛來一條漁船，船上炊煙裊裊。當船靠近時，我聞到了飯菜的香味，聽到了孩子的嬉笑。這時我恍然悟到，船就是漁民的家。

以船為家，不是太動盪了嗎？可是，我親眼看到漁民們安之若素，舉止泰然，而船雖小，食住器具，一應俱全，也確實是個家。

於是我轉念想，對於我們，家又何嘗不是一條船？這是一條小小的船，卻要載我們穿過多麼漫長的歲月。歲月不會倒流，前面永遠是陌生的水域，但因為乘在這只熟悉的船上，我們竟不感到陌生。四周時而風平浪靜，時而波濤洶湧，但只要這只船是牢固的，一切都化為美麗的風景。人世命運莫測，但有了一個好家，有了命運與共的好伴侶，莫測的命運彷彿也不復可怕。

我心中閃過一句詩：「家是一條船，在漂流中有了親愛。」

望著湖面上緩緩而行的點點帆影，我暗暗祝禱，願每張風帆下都有一個溫馨的家。

二、家是溫暖的港灣

正當我欣賞遠處美麗的帆影時，耳畔響起一位哲人的諷喻：「朋友，走近了你就知道，即使在最美麗的帆船上也有著太多瑣碎的噪音！」

這是尼采對女人的譏評。

可不是嗎，家太平凡了，再溫馨的家也難免有俗務瑣事、閒言碎語乃至小吵小鬧。

那麼，讓我們揚帆遠航，

然而，凡是經歷過遠洋航行的人都知道，一旦海平線上出現港口朦朧的影子，寂寞已久的心會跳得多麼歡快。如果沒有一片港灣在等待著擁抱我們，無邊無際的大海豈不令我們絕望？在人生的航行中，我們需要冒險，也需要休憩，家就是供我們休憩的溫暖的港灣。在我們的靈魂被大海神祕的濤聲，陶冶得過分嚴肅以後，家中瑣碎的噪音，也許正是上天安排來放鬆我們精神的人間樂曲。

傍晚，征帆紛紛歸來，港灣裡燈火搖曳，人聲喧嘩，把我對大海的沉思冥想打斷了。

我站起來，愉快地問候：「晚安，回家的人們！」

三、家是永遠的岸

我知道世上有一些極驕傲也極荒涼的靈魂，他們永遠無家可歸，讓我們不要去打擾他們。作為普通人，或早或遲，我們需要一個家。

荷馬史詩中的英雄奧德修斯長年漂泊在外，歷盡磨難和誘惑，正是回家的念頭支撐著他，使他克服了一切磨難，抵禦了一切誘惑。最後，當女神卡呂普索勸他永久留在她的小島上時，他堅辭道：「尊貴的女神，我深知我的老婆在你的光彩下只會黯然失色，你長生不老，她卻注定要死。可是我仍然天天想家，想回到我的家。」

自古以來，無數詩人詠唱過遊子的思家之情。「漁燈暗，客夢迴，一聲聲滴人心碎。孤舟五更家萬里，是離人幾行清淚。」家是遊子夢魂縈繞的永遠的岸。

不要說「赤條條來去無牽掛」。至少，我們來到這個世界，是有一個家讓我們登上岸的。當我們離去時，我們也不願意舉目無親，沒有一個可以向之告別的親人。倦鳥思巢，落葉歸根，我們回到故鄉故土，猶如回到從前靠岸的地方，從這裡啟程駛向永恆。我相信，如果靈魂不死，我們在天堂仍將懷念留在塵世的這個家。

迎來小生命

真正美好的人生體驗都是特殊的，若非親身經歷，就不可能憑理解力或想像力加以猜度。為人父母便是其中之一。

迎接一個新生命，成為人父人母，是人生中的一段無比美妙的時光。

最初的日子裡，我守著搖籃，端詳著沉睡中的嬰兒的聖潔的小臉蛋，心中充滿神祕之感。這個不久前還無跡可尋的小生命，現在突然出現在我的屋子裡，她究竟來自何方？單憑自己的力量，我絕不可能成為一個父親，我必定是蒙受了一個僥倖得近乎非分的恩寵。嬰兒是真正的天使—天國的使者，她的甜蜜祥和的睡眠，她在睡夢中閃現的謎樣的微笑，她的小身體噴發的花朵般的濃郁清香，都透露了她所來自的那個神祕國度的資訊。

養育小生命或許是世上最妙不可言的一種體驗了。小的就是好的，小生命的一顰一笑都那麼可愛，交流和成長的每一個新徵兆都叫人那樣驚喜不已。這種體驗是不能從任何地方獲得，也不能用任何別的體驗代替。一個人無論見過多大世面，從事多大事業，在初當父母的日子裡，都不能不感到自己面前突然打開了一個全新的世界。小生命豐富了大心胸。生命是一個奇蹟，可是，倘若不是養育過小生命，對此怎能有真切的領悟呢？

養育小生命是人生中的一段神聖時光。報酬就在眼前。至於日後孩子能否成材，是否孝順，實在無需考慮。那些「望子成龍」、「養兒防老」的父母褻瀆了神聖。

在親自迎來一個新生命的時候，人離天國最近。

在撫養幼崽的日子裡，我們彷彿變回了成年獸，我們確實變回了成年獸。我覺得，做一頭成年獸，這個滋味好極了。作為社會生物，我們平時過著太複雜而抽象的生活，現在生活重歸於簡單和具體了。

嬰兒小身體散發的味道妙不可言，宛如一朵肉身的蓓蕾，那氣味完全是肉體性質的，卻純淨如花香。這是原汁原味的生命，是創世第六日工廠裡的氣息。她的芬芳滲透進她用過的一切，她的小衣服、小被褥，即使洗淨了，疊放在那裡，仍有這芬芳飄出。一間有嬰兒的屋子是上帝的花房，無處不瀰漫著新生命的濃郁的清香。

一個小生命的到來，是啟示我們回到生命本身的良機。這時候，生命以純粹的形態呈現，尚無社會的堆積物，那樣招我們喜愛，同時也引我們反省。這時候，深藏在我們生命中的種族本能覺醒了，我們突然發現，生命本身是巨大的喜悅，也是偉大的事業。

對於現代人來說，適時回到某種單純的動物狀態，這既是珍貴的幸福，也是有效的淨化。現代人的典形狀態是，一方面，上不接天，沒有信仰，離神很遠，另一方面，下不接地，本能衰退，離自然也很遠，彷彿懸在半空中，在爭奪世俗利益中度過複雜而虛假的一生。那麼，從上下兩方面看，小生命的到來都是一種拯救，引領我們回歸簡單和真實。

我以前認為，人一旦做了父母就意味著老了，不再是孩子了。現在我才知道，人唯有自己做了父母，才能最大限度地回到孩子的世界。

為人父母提供了一個機會，使我們有可能更新對世界的感覺。用你孩子般的目光看世界，你會發現一個全新的世界。

孩子是使家成其為家的根據。沒有孩子，家至多是一場有點過分認真的愛情遊戲。有了孩子，家才有了自身的實質和事業。

男人是天地間的流浪漢，他尋找家園，找到了女人。可是，對於家園，女人有更正確的理解。她知道，接納了一個流浪漢，還遠遠不等於建立了一個家園。於是她著手編一隻搖籃—搖籃才是家園的起點和核心。在搖籃四周，和搖籃裡的嬰兒一起，真正的家園生長起來了。

在這個世界上，唯有孩子和女人最能使我真實，使我眷戀人生。

親子之愛

性是大自然最奇妙的發明之一，在沒有做父母的時候，我們並不知道大自然的深意，以為它只是男女之歡。其實，快樂本能是淺層次，背後潛藏著深層次的種族本能。有了孩子，這個本能以巨大的威力突然甦醒了，一下子把我們變成了忘我舐犢的傻爸傻媽。

在一切人間之愛中，父愛和母愛也許是最特別的一種，它極其本能，卻又近乎神聖。愛比克泰德說得好：「孩子一旦生出來，要想不愛他已經為時過晚。」正是在這種似乎被迫的主動之中，我們如同得到神啟一樣，領悟了愛的奉獻和犧牲之本質。

然而，隨著孩子長大，本能便向經驗轉化，神聖也向世俗轉化。於是產生了教育、代溝、遺產等各種社會性質的問題。

我們從小就開始學習愛，可是我們最擅長的始終是被愛。直到我們自己做了父母，我們才真正學會了愛。

在做父母之前，我們不是先做過情人嗎？

不錯，但我敢說，一切深篤的愛情必定包含著父愛和母愛的成分。一個男人深愛一個女人，一個女人深愛一個男人，潛在的父性和母性就會發揮作用，不由自主地要把情人當作孩子一樣疼愛和保護。

然而，情人之愛畢竟不是父愛和母愛。所以，一切情人又都太在乎被愛。

當我們做了父母，回首往事，我們便會覺得，以往愛情中最動人的東西彷彿是父愛和母愛的一種預演。與正劇相比，預演未免相形見絀。不過，成熟的男女一定會讓彼此都分享到這新的收穫。誰真正學會了愛，誰就不會只限於愛子女。

過去常聽說，做父母的如何為子女受苦、奉獻、犧牲，似乎恩重如山。自己做了父母，才知道這受苦同時就是享樂，這奉獻同時就是收穫，這犧牲同時就是滿足。所以，如果要說恩，那也是相互的。而且，越有愛心的父母，越會感到所得遠遠大於所給予。

其實，任何做父母的，當他們陶醉於孩子的可愛時，都不會以恩主自居。一旦以恩主自居，就必定是已經忘記了孩子曾經給予他們的巨大快樂，也就是忘恩負義了。人們總譴責忘恩負義的子女，殊不知天下還有忘恩負義的父母呢！

有人說性關係是人類最自然的關係，怕未必。需知性關係是兩個成年人之間的關係，因而不可能不把他們的社會性帶入這種關係中。相反的，當一個成年人面對自己的幼崽時，他便不能不回歸自然狀態，因為一切社會性的附屬物，在這個幼小的對象身上，都成了發揮不了作用的東西，只好擱置。隨著孩子長大，親子之間社會關係的比重就越來越增加了。

親子之愛的優勢在於：它是生物性的，卻濾盡了肉慾；它是無私的，卻與倫理無關；它非常實在，卻不沾一絲功利的計算。

人們常說，孩子是婚姻的紐帶。這句話是對的，但不應做消極的理解，似乎為了孩子只好維持婚姻。孩子對於婚姻的意義是非常積極的，是在實質上更加穩固了婚姻的愛情基礎。

有些年輕人選擇做頂客族的理由是，孩子是第三者，會破壞二人世界的親密。表面看似乎如此，各人都為孩子付出了愛，給對方的愛好像就減少了。但是，愛所遵循的法則不是加減法，而是乘法。個人給孩子的愛不是從給對方的愛中扣除出來的，而是孩子激發出來的。愛的新泉源打開了，愛的總量增加了，愛的品質提高了，而這一點必定會在夫婦之愛中體現出來。把對方給孩子的愛視為自己的虧損，這是我最無法理解的一種奇怪心理。事實上，雙方都特別愛孩子，夫妻感情一定是加深而不是減弱。

對孩子的愛是一個檢驗，一個人連孩子也不愛，正暴露了在愛的能力上有所缺陷，不能想像這樣的人會真正去愛一個人，哪怕這個人是他此刻迷戀得要死要活的超級尤物。

父母怎樣愛孩子

對聰明的大人說的話：倘若你珍惜你的童年，你一定也要尊重你的孩子的童年。當孩子無憂無慮地玩耍時，不要用你眼中的正經事去打擾他。當孩子編織美麗的夢想時，不要用你眼中的現實去糾正他。如果你執意把孩子引上成人的軌道，當你這樣做的時候，你正在粗暴地奪走他的童年。

有一些人執意要把孩子引上成人的軌道，在他們眼中，孩子什麼都不懂，什麼都不會，一切都要大人教，而大人在孩子身上則學不到任何東西。恕我直言，在我眼中，他們是世界上最愚蠢的大人。

父母做得如何，最能表明一個人的人格、素質和教養。

被自己的孩子視為親密的朋友，這是為人父母者所能獲得的最大的成功。不過，為人父母者所能遭到的最大的失敗，卻並非被自己的孩子視為對手和敵人，而是被視為上司或者奴僕。

做家長的最高境界是成為孩子的知心朋友。在這一點上，亞洲的家長相當可憐，一面是孩子的主人、上司，另一面是孩子的奴僕、下屬，始終找不到和孩子平等相處的位置。

做孩子的朋友不易，讓孩子肯把自己當朋友更難。多少孩子有了心事，首先要瞞的人是父母，有了知心話，最不想說的人也是父母。

從一個人教育孩子的方式，最能看出這個人自己的人生態度。那種逼迫孩子參加各種競爭的家長，自己在生活中往往也急功近利。相反的，一個淡泊於名利的人，必定也願意孩子順應天性愉快地成長。

我由此獲得了一個依據，去分析貌似違背這個規律的現象。例如說，我可以基本斷定，一個自己無為、卻逼迫孩子大有作為的人，他的無為其實是無能和不得志；一個自己拚命奮鬥、卻讓孩子自由生長的人，他的拚命多少是出於無奈。這兩種人都想在孩子身上實現自己的未遂願望，但願望的性質恰好相反。

做人和教人基本上是一致的。我在人生中最看重的東西，也就是我在教育上最想讓孩子得到的東西。進一所明星學校，謀一份賺錢職業，這種東西怎麼有資格成為人生目標，所以也不能成為教育目標。我的期望比這高得多，就是願孩子成為一個善良、豐富、高貴的人。

我不是什麼教育專家，只不過是一個愛孩子的父親而已。既然愛，就要做到兩點，一是讓孩子現在快樂，二是讓孩子未來幸福。在今天，做到這兩點的關鍵是抵禦現行教育體制的弊端，給孩子提供一個得以儘可能健康生長的小環境。

做父母的很少不愛孩子，但是，怎樣才是真愛孩子，卻大可商榷。現在的普遍方式是，物質上無微不至，功課上步步緊逼，精神上麻木不仁。在我看來，這樣做不但不是愛孩子，而且是在害孩子。

真愛孩子的人，一定會努力讓孩子有一個幸福的童年，以此為孩子一生的幸福奠定基礎。具體怎麼做，我提供我的經驗以供參考。要點有三。其一，捨得花時間和孩子遊戲、閒談、共度歡樂時光，讓孩子經常享受到活生生的親情。其二，盡力抵制應試教育體制的危害，保護孩子天性和智力的健康生長。其三，注意培育孩子的人生智慧和獨立精神，不是給孩子準備好一個現成的未來，而是使孩子將來既能自己去爭取幸福，又能承受人生必有的苦難。

對於孩子的未來，我從不做具體的規劃，只做抽象的定向，就是要讓他成為一個身心健康、心智優秀的人。給孩子規定，或者哪怕只是暗示將來具體的職業路徑，是一種僭越和誤導。我只關心一件事，就是讓孩子有一個幸福的童年，能夠快樂、健康、自由地生長。只要做到了這一點，他將來做什麼，到時候他自己會做出最好的決定，比我們現在能做得好一百倍。

做父母的當然要對孩子的將來負責，但只能負起作為凡人的責任，其中最重要的，就是悉心培養正確的人生觀和樂觀堅毅的性格，使他具備依靠自己爭取幸福和承受苦難的能力，不管將來的命運如何，都能以適當的態度面對。至於孩子將來的命運究竟如何，可能遭遇什麼，做父母的既然無法把握，就只好不去管它，因為那是上帝的權能。

一個孩子如果他現在的狀態正確無誤，就沒有必要為他的將來瞎操心了。如果不正確，操心也沒用。而且，往往正是由於為他的將來操心得太多、太細、太具體，他現在的狀態就不正確了。

和孩子相處，最重要的原則是尊重孩子。從根本上說，這就是要把孩子看作一個靈魂，亦即一個有自己獨立人格的個體。而且，在孩子幼小時就應該這樣，我們無法劃出一個界限，說一個人的人格是從幾歲開始形成的，實際上這個過程伴隨著心智的覺醒早就開始了，在一、二歲時已露端倪。

愛孩子是一種本能，尊重孩子則是一種教養，而如果沒有教養，愛就會失去風格，僅僅停留在動物性的水準上。

任何一個孩子都決不會因為被愛得太多而變壞。相反的，得到的愛越多，就一定會變得越好。當然，我說的「愛」似乎需要做界定，比如要有長遠的眼光和正確的方法之類。但是，不管怎麼界定，基本的內涵不容懷疑，就是一種傾注全部感情的關心、愛護、鼓勵、欣賞、理解和尊重。只要是這樣，就怎麼愛也不過分，怎麼愛也不會把孩子寵壞。

如果說，生命早期的精彩紛呈對於做父母的是寶貴財富，那麼，對於孩子自己就更是如此了。但是，孩子身在其中，渾然無知，尚不懂得欣賞和收藏它們，而到了懂得的年紀，它們早已散失在時光中了。為孩子保住這一份財富，這只能是父母的責任。孩子長大後，把一份他的孩提時代的完整記錄交到他的手上，他會多麼欣喜啊。這是真正的無價之寶，天下父母能夠給孩子的禮物，不可能有比這更貴重的了。

我對孩子的期望—

第一個願望：平安。如果想到包圍著她的環境中充滿不測，這個願望幾乎算得上奢侈了。

第二個願望：身心健康地成長。

至於她將來做什麼，有無成就，我不想操心也不必操心，一切順其自然。

親疏隨緣

曾有人問我如何處理人際關係，我的回答是：尊重他人，親疏隨緣。這個回答基本上概括了我對待友誼的態度。

人在世上是不能沒有朋友的。不論天才，還是普通人，沒有朋友都會感到孤單和不幸。事實上，絕大多數人也都會有自己或大或小的朋友圈子。如果一個人活了一輩子連一個朋友也沒有，那麼，他很可能怪僻得離譜，使得人人只好敬而遠之，或者壞得離譜，以至於人人側目。

不過，一個人又不可能有許多朋友。所謂朋友遍天下，不是一種詩意的誇張，便是一種淺薄的自負。熱衷於社交的人往往自詡朋友眾多，其實他們心裡明白，社交場上的主宰決不是友誼，而是時尚、利益或無聊。真正的友誼是不喧囂的。根據我的經驗，真正的好朋友也不像社交健兒那樣頻繁相聚。在一切人際關係中，互相尊重是第一美德，而必要的距離又是任何一種尊重的前提。使一種交往具有價值的不是交往本身，而是交往者各自的價值。在交往中，每人所能給予對方的東西，絕不可能超出他自己所擁有。

他在對方身上能夠看到些什麼，大致也取決於他自己擁有些什麼。高質量的友誼總是發生在兩個優秀的獨立人格之間，它的實質是雙方互相由衷的欣賞和尊敬。因此，重要的是使自己真正有價值，配得上做一個高質量的朋友，這是一個人能夠為友誼所做的首要貢獻。

我相信，一切好的友誼都是自然而然形成，不是刻意求得的。我們身上都有一種直覺，當我們初次與人相識時，只要一開始談話，就很快能夠感覺到彼此是否相投。當兩個人的心性非常接近時，或者非常遠離時，我們的本能會立刻下判斷，內心會感到默契或牴牾。對於那些中間狀態，我們也許要稍費斟酌，斟酌的快慢會和它們偏向某一端的程度成比例。這就說明，兩個人能否成為朋友，基本上是一件在他們開始交往之前就決定了的事情。也就是說，人與人之間關係的親疏，並不是由願望決定的，而是由有關的人各自的心性及其契合程度所決定。願望也應該出自心性的認同，超出於此，我們就有理由懷疑那是別有用心，多半有利益方面的動機。利益之交也無可厚非，但雙方心裡應該明白，最好還擺到桌面上講明白，千萬不要頂著友誼的名義。凡是頂著友誼名義的利益之交，沒有不破裂的，到頭來還互相指責對方不夠朋友，為友誼的脆弱大表義憤。其實，關友誼什麼事呢？所謂友誼一開始就是假的，不過是利益的面具和工具罷了。今天人們給了它一個恰當的名稱，叫感情投資，這就比較誠實了，我希望人們更誠實一步，在投資時把自己的利潤指標也通知被投資方。

當然，不能排除一種情況：一開始時友誼是真的，只是到了後來，面對利益的引誘，一方對另一方做了不義的事，導致友誼破裂。在今日的商業社會中，這種情況也司空見慣。我不想去分析不義那一方的人品，究竟是本來如此，現在暴露了，還是現在才變壞的，因為這種分析過於複雜。我想說的是，面對這種情況，我們應取的態度也是親疏隨緣，不要企圖去挽救什麼，更不要陷在已經不存在的昔日友誼中，感到憤憤不平，好像受了天大的委屈。應該知道，一個人的人品是天性和環境的產物，這兩者都不是你能夠左右的，你只能把它們的產物作為既定事實並且接受。跳出個人的恩怨，做一個認識者，藉由自己的遭遇認識人生和社會，你就會獲得平靜的心情。

03 做人的最高幸福

做人和做事

做事有兩種境界。一是功利的境界，事情及相關的利益是唯一目的，於是做事時必定會充滿焦慮和算計。另一是道德的境界，無論做什麼事，都把精神上的收穫看得更重要，做事只是靈魂修煉和完善的手段，真正的目的是做人。正因為如此，做事時反而有了一種從容的心態和博大的氣象。

從長遠看，做事的結果終將隨風飄散，做人的收穫卻能歷久彌新。如果有上帝，他看到的只是你如何做人，不會問你做成了什麼事，在他眼中，你在人世間做成的任何事都太渺小了。

做事即做人。人生在世，無論做什麼事，都注重做事的精神意義，透過做事提升自己的精神世界，始終走在自己的精神旅程上，只要這樣，無論做什麼事都是有意義的，而所做之事的成敗則變得不重要了。

我們活在世上，不免要承擔各種責任，小至對家庭、親戚、朋友，對自己的職務，大至對國家和社會。這些責任多半是應該承擔的。不過，我們不要忘記，除此之外，我們還有一項根本的責任，便是對自己的人生負責。

每個人在世上都只有活一次的機會，沒有任何人能夠代替他重新活一次。如果這唯一一次人生虛度了，也沒有任何人能夠真正安慰他。認識到這一點，我們對自己的人生怎麼能不產生強烈的責任心呢？在某種意義上，人世間各種其他的責任都是可以分擔或轉讓，唯有對自己的人生的責任，每個人都只能完全由自己來承擔，無法依靠別人一絲一毫。

對自己人生的責任心是其餘一切責任心的根源，一個人唯有對自己的人生負責，建立了真正屬於自己的人生目標和生活信念，他才可能由之出發，自覺地選擇和承擔起對他人和社會的責任。我不能想像，一個在人生中隨波逐流的人，怎麼會堅定地負起生活中的責任。實際情況往往是，這樣的人不是把盡責看作從外面加給他的負擔而勉強承受，便是看作純粹的付出而索求回報。

我相信，如果一個人能對自己的人生負責，那麼，在包括婚姻和家庭在內的一切社會關係上，他對自己的行為都會有一種負責的態度。如果一個社會是由這樣對自己的人生負責的成員所組成，這個社會就必定是高質量、有效率的社會。

人活世上，第一重要的還是做人，懂得自愛自尊，使自己有一顆坦蕩又充實的靈魂，足以承受得住命運的打擊，也配得上命運的賜予。倘能這樣，也就算得上做命運的主人了。

第一重要的是做人

人活世上，除吃睡之外，不外乎做事情和與人交往，它們構成了生活的主要內容。做事情，包括為謀生需要而做的，即所謂職業；也包括出於興趣、愛好、志向、野心、使命感等等而做的，即所謂事業。與人交往，包括同事、鄰里、朋友關係，以及一般所謂的公共關係，也包括由性和血緣所聯結的愛情、婚姻、家庭等關係。這兩者都是人看得見的行為，並且都有一個是否成功的問題，而其成功與否也都是看得見的。如果你在這兩方面都順利，例如說，一方面事業興旺，功成名就，另一方面婚姻美滿，朋友眾多，就可以說你在社會上是成功的，甚至可以說你的生活是幸福的。在別人眼裡，你便是一個令人羨慕的幸運兒。如果相反，你在自己和別人心目中就都會是一個倒楣鬼。這麼說來，做事和交人的成功似乎應該是衡量生活質量的主要標準了。

然而，在看得見的行為之外，還有一種看不見的東西，依我之見，那是比做事和交人更重要的，是人生第一重要的東西，這就是做人。當然，實際上做人並不是做事和交人之外的一個獨立行為，而是蘊涵在兩者之中，是透過做事和交人體現出來的一種總體生活態度。

就做人與做事的關係來說，做人主要並不表現於做了什麼事和做了多少事，例如是做學問還是做生意，學問或者生意做得多大，而是表現在做事的方式和態度上。一個人無論做學問還是做生意，無論做得大還是做得小，他做人可能做得很好，也可能都做得很壞，關鍵就看他如何做事。學界有些人很貶薄別人下海經商，而因為自己仍在做學問，就擺出一副大義凜然的氣勢。其實呢，無論商人還是學者中都有君子，也都有小人，實在不可一概而論。有些所謂的學者，在學術上沒有自己真正的追求和建樹，一味追求流行，搶風頭，唯利是圖，骨子裡比一般商人更像一個市儈。

從一個人如何與人交往，尤能見出他的做人。這倒不在於人緣好不好，朋友多不多，各種人際關係是否和睦。人緣好可能是因為性格隨和，也可能是因為做人圓滑，本身不能說明問題。在與人交往上，孔子最強調一個「信」字，我認為是對的。待人是否誠實無欺，最能反映一個人的人品是否光明磊落。一個人哪怕朋友遍天下，只要他對其中一個朋友有背信棄義的行徑，我們就有充分的理由懷疑他是否真愛朋友，因為一旦他認為必要，他同樣會背叛其他的朋友。「與朋友交而不信」，只能得逞一時之私慾，卻是做人的大失敗。

做事和交人是否順利，包括地位、財產、名聲方面的際遇，也包括愛情、婚姻、家庭方面的際遇，往往受制於外在的因素，非自己所能支配，所以不應該成為人生的主要目標。一個人當然不應該把非自己所能支配的東西，當作人生的主要目標。一個人真正能支配的，唯有對這一切外在遭際的態度，簡言之，就是如何做人。人生在世最重要的事情不是幸福或不幸，而是不論幸福還是不幸，都保持做人的正直和尊嚴。我確實認為，做人比事業和愛情都更重要。不管你在名利場和情場上多麼春風得意，如果你做人失敗了，你的人生就在總體上失敗了。最重要的不是在世人心目中占據什麼位置，和誰一起過日子，而是你自己究竟是一個什麼樣的人。

善良・豐富・高貴

如果我是一位從前的哲人，來到今天的世界，我最懷念什麼？一定是這六個字：善良、豐富、高貴。

看到醫院拒收付不起昂貴醫療費的窮人，聽憑危急病人死去，看到商人出售假藥和偽劣食品，製造急性和慢性的死亡，看到礦難頻繁，礦主以工人的生命換取高額利潤，看到每天發生的許多兇殺案，往往為了一點錢、或一個很小的緣由就奪走一條命，我為人心的冷漠感到震驚，於是我懷念善良。

善良，生命對生命的同情，多麼普通的品質，今天彷彿成了稀有之物。中外哲人都認為，同情是人與獸的區別的開端，是人類全部道德的基礎。沒有同情，人就不是人，社會就不是人呆的地方。人是怎麼淪為獸的？就是從同情心的麻木和死滅開始的，由此下去可以幹一切壞事，成為法西斯，成為恐怖主義者。善良是區分好人與壞人的最初界限，也是最後界限。

看到今天許多人以滿足物質慾望為人生唯一目標，全部生活由賺錢和花錢兩件事組成，我為人們心靈的貧乏感到震驚，於是我懷念豐富。

豐富，人的精神能力的生長、開花和結果，上天賜給萬物之靈的最高享受，為什麼人們棄之如敝屣呢？中外哲人都認為，豐富的心靈是幸福的真正泉源，精神的快樂遠遠高於肉體的快樂。上天的賜予本來是公平的，每個人天性中都蘊涵著精神需求，在生存需要基本得到滿足之後，這種需求理應覺醒，它的滿足理應越來越成為主要的目標。那些永遠折騰在功利世界上的人，那些從來不諳思考、閱讀、獨處、藝術欣賞、精神創造等心靈快樂的人，他們是怎樣辜負了上天的賜予啊！不管他們多麼有錢，他們是度過了怎樣貧窮的一生啊！

看到有些人為了獲取金錢和權力毫無廉恥，可以做任何出賣自己尊嚴的事，然後又依仗所獲取的金錢和權力毫無顧忌，肆意凌辱他人的尊嚴，我為這些人的靈魂的卑鄙感到震驚，於是我懷念高貴。

高貴，曾經是許多時代最看重的價值，被看得比生命還重要，現在似乎很少有人提起了。中外哲人都認為，人要有做人的尊嚴，要有做人的基本原則，在任何情況下都不可違背，如果違背，就意味著不把自己當人了。今天有一些人就是這樣，不知尊嚴為何物，不把別人當人，任意欺凌和侮辱，而根源正在於他沒有把自己當人，事實上你在他身上也已經看不出絲毫人的品性。高貴者的特點是極其尊重他人，他的自尊正因此得到了最充分的體現。人的靈魂應該是高貴的，人應該做精神貴族，世上最可恨也最可悲的，不就是那些有錢有勢的精神賤民？

我聽見一切世代的哲人在向今天的人們呼喚：人啊！你要有善良的心，豐富的心靈，高貴的靈魂，這樣你才無愧於人的稱號，才是作為真正的人在世間生活。

善良、豐富、高貴─令人懷念的品質，人之為人的品質，我期待今天更多的人擁有它們。

人品和智慧

我相信蘇格拉底的一句話：「美德即智慧。」一個人如果經常想一想世界和人生的大問題，對於俗世的利益就一定會比較超脫，不太可能去做那些傷天害理的事情。說到底，道德敗壞是一種矇昧。當然，這與文化水平不是一回事，有些識字多的人也很矇昧。

假、惡、醜從何而來？人為何會虛偽、兇殘、醜陋？我只找到一個答案：因為貪慾。人為何會有貪慾？佛教對此有一個很正確的解答：因為「無明」。通俗地說，就是沒有智慧，對人生缺乏透徹的認識。所以，真正決定道德素養的是人生智慧，而非意識形態。把道德淪喪的原因歸結為意識形態的失控，試圖透過強化意識形態來整飭世風人心，這種做法是膚淺的。

意識形態和人生智慧是兩回事，前者屬於頭腦，後者屬於心靈。人與人之間能否有默契，並不取決於意識形態的認同，而是取決於人生智慧的相通。

一個人的道德素質也是更多地取決於人生智慧而非意識形態。所以，在不同的意識形態集團中，都有君子和小人。

社會越文明，意識形態越淡化，人生智慧的作用就越突出，人與人之間的關係也就越真實、自然。

在一個人人逐利的社會上，人際關係必然複雜。如果大家都能想明白人生的道理，多多關注自己生命和靈魂的需要，約束物質的貪慾，人際關係一定會單純得多，這個世界也會美好得多。

由此可見，一個人有正確的人生觀，本身就是對社會的改善做了貢獻。你也許做不了更多，但這是你至少可以做的。你也許能做得更多，但這是你至少必須做的。

知識是工具，無所謂善惡。知識可以為善，也可以為惡。美德與知識的關係不大。美德的真正泉源是智慧，即一種開闊的人生覺悟。德行如果不是從智慧流出，而是單憑修養造就，至少是盲目的，很可能還是功利和偽善的。

在評價人時，才能與人品是最常使用的兩個標準。兩者當然可以分開，但是在最深的層次上，它們是否相通的？例如說，可不可以說，大才也是德，大德也是才，天才和聖徒是同一種神性的顯現？又例如說，無才之德是否必定偽善，因而亦即無德，無德之才是否必定淺薄，因而亦即非才？當然，這種說法已經蘊涵對才與德的重新解釋，我傾向於把兩者看作慧的不同表現形式。

人品和才分不可截然分開。人品不僅有好壞優劣之分，而且有高低寬窄之分，後者與才分有關。才分大致規定了一個人為善為惡的風格和容量。有德無才者，其善多為小善，謂之平庸；無德無才者，其惡多為小惡，謂之猥瑣；有才有德者，其善多為大善，謂之高尚；有才無德者，其惡多為大惡，謂之邪惡。

人品不但有好壞之別，也有寬窄深淺之別。好壞是質，寬窄深淺未必只是量。古人稱卑劣者為「小人」、「斗筲之徒」是很有道理的，多少惡行都是出於淺薄的天性和狹小的器量。

大智者必謙和，大善者必寬容。唯有小智者才咄咄逼人，小善者才斤斤計較。

我聽到一場辯論：挑選一個人才，人品和才智哪一個更重要？雙方各執一端，而有一個論據是相同的。一方說，人品重要，因為才智可以培養，人品卻難以改變。另一方說，才智重要，因為人品是可以培養的，才智卻難改變。

其實，人品和才智都可以改變，但要有大的改變都很難。

人是會由蠢而壞的。傻瓜被惹怒，跳得比聰明人更高。有智力缺陷者常常是一種犯罪人格。

人生與道德、做人與處世、精神追求與社會關切之間有著內在的聯繫。如果要在兩者之間尋找一個結合點，倫理學無疑最具備此種資格。倫理學的內容應該拓寬，把人生哲學的基本原理也包括進去，不能只侷限於道德學說。

善良是第一品德

同情，即人與人以生命相待，乃是道德的基礎。沒有同情，人就不是人，社會就不是人待的地方。人是怎麼淪為獸的？就是從同情心的麻木和死滅開始，由此下去可以幹一切壞事。

所以，善良是最基本的道德品質，是區分出好人和壞人、最初的也是最後的界限。西哲認為，利己是人的本能，對之不應作道德的判斷，只可因勢利導。同時，人還有另一種本能，即同情。同情是以利己的本能為基礎，由之出發，推己及人，設身處地替別人想，就是同情了。

利己和同情兩者都不可缺。沒有利己，對自己的生命麻木，便如同石頭，對別人的生命必冷漠。只知利己，不能推己及人，沒有同情，便如同禽獸，對別人的生命必冷酷。

利己是生命的第一本能，同情是生命的第二本能，後者由前者派生。所謂同情，就是推己及人，知道別人也是一個有利己之本能的生命，因而不可損人。法治社會的秩序，即建立在利己與同情兼顧之上，其實質通俗地說就是保護利己、懲罰損人，亦即規則下的自由。在一個社會中，如果利己的行為都得到保護，損人的行為都受到懲罰，這樣的社會就一定會是一個既有活力又有秩序的社會。

不分國家和民族，人皆是生命，人性中皆有愛生命的本能，以及推己及人對他人生命的同情，區別在於能否使這個基本人性在社會制度中體現出來，並且得到保護和發揚。西方的歷史表明，現代文明社會的整座大廈，就是建立在這個基本人性的基礎上。正如亞當·斯密所指出，同情是社會一切道德的基礎，在此基礎上，形成了正義和仁慈這兩種基本的道德。同樣，尊重個體生命是法治社會的出發點，法治的目的就是要建立一種最大限度保護每個人生命權利的秩序。

在一個普遍對生命冷漠的環境中，人是不可能有安全感的，無人能保證偶然的災禍不會落到自己頭上。

人如果沒有同情心，就遠不如禽獸，比禽獸壞無數倍。猛獸的殘暴僅限於本能，絕不會超出生存所需要的程度。人殘酷起來卻沒有極限，完全和生存無關，為了齷齪的利益，為了畸形的慾望，為了變態的心理，什麼壞事都幹得出來。只有在人類之中，才會產生千奇百怪的酷刑，產生法西斯和恐怖主義。

人心有兩種成分，一是利己心，二是同情心，二者都是人的本性。人在年輕時慾望強，容易把自己的利益和成功看得最重要，名利慾望的滿足，往往是快樂的主要泉源。隨著年齡增長，同情心應該逐漸占據上風，從惠及他人的善行中汲取快樂。

震災中生命所遭受的毀滅和創傷，在我們身上喚醒最可貴的東西是什麼？首先是真實的人性，是人性中的善良，是對一個個活生生的個體生命的同情和尊重。這不就是人之所以為人的基本的品質嗎？不就是人與人得以結合成人類、社會、民族、國家的最基本的因素嗎？與愛國主義相比，在人性層次上，它是更深刻的東西，在文明層次上，它又是更高級的東西。就說愛國主義吧，一個人如果不是一個善良的人，他會是一個好國民嗎？如果一個國家的成員普遍缺乏對生命的同情和尊重，這會是一個好國家嗎？它還值得我們愛嗎？

善良來自對生命的感動。看一個人是否善良，我有一個識別標準，就是看他是否喜歡孩子。一個對小生命冷漠的人，他在人性上一定有問題。相反的，如果一個人情不自禁地喜歡孩子，即使他有別的問題，我仍相信這個人還是有希望的。

善待動物，至少不虐待動物，這不僅是對地球上其他生命的尊重，也是人類自身精神上道德上純潔化的需要。可以斷定，一個虐待動物的民族，一定也不會尊重人的生命。人的生命感一旦麻木，心腸一旦變冷酷，同類豈在話下。

一個對同類真正有同情心的人，把同情心延伸到動物身上，實在是最自然的事情。同樣，那些肆意虐待和殘害動物的傢伙，我們可以斷定他們對同類也一定是冷酷的。因此，是否善待動物，所涉及的就不只是動物的命運，其結果也會體現在人身上，對道德發生重大影響。在這個意義上，保護動物就是保護人道，救贖動物就是人類的精神自救。

善良的人有寬容之心，既容人之短，能原諒，又容人之長，不嫉妒。在我看來，容人之優秀更難，對於一個開放社會也更重要。

與人為善不只表現為物質上的施惠，你對他人的誠懇態度，包括懂得感恩，肯於認錯，都證明了你的善良。

做人的尊嚴

西方人文傳統中有一個重要觀念，便是人的尊嚴，其經典表達就是康德所說的「人是目的」。按照這個觀念，每個人都是一個有尊嚴的精神性存在，不可被當作手段使用。對於今天許多國人來說，這個觀念何其陌生，往往只把自己用做了謀利的手段，互相之間也只把對方用做了謀利的手段。

在人類的基本價值中，有一項已久被遺忘，它就是高貴。

人生意義取決於靈魂生活的狀況。其中世俗，意義即幸福，取決於靈魂的豐富，神聖意義即德性，取決於靈魂的高貴。

一個自己有人格的尊嚴的人，必定懂得尊重一切有尊嚴的人格。

同樣的，如果你侮辱了一個人，就等於侮辱了一切人，也侮辱了你自己。

高貴者的特點是極其尊重他人，正是在對他人的尊重中，他的自尊得到了最充分的體現。

人要有做人的尊嚴，要有做人的基本原則，在任何情況下都不可違背，如果違背，就意味著不把自己當人了。今天有一些人就是這樣，不知尊嚴為何物，不把別人當人，任意欺凌和侮辱，而根源正在於他沒有把自己當人，事實上你在他身上也已經看不出絲毫人的品性。

世上有一種人，毫無尊嚴感，毫不講道理，一旦遇上他們，我就不知道該怎麼辦，因為我與人交往的唯一基礎是尊嚴感，與人鬥爭的唯一武器是講道理。我不得不相信，在生物譜系圖上，我和他們之間隔著無限遙遠的距離。

什麼是誠信？就是在與人打交道時，彷彿如此說：我要把我的真實想法告訴你，並且一定會對它負責。這就是誠實和守信用。當你這樣說時，你是非常自尊的，是把自己當作一個有尊嚴的人看待。同時，又彷彿如此說：我要你把你的真實想法告訴我，並相信你一定會對它負責。這就是信任。當你這樣說時，你是非常尊重對方的，是把他當作一個有尊嚴的人看待。由此可見，誠信是打交道雙方所共有的人的尊嚴之意識為基礎。

仗義和信任貌似相近，實則屬於完全不同的道德譜系。信任是獨立的個人之間的關係，一方面各人有自己的人格、價值觀、生活方式、利益追求等等，在這些方面彼此尊重，絕不要求一致；另一方面，合作做事時都遵守規則。仗義卻相反，一方面抹殺個性和個人利益，樣樣求同，不能容忍差異，另一方面共事時不講規則。

做人要講道德，做事要講效率。講道德是為了對得起自己的良心，講效率是為了對得起自己的生命。

驕傲與謙卑未必是反義詞。有高貴的驕傲，便是面對他人的權勢、財富或任何長處不卑不亢，也有高貴的謙卑，便是不因自己的權勢、財富或任何長處傲視他人，它們是相通的。同樣的，有低賤的驕傲，便是憑藉自己的權勢、財富或任何長處趾高氣揚，也有低賤的謙卑，便是面對他人的權勢、財富或任何長處奴顏婢膝，它們也是相通的。真正的對立存在於高貴與低賤之間。

健全的人際關係和社會秩序靠的是尊重，而不是愛。道理很簡單：你只能愛少數的人，但你必須尊重所有的人。

也許有人會說：不是還有博愛嗎？不錯，但是第一，無論作為宗教，還是作為人道，博愛都更是一種信念，在性質上不同於對具體的人的具體的愛；第二，不能要求社會所有成員都接受這個信念。

愛你的仇人——太矯情了吧；尊重你的仇人——這是可以做到的。孔子很懂這個道理，他反對以德報怨，主張以直報怨。

人的高貴在於靈魂

法國思想家帕斯卡（Blaise Pascal）有一句名言：「人是一支有思想的蘆葦。」他的意思是說，人的生命像蘆葦一樣脆弱，宇宙間任何東西都能置人於死地。可是，即使如此，人依然比宇宙間任何東西高貴得多，因為人有一顆能思想的靈魂。我們當然不能、也不該否認肉身生活的必要，但是，人的高貴卻在於他有靈魂生活。作為肉身的人，人並無高低貴賤之分。唯有作為靈魂的人，由於內心世界的巨大差異，人才分出了高貴和平庸，乃至高貴和卑鄙。

兩千多年前，羅馬軍隊攻進了希臘的一座城市，他們發現一個老人正蹲在沙地上專心研究一個圖形。他就是古代最著名的物理學家阿基米德。他很快便死在了羅馬軍人的劍下，當劍朝他劈來時，他只說了一句話：「不要踩壞我的圓！」在他看來，他畫在地上的那個圖，比他的生命更加寶貴。更早的時候，征服歐亞大陸的亞歷山大大帝，正在視察希臘的另一座城市，遇到正躺在地上晒太陽的哲學家第歐根尼，便問他：「我能替你做些什麼？」得到的回答是：「不要擋住我的陽光！」在他看來，面對他在陽光下的沉思，亞歷山大大帝的赫赫戰功顯得無足輕重。這兩則傳為千古美談的小故事，表明古希臘優秀人物對於靈魂生活的珍愛，他們愛思想勝於愛一切，包括自己的生命，把靈魂生活看得比任何外在的事物、包括顯赫的權勢更加高貴。

珍惜內在的精神財富甚於外在的物質財富，這是古往今來一切賢哲的共同特點。英國作家王爾德到美國旅行，入境時，海關官員問他有什麼東西要報關，他回答：「除了我的才華，什麼也沒有。」使他引以自豪的是，他沒有什麼值錢的東西，但他擁有不能用錢來估量的藝術才華。正是這位驕傲的作家在他的一部作品中告訴我們：「世間再沒有比人的靈魂更寶貴的東西，任何東西都不能跟它相比。」

其實，無需舉這些名人的事例，我們不妨稍微留心觀察周圍的現象。我常常發現，在平庸的背景下，哪怕是一點不起眼的靈魂生活跡象，也會閃耀出一種動人的光彩。

有一回，我乘車旅行。列車飛馳，車廂裡鬧哄哄的，旅客們在聊天、打牌、吃零食。一個少女躲在車廂的一角，全神貫注地讀著一本書。她讀得那麼專心，還不時往隨身攜帶的小本子上記些什麼，好像完全沒有聽見周圍嘈雜的人聲。望著她彷彿沐浴在一片光輝中的安靜的側影，我心中充滿感動，想起了自己的少年時代。那時候我也和她一樣，不管置身於多麼混亂的環境，只要拿起一本好書，就會忘記一切。如今我自己已經是一個作家，出過好幾本書了，可是我卻羨慕這個埋頭讀書的少女，無限緬懷已經漸漸遠逝、有著同樣純真追求的我的青春歲月。

人在年輕時多半富於理想，隨著年齡增長，就容易變得越來越實際。由於生存鬥爭的壓力和物質利益的誘惑，大家都把眼光和精力投向外部世界，不再關注自己的內心世界。其結果是靈魂日益萎縮和空虛，只剩下了一個在世界上忙碌不止的軀體。對於一個人來說，沒有比這更可悲的事情了。

靈魂的追求

人的高貴在於靈魂。作為肉身的人，人並無高低貴賤之分。唯有作為靈魂的人，由於內心世界的巨大差異，人才分出了高貴和平庸，乃至高貴和卑鄙。

我不相信上帝，但我相信世上必定有神聖。如果沒有神聖，就無法解釋人的靈魂何以會有如此執拗的精神追求。用感覺、思維、情緒、意志之類的心理現象不能完全概括人的靈魂生活，它們顯然屬於不同的層次。靈魂是人精神生活的真正所在地，在這裡，每個人最內在深邃的自我直接面對永恆，追問有限生命的不朽意義。

古往今來，以那些最優秀的分子為代表，在人類中始終存在著一種精神性的渴望和追求。人身上發動這種渴望和追求的核心顯然不是肉體，也不是以求知為鵠的的理智，我們只能稱之為靈魂。我在此意義上相信靈魂的存在。即使人類精神在宇宙過程中只有極短暫的存在，它也不可能沒有來源。因此，關於宇宙精神本質的假設是唯一選擇。這一假設永遠不能證實，但也永遠不能證偽。正因為如此，信仰是一種冒險。也許，與那些世界征服者相比，精神探索者們是一些更大的冒險家，因為他們想得到的是比世界更寶貴、更持久的東西。

人的靈魂渴望向上，就像遊子渴望回到故鄉一樣。靈魂的故鄉在非常遙遠的地方，只要生命不止，它就永遠在思念，在渴望，永遠走在回鄉的途中。至於這故鄉究竟在哪裡，卻是一個永恆的謎。我們只好用寓言的方式說，那是一個像天國一樣完美的地方。

智力可以是來自祖先的遺傳，知識可以是來自前人的積累。但是，有一種靈悟，其來源與祖先和前人皆無關，我只能說，它直接來自神，來自世界至深的根和核心。

我始終相信，人的靈魂生活比外在的肉身生活和社會生活更為本質，每個人的人生質量，首先取決於他靈魂生活的質量。

一個人的靈魂，不安於有生有滅的肉身生活限制，尋求超越的途徑，不管他的尋求有無結果，尋求本身已經使他和肉身生活保持了一個距離。這個距離便是他的自由，他的收穫。

能被失敗阻止的追求，是一種軟弱的追求，它暴露了力量的有限。能被成功阻止的追求，是一種淺薄的追求，它證明了目標的有限。

在艱難中創業，在萬馬皆瘖時吶喊，在時代舞台上叱咤風雲，這是一種追求。在淡泊中堅持，在天下沸沸揚揚時沉默，在名利場外自甘於寂寞和清貧，這也是一種追求。

追求未必總是顯示進取的姿態。

人類的精神生活體現為精神追求的漫長歷史，對於每一個個體來說，這個歷史一開始是外在的，他必須去重新占有它。就最深層的精神生活而言，時代的區別並不重要。無論在什麼時代，每一個個體都必須、並且能夠獨自面對自己的上帝，靠自己獲得他的精神個性，而這同時也就是他對人類精神歷史的占有和參與。

世上有多少位朝聖者，就有多少條朝聖路。每一條朝聖的路，都是每一位朝聖者自己走出來的，不必相同，也不可能相同。然而，只要你自己也是一個朝聖者，你就不會覺得這是一個缺陷，反而是一個鼓舞。你會發現，每個人正是靠自己孤獨的追求，加入人類的精神傳統，而只要你的確走在自己的朝聖路上，你其實並不孤獨。

人類精神始終在追求某種永恆的價值，這種追求已經形成為一種持久的精神事業和傳統。當我也以自己的追求加入這一事業和傳統時，我漸漸明白，這一事業和傳統，超越一切優秀個人的生死而世代延續，它本身就具有一種永恆的價值，甚至是人世間唯一可能和真實的永恆。

我們每一個人都是在肩負著人類的形象向上行進，而人類所達到的高度是由那個攀登得最高的人代表。正是透過那些偉人的存在，我們才真切地體會到了人類的偉大。

當然，能夠達到很高的高度的偉人終歸是少數，但是，只要我們是在努力攀登，我們就是在為人類的偉大作出貢獻，並且實實在在地分享了人類的偉大。

信仰的核心

在這個世界上，有的人信神，有的人不信，由此而區分為有神論者和無神論者，宗教徒和俗人。不過，這個區分並非很重要。還有一個比這重要得多的區分，便是有的人相信神聖，有的人不相信，人由此而分出了高尚和卑鄙。

一個人可以不信神，但不可以不相信神聖。是否相信上帝、佛、真主或別的什麼主宰宇宙的神祕力量，往往取決於個人所隸屬的民族傳統、文化背景和個人的特殊經歷，甚至取決於個人的某種神祕體驗，這勉強不來。一個沒有這些宗教信仰的人，仍然可能是一個善良的人。然而，倘若不相信人世間有任何神聖價值，百無禁忌，為所欲為，這樣的人就與禽獸無異了。

相信神聖的人有所敬畏。在他心目中，總有一些東西屬於做人的根本，是不得褻瀆的。他並不是害怕受到懲罰，而是不肯喪失基本的人格。不論他對人生怎樣充滿著欲求，他始終明白，一旦人格掃地，他在自己面前竟也失去了做人的自信和尊嚴，那麼，一切欲求的滿足都不能挽救他人生的徹底失敗。

真正的信仰，核心的東西必是一種內在的覺醒，是靈魂對肉身生活的超越，以及對普遍精神價值的追尋和領悟。信仰有不同的形態，也許冠以宗教之名，也許沒有，宗教又有不同的流派，但是，都不能缺少這個核心的東西，否則就不是真正的信仰。正因為如此，我們可以發現，一切偉大的信仰者，不論宗教上的歸屬如何，他們的靈魂相通，往往具有某些最基本的共同信念，因此而成為全人類的精神導師。

判斷一個人有沒有信仰，標準不是看他是否信奉某一宗教或某一主義，唯一的標準是在精神追求上是否有真誠的態度。一個有這樣的真誠態度的人，不論他是虔誠的基督徒、佛教徒，還是蘇格拉底式的無神論者，或尼采式的虛無主義者，都可視為真正有信仰的人。他們共同之處是，都相信人生中有超出世俗利益的精神目標，它比生命更重要，是人生中最重要的東西，值得為之活著和獻身。他們的差異僅是外在的，他們都是精神上的聖徒，在尋找和守護同一個東西，那使人類高貴、偉大、神聖的東西，他們的尋找和守護便證明了這種東西的存在。

人是由兩個途徑走向上帝或某種宇宙精神，一是要替自己的靈魂生活尋找一個根源，另外是要替宇宙的永恆存在尋找一種意義。這兩個途徑也就是康德所說的心中的道德和頭上的星空。

靈魂的渴求是最原初的信仰現象，一切宗教觀念，包括上帝觀念，都是由此派生的，是這個原初現象詞不達意的自我表達。

上帝或某種宇宙精神本質的存在，這在認識論上永遠只是一個假設，而不是真理。僅僅因為這個假設對於人類的精神生活發揮真實的作用，我們才在價值論的意義上將它看作真理。

一切外在的信仰只是橋樑和誘餌，其價值就在於把人引向內心，過一種內在的精神生活。神並非居住在宇宙間的某個地方，對我們來說，它的唯一可能的存在方式是我們在內心中感悟到它。一個人的信仰之真假，分界也在於有沒有這種內在的精神生活。偉大的信徒是那些有著偉大內心世界的人，相反的，一個全心全意相信天國或者來世的人，如果他沒有內心生活，你就不能說他有真實的信仰。

一切信仰的核心是對於內在生活的無比看重，把它看得比外在生活重要得多。這是一個可靠的標準，既把有信仰者和無信仰者區分開來，又把具有不同信仰的真信仰者聯結在了一起。

信仰的實質在於對精神價值本身的尊重。精神價值本身就是值得尊重的，無須為它找出別的理由來，這個道理對於一個有信仰的人來說不言自明。甚至不是一個道理，而是他內心深處的一種感情，他真正感覺到的人之為人的尊嚴之所在，人類生存的崇高性之所在。信仰越是純粹，越是尊重精神價值本身，必然就越能擺脫一切民族的、教別的、宗派的狹隘眼光，呈現出博大的氣象。在此意義上，信仰與文明是一致的。信仰問題上的任何狹隘性，其根源都在於利益的侵入，取代和擾亂了真正的精神追求。人類的信仰生活永遠不可能統一於某一種宗教，而只能統一於對某些最基本價值的廣泛尊重。

簡單地說，我認為的信仰，就是相信人是有靈魂的，靈魂生活比肉體生活、世俗生活更重要，並且把這個信念貫徹在生活中，注重靈魂的修煉，堅守做人的道德。一個人不論是否信宗教，不論信哪種宗教，只要符合上述要求，就都是有信仰的。

宗教把人生看作通往更高生活的準備，這個觀念既可能貶低人生，使之喪失自身的價值，也可能提升人生，使之獲得超越的意義。

信仰之光

信仰，就是相信人生中有一種東西，它比一己的生命重要得多，甚至是人生中最重要的東西，值得為之活著，必要時也值得為之獻身。這種東西必定是高於我們的日常生活，像日月星辰一樣在我們頭頂照耀，我們相信它並且仰望它，所以稱作信仰。但是，它又不像日月星辰那樣可以用眼睛看見，而只是我們心中的一種觀念，所以又稱作信念。

提起信仰，人們常常會想到宗教，例如基督教、佛教、伊斯蘭教等等。在人類歷史上，在現實生活中，宗教信仰的確是信仰最常見的一種形態。不過，兩者不完全是一回事。事實上，做一個教徒不等於就有了信仰，而有信仰的人也未必信奉某一宗教。

有一回，我到佛界聖地普陀山旅遊。在山上一座大廟裡，和尚們正為一個施主做法事，中間休息，一個小和尚走來與我攀談。我問他：「做法事很累吧？」他隨口答道：「是呵，掙錢真不容易！」一句話表明了他並不真信佛教，皈依佛門只是謀生的手段。這個小和尚畢竟直率得可愛。如今，天下寺廟，處處香火鼎盛，可是你若能聽見那些燒香拜佛的人許的願，就會知道，他們幾乎都是在向佛索求非常具體的利益，沒有幾人是真的有信仰。

在同一次旅程中，我還遇見另一個小和尚。當時，我正乘船航行。船艙裡異常悶熱，乘客們紛紛擠到艙內唯一的自來水管旁洗臉。他手拿毛巾，靜靜等候在一旁。終於輪到他了，又有一名乘客奪步上前，把他擠開。他面無慍色，退到旁邊，禮貌地以手示意：「請，請。」我目睹了這一幕，心中肅然起敬，相信眼前這個身披青灰色袈裟的年輕僧人是真正有信仰的人。後來，透過交談，這一直覺得到了證實，我發現他談吐不俗，對佛理和人生有很深的領悟。

其實，真正有信仰不在於相信佛、上帝、真主或別的什麼神，而在於相信人生應該有崇高的追求，有超出世俗的理想目標。如果說宗教真的有一種價值，那也僅僅在於為這種追求提供了一種容易普及的方式。但是，一普及就容易流於表面的形式，反而削弱、甚至喪失了追求的精神內涵。所以，真正看重信仰的人，決不會盲目相信某一種流行的宗教或別的思想，而是透過獨立思考尋求和確立自己的信仰。兩千四百年前，蘇格拉底就是被雅典民眾以不信神的罪名而處死。他的確不信神，但他有自己的堅定信仰，他的信仰就是：人生的價值在於愛智慧，用理性省察生活，尤其是道德生活。在審判時，法庭允許免他一死，前提是他必須放棄信奉和宣傳這一信仰，但被他拒絕了。他說，未經省察的人生不值得一過，活著不如死去。他為自己的信仰獻出了寶貴的生命。

信仰是內心的光，它照亮了一個人的人生之路。沒有信仰的人，猶如在黑暗中走路，不辨方向，沒有目標，隨波逐流，活一輩子也只是渾渾噩噩。當然，一個人要真正確立起自己的信仰，這不是一件容易的事，不但需要獨立思考，而且需要相當的閱歷和比較。在漫長的人生道路上，改變信仰的事情也會經常發生，不足為怪。在我看來，在信仰的問題上，真正重要的是要有真誠的態度。所謂真誠，第一就是要認真，既不是無所謂，可有可無，也不是隨大流，盲目相信；第二就是要誠實，決不自欺欺人。有了這種真誠的態度，即使你沒有找到一種明確的思想形態作為你的信仰，你也可以算作一個有信仰的人了。事實上，在一個普遍喪失甚至嘲侮信仰的時代，也許唯有在這些真誠的尋求者和迷惘者中，才能找到真正有信仰的人呢！

與世界建立精神關係

對於各種不殺生、動物保護、素食主義的理論和實踐，過去我都不甚看重，不承認它們具有真正的倫理意義，只承認有生態的意義。在我眼裡，凡是把這些東西當作一種道德信念遵奉的人都未免小題大做，不適當地擴大了倫理的範圍。我認為倫理僅僅與人類有關，在人類對自然界其他物種的態度上，不存在精神性的倫理問題，只存在利益問題，生態保護也無非是要為人類的長遠利益考慮罷了。我還認為若把這類理論倫理學化，在實踐上完全行不通，徹底不殺生只會導致人類滅絕。可是，在瞭解了史懷哲所創立的「敬畏生命」倫理學的基本內容之後，我的看法有了很大改變。

史懷哲是本世紀最偉大的人道主義者之一，也是動物保護運動的早期倡導者。他明確地提出：「只有當人認為所有生命，包括人的生命和一切生物的生命都是神聖的時候，他才是倫理的。」他的出發點不是簡單的惻隱之心，而是由生命的神聖性所喚起的敬畏之心。何以一切生命都是神聖的呢？對此他並未加以論證，事實上也無法論證。他承認敬畏生命的世界觀是一種「倫理神祕主義」，也就是說，它基於我們的內心體驗，而非對世界過程的完整認識。世界的精神本質是神祕的，我們不能認識它，只能懷著敬畏之心愛它、相信它。一切生命都源自它，「敬畏生命」的命題因此而成立。這是一個基本的信念，也許可以從道教、印度教、基督教中尋求其思想資源，對於史懷哲而言，重要的是透過這個基本的信念，人就可以與世界建立一種精神關係。

與世界建立精神關係—這是一個很好的想法，它簡潔地說明了信仰的實質。任何人活在世上，總是和世界建立了某種關係。但是，認真說來，人的物質活動、認知活動和社會活動僅是與周圍環境的關係，而非與世界整體的關係。在每一個人身上，隨著肉體以及作為肉體之一部分的大腦死亡，這類活動都將徹底終止。唯有人的信仰生活是指向世界整體的。所謂信仰生活，未必要皈依某一種宗教，或信奉某一位神靈。一個人不甘心被世俗生活的浪潮推著走，而總是想為自己的生命確定一個具有恆久價值的目標，他便是一個有信仰生活的人。因為當他這樣做時，他實際上對世界整體有所關切，相信它具有一種超越的精神本質，並且努力與這種本質建立聯繫。史懷哲非常欣賞羅馬的斯多葛學派和中國的老子，因為他們都使人透過簡單的思想而與世界建立精神關係。的確，作為信仰生活支點的那一個基本信念無須複雜，往往是簡單的，但必須真誠。人活一世，有沒有這樣的支點，人生內涵便大不相同。當然，信仰生活也不能使人逃脫肉體的死亡，但它本身具有超越死亡的品格，因為世界整體的精神本質藉它而得到了顯現。在這個意義上，史懷哲宣稱，甚至將來必定會到來的人類毀滅也不能損害它的價值。

我的印象是，史懷哲是在為失去信仰的現代人，重新尋找一種精神生活的支點。他的確說：真誠是精神生活的基礎，而現代人已經失去了對真誠的信念，應該幫助他們重新走上思想之路。他之所以創立敬畏生命的倫理學，用意蓋在於此。可以想像，一個敬畏一切生命的人，對於人類的生命會更珍惜，對於自己的生命會更負責。史懷哲本人就是懷著這一信念，幾乎畢生聖徒般地在非洲一個小地方行醫。相反的，那種見死不救、草菅人命的醫生，其冷酷的行徑恰好暴露了內心的毫無信仰。我相信人們可由不同的途徑與世界建立精神關係，敬畏生命的世界觀並非現代人唯一可能的選擇。但是，一切簡單而偉大的精神都相通，在那道路的盡頭，它們殊途而同歸。說到底，人們只是用不同的名稱稱呼同一個光源罷了，受此光源照耀的人，都走在同一條道路上。

不見而信

《新約》記載，耶穌也常顯示一些奇蹟，例如頃刻之間治癒痲風病人、癱瘓、瘸腿、盲人，讓死人復活，用五張餅餵飽了五千人等等。不過，耶穌自己好像並不贊成把信仰建立在奇蹟的基礎上。法利賽人要求他顯示奇蹟，便遭到了他的痛斥。法利賽人問上帝的主權何時實現，他回答說：「上帝主權的實現不是眼睛所能看見的，因為上帝的主權是在你們心裡。」

俗話說：「眼見為實。」在物質事實的領域內，這個標準基本上是成立的。譬如說，我沒有看見耶穌所顯示的上述奇蹟，我就不能相信它們是事實。當然，即使在事實的領域內，我們也不可能只相信自己的親眼所見，而拒不相信未見的一切。不過，我們對於自己未見的事實的相信，終歸是以自己親見的事實為基礎的，所謂間接經驗以直接經驗為基礎，就是這個意思。

可是，在精神價值的領域內，「眼見為實」的標準就完全不適用了。理想、信仰、真理、愛、善，這些精神價值永遠不會以一種看得見的形態存在，它們實現的場所只能是人的內心世界。毫無疑問，人的內心有沒有信仰，這個差異必定會在外在行為中表現出來。但是，差異的根源卻是在內心，正是在這無形之域，有的人生活在光明之中，有的人生活在黑暗之中。

據我理解，耶穌是想強調，一個人以看見上帝顯靈、甚至顯形為相信上帝的前提，這個前提本身就錯了，是違背信仰的性質。這樣的人即使真的自以為看見了某種神蹟從而信了神，也不算真有信仰。相反的，唯有鍾愛精神價值本身，而不要求看見其實際效果的人，才能夠走上信仰之路。在此意義上，不見而信正是信仰的前提。所以耶穌說：「那些沒有看見而信的人是多麼有福啊！」

不僅是靠食物

摩西領以色列人出埃及，在曠野中跋涉了四十年。開始時，因食物匱乏，飢餓難忍，以色列人怨聲載道。上帝聽見了怨言，便在每天清晨讓營地周圍的地面上長滿一層像霜一樣的白色的東西，以色列人未曾見過，彼此詢問：「這是什麼？」摩西告訴他們，這就是上帝給他們的食物。以色列人吃了，味道像蜜餅，因為不知其名，就稱之為「嗎哪」，希伯來語的意思即「這是什麼」。他們靠嗎哪活命，終於走出了曠野。到達終點後，摩西生命垂危，在約旦河東岸的摩押向以色列人發表最後的訓示。他在訓示中提及了這件事，說：「上帝使你們飢餓，然後把嗎哪賜給你們，以此教導你們：人的生存不僅是靠食物，而是靠上帝所說的每一句話。」

這是《舊約》中的記載。摩西的意思很清楚：上帝神力無邊，能在沒有食物的地方變出食物來，因此，對於人的生存來說，最重要的不是食物，而是遵守上帝的律法，如此上帝自會替我們解決食物的問題。

《新約》所記載耶穌最早的活動是受洗，隨後即被聖靈帶到曠野去，受魔鬼的試探。禁食四十晝夜後，他餓了，魔鬼說：「如果你是上帝的兒子，命令這些石頭變成麵包吧！」這時耶穌便引用摩西的話回答道：「人的生存不僅是靠食物，而是靠上帝所說的每一句話。」請注意，這同一句話，從耶穌口中說出，已經有了不同的含義。他沒有訴諸上帝的無邊神力，讓石頭變成麵包，解除自己的飢餓，相反的是拒絕這樣做，寧願繼續挨餓。他以此摘清了信仰與食物的瓜葛，捍衛了信仰的純粹性，也澄清了「人的生存不僅是靠食物」這句箴言的準確含義。他所強調的是，對於人的生存來說，信仰比食物更重要，精神生活比物質生活更重要。這是耶穌出道之初就確立的基本信念，貫穿於他後來的全部活動之中。

我在這裡並非對《舊約》和《新約》全面評判，而只是舉一例證解說信仰的實質。不過，這一例證的確也說明，耶穌提高了基督教信仰的精神性品格。正因為如此，基督教才得以超越猶太民族，成為更加個人性、也更加世界性的宗教。

「人的生存不僅是靠食物」──這個信念是一切信仰生活的起點。一般地承認人有比食物更高的慾望，這並不難，但在我看來，這還不能算是確立了這個信念。深刻的分歧在於，是否承認精神價值本身具有獨立的價值。常見的情形是，人們往往利用所謂效用的尺度衡量精神價值。例如，他們可以承認真理的價值，但前提是真理必須有用，可以承認科學的價值，但前提是科學必須成為生產力，可以承認藝術的價值，但前提是藝術必須符合時代的需要。他們實際上仍是在用物質評斷精神，用食物評斷上帝，信奉的是這同一邏輯：「上帝的價值在於能在曠野上變出嗎哪，能把石頭變成麵包。」把這個邏輯貫徹到底，必然的結果是，一旦上帝與食物發生衝突，就捨上帝而取食物，為了物質利益而拋棄精神價值。在現實生活中，為了金錢而放棄理想，為了當前經濟建設而毀壞千古文化遺產，這樣的事還少嗎？

所以，信仰的實質在於對精神價值本身的尊重。精神價值本身就是值得尊重的，無須為它找出別的理由來，這個道理對於一個有信仰的人來說是不言自明的。這甚至不是一個道理，而是他內心深處的一種感情，他真正感覺到的人之為人的尊嚴所在，人類生存的崇高性質所在。以對待本民族文化遺產的態度為例，是精心保護，還是肆意破壞，根本的原因肯定不在是否愛國，而在是否珍愛凝結在其中的人類精神價值。我沒把毀壞阿富汗大佛的塔利班看作有信仰的人，而只認為他們是一群矇昧人。信仰越是純粹，越是尊重精神價值本身，必然就越能擺脫一切民族、教別、宗派的狹隘眼光，呈現出博大的氣象。在此意義上，信仰與文明是一致的。信仰問題上的任何狹隘性，其根源都在於利益的侵入，取代和擾亂了真正的精神追求。我相信，人類的信仰生活永遠不可能統一於某一種宗教，而只能統一於對某些最基本價值的廣泛尊重。

報應

善有善報，惡有惡報—這是佛家的信念，在別的宗教中也能找出類似的訓誨。事實上，作為一個樸素的願望，它存在於一切善良的人們心中。當我們無力懲惡時，我們只好指望老天顯示正義。我們還試圖以此警告惡人，惡人之所以敢肆無忌憚地作惡，就是因為他們自以為可以不受懲罰，如果報應不爽，他們必有所收斂。可惜的是，在現實生活中，我們仍然常常看見惡人走運，好人反而遭殃。於是，我們困惑了，憤怒了，斥報應說為謊言，或者，為了安慰自己，我們便將報應的兌現推遲到來世或天國。

如果把報應理解為世俗性質的苦樂禍福，那麼，它在另一個世界裡能否兌現，實在是很渺茫。即使真有靈魂或來世，我也不相信好人必定上天堂，或者投胎富貴人家，惡人必定下地獄，或者投胎貧賤人家。不過，我依然相信善有善報，惡有惡報，只是應該按照一種完全不同的含義來理解。我相信報應就在現世，而真正的報應是：對於好人和惡人來說，由於內在精神品質的不同，即使相同的外在遭遇也具有迴然不同的意義。譬如說，好人和惡人都難免遭受人世的苦難，但是，正如奧古斯丁所說：「同樣的痛苦，對善者是證實、洗禮、淨化，對惡者是詛咒、浩劫、毀滅。」與此同理，同樣的身外之福，例如財產，對善者可以助成閒適、知足、慷慨的心情，對惡者卻是煩惱、繩索和負擔。總之，世俗的禍福，在善者都可轉化為一種精神價值，在惡者都會成為一種懲罰。善者播下的是精神的種子，收穫的也是精神的果實，這就已是善報了。惡者枉活一世，未嘗體會過任何一種美好的精神價值，這也已是惡報了。

《約翰福音》有言：「光來到世上，世人寧愛黑暗而不愛光明，而這即已是審判。」的確，光明並不直接懲罰不接受它的人，拒絕光明，停留在黑暗中，這本身即是懲罰。一切最高的獎勵和懲罰都不是外加的，而是行為本身給行為者造成的精神後果。高尚是對高尚者的最高獎勵，卑劣是對卑劣者的最大懲罰。上帝真正的寵兒，不是那些得到上帝額外恩賜的人，而是最大限度實現人性美好可能性的人。當人性的光華在你的身上閃耀，使你感受到做人的自豪之時，這光華和自豪便已是給你的報酬，你確實會覺得一切外在的際遇不重要了。

拒絕光即已是懲罰

耶穌說：「光來到世上，為要使信它的人不住在黑暗裡。它來的目的不是要審判世人，而是要拯救世人。那信它的人不會受審判，不信的人便已受了審判。光來到世上，世人寧愛黑暗而不愛光明，而這即已是審判。」

說得非常好。光、真理、善，一切美好的價值，它們的存在原不是為了懲罰什麼人，而是為了造福於人，使人過一種有意義的生活。光照進人的心，心被精神之光照亮了，人就有了一個靈魂。有的人拒絕光，心始終是黑暗的，活了一世而未嘗有靈魂。用不著上帝另加審判，這本身即已是最可怕的懲罰了。

一切偉大的精神創造，都是光來到世上的證據。當一個人自己從事創造的時候，或者沉醉在既有的偉大精神作品中的時候，他會最真切地感覺到，光明已經降臨，此中的喜樂是人世間任何事情都不能相比。讀好的書籍，聽好的音樂，我們都會由衷地感到，生而為人是多麼幸運。倘若因為客觀的限制，一個人無緣有這樣的體驗，那無疑是極大的不幸。倘若因為內在的矇昧，一個人拒絕這樣的享受，那就是真正的懲罰了。偉大的作品已經在那裡，卻視而不見，偏把光陰消磨在源源不斷的垃圾產品中，你不能說這不是懲罰。有一些發了大財的人，他們當然有錢去環遊世界，可是到了國外，對當地的自然和文化景觀毫無興趣，唯一熱衷的是購物和逛紅燈區，你不能說他們不是一些遭了判決的可悲人。

人心中的正義感和道德感也是光來到世上的證據。不管世道如何，世上善良人總歸是多數，他們心中最基本的做人準則是任何世風也摧毀不了。這準則是人心中不熄的光明，凡是感覺到這光明的人都知道它的珍貴，因為它是為人尊嚴的來源，倘若它熄滅了，人就不復是人了。世上的確有那樣的惡人，心中的光幾乎或已經完全熄滅，處世做事不再講最基本的做人準則。他們不相信基督教的末日審判之說，也可能逃脫塵世上的法律審判，但是，活著而感受不到一絲一毫做人的光榮，你不能說這不是最嚴厲的懲罰。

04 面對苦難

正視苦難

我們總是想，今天如此，明天也會如此，生活將照常進行下去。然而，事實上遲早會有意外事件發生，打斷我們業已習慣的生活，總有一天我們的列車會突然翻出軌道。

「天有不測風雲」——不測風雲乃天之本性，「人有旦夕禍福」——旦夕禍福是無所不包的人生題中應有之義，任何人不可心存僥倖，把自己獨獨看作例外。

人生在世，總會遭受不同程度的苦難，世上並無絕對的幸運兒。所以，不論誰想從苦難中獲得啟迪，應該是不愁缺乏必要的機會與材料。世態炎涼，好運不過爾爾。那種一交好運就得意忘形的淺薄者，我很懷疑苦難能否使他們變得深刻一些。

人生的本質決非享樂，而是苦難，是要在無情宇宙的一個小小角落裡奏響生命的凱歌。

喜歡談論痛苦的往往是不識愁滋味的少年，而飽嘗人間苦難的老年貝多芬卻唱起了歡樂頌。

年少之時，我們往往容易無病呻吟，誇大自己的痛苦，甚至誇耀自己的痛苦。究其原因，大約有二。其一，是對人生的無知，沒有經歷過大痛苦，就把一點小煩惱當成了大痛苦。其二，是虛榮心，在文學青年身上尤其突出，把痛苦當作裝飾和品位，顯示自己與眾不同。只是到了真正飽經滄桑之後，我們才明白，人生的小煩惱是不值得說的，大痛苦又是不可說的。我們把痛苦當作人生本質的一個組成部分接受下來，帶著它繼續生活。如果一定要說，我們就說點別的，比如天氣。辛棄疾詞云：「卻道天涼好個秋」——這個結尾意味深長，是不可說之說，是辛酸的幽默。

一個人只要真正領略了平常苦難中的絕望，他就會明白，一切美化苦難的言辭是多麼浮誇，一切炫耀苦難的姿態是多麼做作。

不要對我說「苦難淨化心靈，悲劇使人崇高。」，默默之中，苦難磨鈍了多少敏感的心靈，悲劇毀滅了多少失意的英雄。何必用舞台上的繪聲繪色，來掩蓋生活中的無聲無息！

浪漫主義在痛苦中發現了美感，於是為了美感而尋找痛苦，誇大痛苦，甚至偽造痛苦。然而，假的痛苦有千百種語言，真的痛苦卻沒有語言。

事實上，我們平凡生活中的一切真實悲劇，都仍然是平凡生活的組成部分，平凡性是它們的本質，詩意的美化必然導致歪曲。

我們不是英雄。做英雄是輕鬆的，因為他有淨化和昇華。做英雄又是沉重的，因為他要演戲。我們只是忍受著人間尋常苦難的普通人。

人生中有些遭遇是沒有安慰、也沒有補償的，只能全盤接受。我為接受找到的唯一理由是，人生在總體上就是悲劇，因此就不必追究細節的悲慘了。塞內卡在相似意義上說：「何必為部分生活而哭泣？君不見全部人生都催人淚下。」

如同肉體的痛苦一樣，精神的痛苦也是無法分擔的。別人的關愛至多只能轉移你對痛苦的注意力，卻不能改變痛苦的實質。甚至在一場共同承受的苦難中，每個人也必須獨自承擔自己的那一份痛苦，這痛苦並不因為有難友而有所減輕。

苦難與生命意義

幸福是生命意義得到實現的鮮明感覺。一個人在苦難中也可以感覺到生命意義的實現乃至最高的實現，因此苦難與幸福未必互相排斥。但是，在更多的情況下，人們在苦難中感覺到的卻是生命意義的受挫。我相信，即使是這樣，只要沒有被苦難徹底擊敗，苦難仍會深化一個人對於生命意義的認識。

人生中有順境，也有困境和逆境。困境和逆境當然一點也不溫馨，卻是人生最真實的組成部分，往往促使人奮鬥，也引人徹悟。我無意讚美形形色色的英雄、聖徒、冒險家和苦行僧，可是，如果否認了苦難的價值，就不復有壯麗的人生了。

對於一個視人生感受為最寶貴財富的人來說，歡樂和痛苦都是收入，他的帳本上沒有支出。這種人儘管敏感，卻有很強的生命力，因為在他眼裡，現實生活中的禍福得失已經降為次要的東西，命運的打擊因心靈的收穫而得到了補償。杜斯妥也夫斯基在賭場上所輸掉的，卻在他描寫賭徒心理的小說中極其輝煌地贏了回來。

人生中不可挽回的事太多。既然活著，還得朝前走。經歷過巨大苦難的人有權利證明，創造幸福和承受苦難屬於同一種能力。沒有被苦難壓倒，這不是恥辱，而是光榮。

佛的智慧把愛當作痛苦的根源而加以棄絕，扼殺生命的意志。我的智慧把痛苦當作愛的必然結果而加以接受，化為生命的財富。

任何智慧都不能使我免於痛苦，我只願有一種智慧足以使我不毀於痛苦。

生命中那些最深刻的體驗必定也是最無奈的，它們缺乏世俗的對應物，因而不可避免地會被日常生活的潮流淹沒。當然，淹沒並不等於不存在，它們仍然存在於日常生活所觸及不到的深處，成為每一個人既無法面對、也無法逃避的心靈暗流。

當生活中的小挫折彼此爭奪意義之時，大苦難永遠藏在找不到意義的沉默深淵裡。認識到生命中的這種無奈，我看自己、看別人的眼光便寬容多了，不會再被喧鬧的表面現象所迷惑。

人天生是軟弱的，惟其軟弱而猶能承擔起苦難，才顯現出人的尊嚴。

我厭惡那種號稱鐵石心腸的強者，蔑視他們一路旗開得勝的驕橫。只有以軟弱天性而勇敢承受著尋常苦難的人們，才是我的兄弟姐妹。

知道痛苦的價值的人，不會輕易向別人洩露和展示自己的痛苦，哪怕是最親近的人。

落難的王子

有一個王子，生性多愁善感，最聽不得悲慘的故事。每當左右向他稟告天災人禍的消息，他就流著淚嘆息道：「天哪，太可怕了！這事落到我頭上，我可受不了！」

可是，厄運終於落到了他的頭上。在一場突如其來的戰爭中，他的父王被殺，母后受辱自盡，他自己也被敵人擄去當了奴隸，受盡非人的折磨。當他終於逃出虎口時，他已經身罹殘疾，從此以後流落異國他鄉，靠行乞度日。

我是在他行乞時遇到他的，見他相貌不凡，便向他打聽身世。聽他說罷，我早已淚流滿面，發出了他曾經發過的同樣的嘆息：

「天哪，太可怕了：這事落到我頭上，我可受不了！」

誰知他正色道—

「先生，請別說這話。凡是人間的災難，無論落到誰頭上，誰都得受著，而且都受得了—只要他不死。至於死，就更是一件容易的事了。」

落難的王子撐著枴杖遠去了。有一天，厄運也落到了我的頭上，而我的耳邊也響起了那熟悉的嘆息：

「天哪，太可怕了……。」

以尊嚴的方式承受苦難

面對社會悲劇，我們有理想、信念、正義感、崇高感支撐著我們，我們相信自己在精神上無比優越於那迫害乃至毀滅我們的惡勢力，因此我們可以含笑受難，慷慨赴死。我們是舞台上的英雄，哪怕眼前這個劇場裡的觀眾全都渾渾噩噩，是非顛倒，我們仍有勇氣把戲演下去，演給我們心目中絕對清醒公正的觀眾看，我們稱這觀眾為歷史、上帝或良心。

可是，面對自然悲劇，我們有什麼呢？這裡沒有舞台，只有空漠無際的蒼穹。我們不是英雄，只是朝生暮死的眾生。任何人間理想都撫慰不了生老病死的悲哀，在天災人禍面前也談不上什麼正義感。當史前人類遭受大洪水的滅頂之災時，當龐貝城居民被維蘇威火山的岩漿吞沒時，他們能有什麼慰藉呢？地震、海嘯、車禍、空難、瘟疫、絕症……，大自然的惡勢力輕而易舉地把我們或我們的親人毀滅。我們面對的是沒有靈魂的敵手，因而不能以精神的優越自慰，卻越發感到生命的卑微。沒有上帝來拯救我們，因為這災難正是上帝親手降下。我們憤怒，但無處洩憤。我們冤屈，但永無伸冤之日。我們反抗，但我們的反抗孤立無助，注定失敗。

然而我們未必因此倒下。也許，沒有浪漫氣息的悲劇是我們最本質的悲劇，不具英雄色彩的勇氣是我們最真實的勇氣。在無可告慰的絕望中，我們咬牙挺住。我們挺立在那裡，沒有觀眾，沒有證人，也沒有期待，沒有援軍。我們不倒下，僅僅是因為我們不肯讓自己倒下。我們以此維護了人的最高、也是最後的尊嚴——人在大自然（大自然＝神＝虛無）面前的尊嚴。

面對無可逃避的厄運和死亡，絕望的人在失去一切慰藉之後，總還有一個慰藉，便是在勇敢承受命運時的尊嚴感。由於降災於我們的不是任何人間的勢力，而是大自然本身，因此，在我們的勇敢中體現出的乃是人的最高尊嚴——人在神面前的尊嚴。

對於別人的痛苦，我們的同情一開始可能相當活躍，但一旦痛苦持續下去，同情就會消退。我們在這方面的耐心遠遠不如對於別人的罪惡的耐心。一個我們不得不忍受的別人的罪惡彷彿是命運，一個我們不得不忍受的別人的痛苦卻幾乎是罪惡了。

我並非存心刻薄，而是想從中引出一個很實在的結論：當你遭受巨大痛苦時，你要自愛，懂得自己忍受，儘量不用你的痛苦打擾別人。

領悟悲劇也須有深刻的心靈，人生的險難關頭最能檢驗一個人的靈魂深淺。有的人一生接連遭到不幸，卻未嘗體驗過真正的悲劇情感。相反的，表面上一帆風順的人，也可能經歷巨大的內心悲劇。

我相信人有素質的差異。苦難可以激發生機，也可以扼殺生機；可以磨煉意志，也可以摧垮意志；可以啟迪智慧，也可以矇蔽智慧；可以高揚人格，也可以貶抑人格—全看受苦者的素質如何。素質大致規定了一個人承受苦難的限度，在此限度內，苦難的錘煉或可助人成材，超出此則會把人擊碎。

這個限度對幸運同樣適用。素質好的人既能承受大苦難，也能承受大幸運，素質差的人則可能兼毀於兩者。

痛苦是性格的催化劑，它使強者更強、弱者更弱、暴者更暴、柔者更柔、智者更智、愚者更愚。

人得救靠本能

習慣、疲倦、遺忘、生活瑣事……，苦難有許多貌不驚人的救星。人得救不是靠哲學和宗教，而是靠本能，正是生存本能使人類和個人歷盡劫難而免於毀滅，各種哲學和宗教的安慰也無非是人類生存本能的自勉罷了。

人都是得過且過，事到臨頭才真急。達摩克利斯之劍懸在頭上，仍然不知道疼。砍下來，只要不死，好了傷疤又忘了疼。最拗不過的是生存本能以及由之產生的日常生活瑣事，正是這些瑣事，分散了人對苦難的注意，使苦難者得以休養生息，走出淚谷。

在《戰爭與和平》中，娜塔莎一邊守護著彌留之際的安德烈，一邊在編一隻襪子。她愛安德烈勝於世上的一切，但她仍然不能除了等心上人死之外什麼事也不做。一事不做地等一個注定的災難發生，這種等待實在荒謬，與之相比，災難本身反倒顯得比較好忍受一些了。

只要生存本能猶在，人在任何處境中都能為自己編織希望，哪怕是極可憐的希望。杜斯妥也夫斯基筆下的終身苦役犯，服刑初期被鐵鏈拴在牆上，可他們照樣有他們的希望：有朝一日能像別的苦役犯一樣，被允許離開這堵牆，戴著腳鐐走動。如果沒有任何希望，沒有人能夠活下去。即使是最徹底的悲觀主義者，他們的徹底也僅是理論上的。在現實生活中，生存本能仍然驅使他們不斷受到小小希望的鼓舞，從而能忍受這遭到他們否定的人生。

請不要責備「好了傷疤忘了疼」。如果生命沒有這樣的自衛本能，人如何還能正常地生活，世上還怎會有健康、勇敢和幸福？古往今來，天災人禍，留下過多少傷疤，如果一一記住它們的疼痛，人類早就失去了生存的興趣和勇氣。人類是在忘卻中前進的。

對於一切悲慘的事情，包括我們自己的死，我們始終是既適應又不適應，有時悲觀有時達觀，時而清醒時而麻木，直到最後都是如此。說到底，人的忍受力和適應力是驚人的，幾乎能夠在任何境遇中活著，或者—死去，而死也不是不能忍受和適應。到死時，不適應也適應了，不適應也無可奈何了，不適應也死了。

身處一種曠日持久的災難之中，為了與這災難拉開一個心理距離，可以有種種辦法。樂觀者會儘量「往前看」，把眼光投向雨過天晴的未來，看到災難的暫時性，而懷抱一種希望。悲觀者會儘量居高臨下「俯視」災難，把它放在人生虛無的大背景下來看，看破人間禍福的無謂，產生一種超脫的心境。倘若我們既非樂觀的詩人，亦非悲觀的哲人，而只是得過且過的普通人，我們仍然可以、甚至必然有意無意地掉頭不看眼前的災難，儘量把注意力放在生活中尚存的歡樂上，哪怕是些極瑣碎的歡樂，只要我們還活著，任何災難都不能將這類歡樂徹底消滅。所有這些辦法，實質上都是逃避，而逃避常常是必要的。

如果我們驕傲得不肯逃避，或者沉重得不能逃避，怎麼辦呢？

剩下的唯一辦法是忍。

我們終於發現，忍受不可忍受的災難是人類的命運。接著我們又發現，只要咬牙忍受，世上並無不可忍受的災難。

古人曾云：忍為眾妙之門。事實上，對於人生種種不可躲避的災禍和不可改變的苦難，除了忍，別無他法。忍也不是什麼妙法，只是非如此不可罷了。不忍又能怎樣？所謂超脫，不過是尋找一種精神上的支撐，從而較能夠忍，並非不需要忍。一切透澈的哲學解說，都改變不了任何一個確鑿的災難事實。佛教教人看透生老病死之苦，但並不能消除生老病死本身，苦仍然是苦，無論怎麼看透，身受時還是得忍。

當然，也有忍不了的時候，結果是肉體的崩潰—死亡，精神的崩潰—瘋狂，最糟則是人格的崩潰—從此委靡不振。

如果不想毀於災難，就只能忍。忍是一種自救，即使自救不了，至少也是一種自尊。以從容平靜的態度忍受人生最悲慘的厄運，這是處世做人的基本功夫。

定理一：人是注定要忍受不可忍受的苦難的。由此推導出定理二：所以，世上沒有不可忍受的苦難。

對於人生的苦難，除了忍，別無他法。一切透徹的哲學解釋不能改變任何一個確鑿不移的災難事實。例如面對死亡，最好的哲學解釋也至多只能解除我們對於恐懼的恐懼，而不能解除恐懼本身，因為這後一層恐懼屬於本能，我們只能帶著它接受宿命。

人生無非是等和忍的交替。有時是忍中有等，絕望中有期待。到了一無可等的時候，最後就忍一忍，大不了是一死，就此徹底解脫。

我們不可能持之以恆地為一個預知的災難結局悲傷。悲傷如同別的情緒一樣，也會疲勞，也需要休息。

以旁觀者的眼光看死刑犯，一定會想像他們無一日得安生，其實不然。因為只要想一想我們自己，誰不是被判了死刑的人呢？

人生難免遭遇危機，能主動應對當然好，若不能，就忍受它，等待它過去吧！

身陷任何一種絕境，只要還活著，就必須把絕境也當作一種生活，接受它的一切痛苦，也不拒絕它仍然可能有的任何微小快樂。

身處絕境之中，最忌諱的是把絕境與正常生活進行對比，認為它不是生活，這樣會一天也忍受不下去。如果要作對比，乾脆放大尺度，把自己的苦難放到宇宙的天平上去秤一秤。面對宇宙，一個生命連同它的痛苦皆微不足道，可以忽略不計。

苦難中的智慧

人生的重大苦難都起於關係。對付它的方法之一，便是有意識地置身在關係之外，和自己的遭遇拉開距離。例如，在失戀、親人死亡或自己患了絕症時，就想一想戀愛關係、親屬關係，乃至自己生命的純粹偶然性，於是獲得一種類似解脫的心境。佛教的因緣說庶幾近之。

然而，畢竟身在其中，不是想跳就能跳脫出來。無我的空理易明，有情的塵緣難斷。認識到因緣的偶然是一回事，真正看破因緣又是一回事。所以，佛教要建立一套煩瑣複雜的戒律，藉以把它的哲學觀念轉化為肉體本能。

著眼於過程，人生才有幸福或痛苦可言。以死為背景，一切苦樂禍福的區別都無所謂了。因此，當我們身在福中時，我們儘量不去想死的背景，以免敗壞眼前的幸福。一旦苦難臨頭，我們又儘量去想死的背景，以求超脫當下的苦難。

生命連同它的快樂和痛苦都是虛幻的—這個觀念對於快樂是一個打擊，對於痛苦未嘗不是一個安慰。用終極的虛無淡化日常的苦難，用徹底的悲觀淨化塵世的哀傷，這也許是悲觀主義的智慧吧！

面對苦難，我們可以用藝術、哲學、宗教的方式尋求安慰。在這三種場合，我們都是在想像中把自我從正在受苦的肉身凡胎分離出來，立足於一個安全的位置上，居高臨下地看待苦難。

藝術家自我對肉身說：你的一切遭遇，包括你正遭受的苦難，都只是我的體驗。人生不過是我藉造化之筆寫的一部大作品，沒有什麼不可化作它的素材。我有時也許寫得很投入，但我不會忘記，作品是作品，我是我，無論作品的某些章節多麼悲慘，我依然故我。

哲學家自我對肉身說：我站在超越時空的最高處，看見了你所看不見的一切。我看見了你身後的世界，在那裡你不復存在，你生前是否受過苦還有何區別？在我無邊廣闊的視野裡，你的苦難稍縱即逝，微不足道，不值得為之動心。

宗教家自我對肉身說：你是卑賤的，注定受苦，而我將升入天國，永享福樂。

但正在受苦的肉身忍無可忍了，它不能忍受對苦難的貶低甚於不能忍受苦難，於是怒喊道：「我寧願絕望，不要安慰！」

一切偶像都沉默下來了。

離一種災禍越遠，我們越覺得其可怕，不敢想像自己一旦身陷其中會怎麼樣。但是，當我們真的身陷其中時，猶如落入颱風中心，反倒有了一種意外的平靜。

越是面對大苦難，就越要用大尺度來衡量人生的得失。在歲月的流轉中，人生的一切禍福都是過眼煙雲。在歷史的長河中，災難和重建乃是尋常經歷。

不幸對一個人的殺傷力取決於兩個因素，一是不幸的程度，二是對不幸的承受力。其中，後者更關鍵。所以，古希臘哲人如是說：不能承受不幸本身就是一種巨大的不幸。但是，承受不幸不僅是一種能力，來自堅強的意志，更是一種覺悟，來自做人的尊嚴、與身外遭遇保持距離的智慧，以及超越塵世遭遇的信仰。

任何智慧都不能使我免於痛苦，我只願有一種智慧足以使我不毀於痛苦。

人生最無法超脫的悲苦正是在細部，哲學並不能使正在流血的傷口止痛，對於這痛，除了忍受，我們別無辦法。但是，我相信，哲學、宗教所啟示給人的那種宏觀的超脫仍有一種作用，就是幫助我們把自己從這痛中分離出來，不讓這痛把我們完全毀掉。

一天的難處一天擔當

「你們不要為明天憂慮，明天自有明天的憂慮；一天的難處一天擔當就夠了。」耶穌有一些很聰明的教導，這是其中之一。

中國人喜歡說：人無遠慮，必有近憂。這當然也對。不過，遠慮是無窮盡的，必須適可而止。有一些遠慮，可以預見也可以預作籌劃，不妨就預作籌劃，以解除近憂。有一些遠慮，可以預見卻無法預作籌劃，那就暫且擱下吧！車到山前自有路，何必讓它提前成為近憂。還有一些遠慮，完全不能預見，那就更不必總是懷著一種莫名之憂，自己折磨自己了。總之，應該儘量少往自己的心裡擱憂慮，保持輕鬆和光明的心境。

一天的難處一天擔當，這樣你不但比較輕鬆，而且比較容易把這難處解決。如果你把今天、明天以及後來許多天的難處都擔在肩上，你不但沉重，而且可能連一個難處也解決不了。

做一個能夠承受不幸的人

古希臘哲人畢亞斯（Bias of Priene）說：「一個不能承受不幸的人是真正不幸的。」彼翁（Bion of Smyrna）說了相同意思的話：「不能承受不幸本身就是一種巨大的不幸。」

為什麼這樣說呢？

首先是因為，不幸對一個人的殺傷力取決於兩個因素，一是不幸的程度，二是對不幸的承受力。其中，後者更關鍵。一個能夠承受不幸的人，實際上是減小了不幸對自己的殺傷力，尤其是不讓它傷及自己的生命核心。相反的，一個不能承受的人，同樣的不幸就可能使他元氣大傷，一蹶不振，甚至因此毀滅。因此，看似遭遇了同樣的不幸，結果完全不一樣。

其次，一個不能承受的人，即使暫時沒有遭遇不幸，因為他內在的脆弱，在其身上好像已經埋著不幸的種子一樣。在現實生活中，大大小小的不幸總是難免的，因此，他被不幸擊倒只是遲早的事情而已。

做一個能夠承受不幸的人，這是人生觀的重要內容。承受不幸不僅是一種能力，來自堅強的意志，更是一種覺悟，來自做人的尊嚴、與身外遭遇保持距離的智慧，和超越塵世遭遇的信仰。

面對苦難

人生在世，免不了要遭受苦難。所謂苦難，是指那種造成了巨大痛苦的事件和境遇。它包括個人不能抗拒的天災人禍，例如遭遇亂世或災荒，患危及生命的重病乃至絕症，摯愛的親人死亡。也包括個人在社會生活中的重大挫折，例如失戀、婚姻破裂、事業失敗。有些人即使在這兩方面運氣都好，未曾吃大苦，卻也無法避免那個一切人遲早要承受的苦難─死亡。因此，如何面對苦難，便是擺在每個人面前的重大人生課題。

人們往往把苦難看作人生中純粹消極的、應該完全否定的東西。當然，苦難不同於主動的冒險，冒險有一種挑戰的快感，而我們忍受苦難總是迫不得已的。但是，作為人生的消極面的苦難，它在人生中的意義也是完全消極的嗎？

苦難與幸福是相反的東西，但它們有一個共同之處，就是都直接和靈魂有關，並且都牽涉到對生命意義的評價。在通常情況下，我們的靈魂是沉睡的，一旦我們感到幸福或遭到苦難時，它便醒來了。如果說幸福是靈魂的巨大愉悅，這愉悅源自對生命的美好意義的強烈感受，那麼，苦難之所以為苦難，在於它撼動了生命的根基，打擊了人對生命意義的信心，因而使靈魂陷入了巨大痛苦。生命意義僅是靈魂的對象，對它無論是肯定還是懷疑、否定，只要是真切的，就必定是靈魂在出場。外部的事件再悲慘，如果它沒有震撼靈魂，也成為一個精神事件，就稱不上是苦難。一種東西能夠把靈魂震醒，使之處於雖然痛苦，卻富有生機的緊張狀態，應當說必具有某種精神價值。

多數時候，我們是生活在外部世界上。我們忙於瑣碎的日常生活，忙於工作、交際和娛樂，難得有時間想一想自己，也難得有時間想一想人生。可是，當我們遭到厄運時，我們忙碌的身子停了下來。厄運打斷了我們所習慣的生活，同時也提供了一個機會，迫使我們與外界事物拉開了一個距離，回到了自己。只要我們善於利用這個機會，肯於思考，就會對人生獲得一種新眼光。古羅馬哲學家認為逆境啟迪智慧，佛教把對苦難的認識看作覺悟的起點，都自有其深刻之處。人生固有悲劇的一面，對之視而不見未免膚淺。當然，我們要注意不因此而看破紅塵。我相信，一個歷盡坎坷而仍然熱愛人生的人，他胸中一定藏著許多從痛苦中所提煉的珍寶。

苦難不僅提高我們的認識，而且也提高我們的人格。苦難是人格的試金石，面對苦難的態度，最能表明一個人是否具有內在的尊嚴。例如失戀，只要失戀者真心愛那個棄他而去的人，他就不可能不感到極大的痛苦。但是，同為失戀，有的人因此自暴自棄，委靡不振；有的人為之反目為仇，甚至行兇報復；有的人則懷著自尊和對他人感情的尊重，默默地忍受痛苦，其間便是人格上的巨大差異。當然，每個人的人格並非一成不變，他對痛苦的態度也在鑄造他的人格。不論遭受怎樣的苦難，只要他始終警覺他擁有採取何種態度的自由，並勉勵自己以一種堅忍高貴的態度承受苦難，他就比任何時候都更加有效地提高自己的人格。

只要是苦難都具有不可挽回的性質。不過，在多數情況下，這只是指不可挽回地喪失了某種重要的價值，但同時人生中畢竟還存在別的價值，它們鼓舞著受苦者承受眼前的苦難。例如一個失戀者即使已經對愛情根本失望，他仍然會為了事業或為了愛他的親人活下去。但是，世上有一種苦難，不但本身不可挽回，而且意味著其餘一切價值的毀滅，因而不可能從別的方面汲取承受它的勇氣。在這種絕望的境遇中，如果說承受苦難仍有意義，那麼，這意義幾乎唯一地就在於承受苦難的方式本身了。第二次世界大戰時，有一位名叫弗蘭克的人，被關進了奧斯威辛集中營。凡是被關進這個集中營的人，幾乎沒有活著出來的希望，等待著他們的是毒氣室和焚屍爐。弗蘭克的父母、妻子、哥哥都遭受這種厄運。但弗蘭克極其偶然地活了下來，他寫了一本非常感人的書，講述他在集中營裡的經歷和思考。在幾乎必死的前提下，他之所以沒有被集中營裡非人的苦難摧毀，正是因為他從承受苦難的方式中找到了生活的意義。他說得好：「以尊嚴的方式承受苦難。」這是一項實實在在的內在成就，因為它證明了人在任何時候都擁有不可剝奪的精神自由。事實上，我們每個人都終歸要面對一種沒有任何前途的苦難，那就是死亡，而以尊嚴的方式承受死亡，的確是我們精神生活的最後一項偉大成就。

苦難的精神價值

維克多．弗蘭克是意義治療法的創立者，他的理論已成為佛洛伊德、阿德勒之後，維也納精神治療法的第三學派。第二次世界大戰期間，他曾被關進奧斯威辛集中營，受盡非人的折磨，九死一生，但是僥倖地存活下來。在《活出意義來》這本小書中，他回顧了當時的經歷。作為一名心理學家，他並非像一般受難者那樣流於控訴納粹的暴行，而是細緻捕捉和分析自己的內心體驗，以及其他受難者的心理現象，許多章節讀來饒富趣味，為研究受難心理學提供極為生動的材料。不過我在這裡想著重談的，是這本書的另一個精彩之處──對苦難的哲學思考。

對意義的尋求是人的最基本的需要。當這種需要找不到明確的指向時，人就會感到精神空虛，弗蘭克稱之為存在的空虛。這種情形普遍地存在於當今西方的富裕社會。當這種需要有明確的指向卻不可能實現時，人就會有受挫之感，弗蘭克稱之為存在的挫折。

這種情形發生在人生的各種逆境或困境之中。

尋求生命意義有各種途徑，通常歸納出來一是創造，以實現內在的精神能力和生命的價值；二是體驗，藉著愛情、友誼、沉思、對大自然和藝術的欣賞等美好經歷，獲得心靈的愉悅。倘若一個人落入了某種不幸境遇，基本上失去了積極創造和正面體驗的可能，他的生命是否還有意義呢？在這種情況下，人們一般是靠希望活著，即相信或至少說服自己相信厄運終將過去，然後又能過一種有意義的生活。然而，第一，人生中會有一種可以稱作絕境的境遇，所遭遇的苦難是致命的，或者是永久性的，人不復有未來，不復有希望。這正是弗蘭克曾經陷入的境遇，因為對於奧斯威辛集中營的戰俘來說，煤氣室和焚屍爐幾乎是不可逃脫的結局。我們還可以舉出絕症患者，作為日常生活中的一個相關例子。如果苦難本身毫無價值，則一旦陷入此種境遇，我們就只好承認生活沒有任何意義了。第二，不論苦難是否暫時的，如果把眼前的苦難生活僅僅當作一種虛幻不實的生活，就會如弗蘭克所說的，忽略了苦難本身所提供的機會。他以獄中親歷指出，這種態度是使大多數俘虜喪失生命力的重要原因，他們因此而放棄了內在的精神自由和真實自我，意志消沉，一蹶不振，徹底成為苦難環境的犧牲品。

所以，在創造和體驗之外，有必要為生命意義的尋求指出第三種途徑，即肯定苦難本身在人生中的意義。一切宗教都很重視苦難的價值，但認為這種價值僅在於引人出世，透過受苦，人得以救贖原罪，進入天國（基督教），或看破紅塵，遁入空門（佛教）。與它們不同，弗蘭克的思路屬於古希臘以來的人文主義傳統，他是站在肯定人生的立場上來發現苦難的意義。他指出，即使處在最惡劣的境遇中，人仍然擁有一種不可剝奪的精神自由，即是可以選擇承受苦難的方式。一個人不放棄他的「最後的內在自由」，以尊嚴的方式承受苦難，這種方式本身就是「一項實實在在的內在成就」，因為它所顯示的不只是一種個人品質，而且是整個人性的高貴和尊嚴，證明了這種尊嚴比任何苦難更有力，世間任何力量都不能將它剝奪。正是由於這個原因，在人類歷史上，偉大的受難者如同偉大的創造者一樣，受到世世代代的敬仰。也正是在這個意義上，杜斯妥也夫斯基說出了這句耐人尋味的話：「我只擔心一件事，就是怕我配不上我所受的苦難。」

我無意頌揚苦難。如果允許選擇，我寧要平安的生活，得以自由自在地創造和享受。但是，我贊同弗蘭克的見解，相信苦難的確是人生的必含內容，一旦遭遇，它也的確提供了一種機會。人性的某些特質，唯有藉此機會才能得到考驗和提高。一個人透過承受苦難而獲得的精神價值是一筆特殊的財富，由於它來之不易，就不會輕易喪失。而且我相信，當他帶著這筆財富繼續生活時，他的創造和體驗都會有一種更加深刻的底蘊。

05 智慧引領幸福

智慧與幸福

蘇格拉底提出過一個等式：智慧＝美德＝幸福。他的意思是，一個人倘若想明白人生的道理，做人就一定會做得好，而這也就是幸福。反過來說，我們的確看到，許多人之所以生活得不幸福，正是因為沒有想明白人生的道理，在做人上出了問題。在此意義上，智慧是引領我們尋求幸福的明燈。

幸福是相對的，現實中的幸福是包容人生各種正負經歷的豐富體驗。人生中必然遭遇挫折和痛苦，將它們視為純粹的壞事予以拒斥，乃是一種愚痴，只會使自己距離幸福越來越遠。

人生最值得追求的東西，一是優秀，二是幸福，而這二者都離不開智慧。所謂智慧，就是想明白人生的根本道理。唯有這樣，才會懂得如何做人，而成為人性意義上真正優秀的人。也唯有如此，才能分辨人生中各種價值的次序，知道自己到底要什麼，真正獲得和感受到幸福。

智慧不是一種才能，而是一種人生覺悟，一種開闊的胸懷和眼光。一個人在社會上也許成功，也許失敗，如果他是智慧的，他就不會把這些看得太重要，而能夠站在人世間一切成敗之上，以這種方式成為自己命運的主人。

健康的心理來自智慧的頭腦。現代人易患心理疾病，病根多半在想不明白人生的根本道理，於是就看不開生活中的小事。倘若想明白了，哪有看不開之理？

智慧使人對苦難更清醒也更敏感。一個智者往往對常人所不知的苦難也睜開眼睛，又比常人更深地體悟到日常苦難背後的深邃悲劇含義。在這個意義上，智慧使人痛苦。

然而，由於智者有著比常人更開闊的視野，進入他視界的苦難固然因此增加，但每一個單獨的苦難所占據的相對位置，卻也因此縮小了。常人容易被當下的苦難一葉障目，智者卻能夠適當估計它與整個人生的關係。即使他是一個悲觀主義者，由苦難的表象洞察人生悲劇的底蘊，但這種洞察也使他相對看輕了表象的重要性。

由此可見，智慧對痛苦的關係是辯證的，它在使人感知痛苦的同時，也使人超脫痛苦。

所謂智慧的人生，就是要在執著和超脫之間求得一個平衡。有超脫的一面，看到人生的界限，和人生有距離，反而更能看清楚人生中什麼東西才真正有價值。

人生中的大問題都是沒有答案的。但是，一個人唯有思考這些大問題，才能真正擁有自己的生活信念和生活準則，而對生活中的小問題做出正確的判斷。

航海者根據天上的星座來辨別和確定航向。他永遠不會知道那些星座的成分和構造，可是，如果他不知道它們的存在，就會迷失方向，不能解決具體的航行任務。

智慧的人就好像站在神的地位上注視人類，包括他自己，看到了人類的侷限性。他一方面也是一個具有這種侷限性的普通人，另一方面卻又能夠居高臨下地俯視這侷限性，也就在一定意義上超越了它。

人要能夠看到限制，前提是和這限制拉開一個距離。坐井觀天，就永遠不會知道天之大和井之小。人的根本限制就在於不得不有一個肉身凡胎，它被慾望所支配，受有限的智力所指引和矇蔽，為生存而受苦。可是，如果我們總是坐在肉身這口井裡，我們也就不可能看明白它是一個根本限制。所以，智慧就好像某種分身術，要把一個精神性的自我，從這個肉身的自我中分離出來，讓它站在高處和遠處，以便看清楚這個在塵世掙扎的自己所處的位置和可能的出路。

從一定意義上說，哲學家是一種分身有術的人，他的精神性自我已經能夠十分自由地離開肉身，靜觀和俯視塵世的一切。

一個人有能力做神，卻生而為人，他就成為了哲人。

蘇格拉底說：「我知道我一無所知。」他心中有神的全知，所以知道人歸根究柢是無知的，別的人卻把人的一知半解當成了全知。

心中有完美，同時又把不完美作為人的命運承受下來，這就是哲人。

人生在世，既能站得正，又能跳得出，這是一種很高的境界。在一定意義上，跳得出是站得正的前提，唯有看輕盛衰榮枯，才能不計利害得失，堂堂正正做人。

如果說站得正是做人的道德，那麼，跳得出就是人生的智慧。人為什麼會墮落？往往是因為陷在塵世一個狹窄的角落裡，心不明，眼不亮，不能抵擋近在眼前的誘惑。佛教說「無明」是罪惡的根源，基督教說墮落的人生活在黑暗中，說的都是這個道理。相反的，一個人倘若經常跳出來看一看人生的全景，真正看清事物的大小和價值的次序，就不太會被那些渺小的事物和次要的價值給絆倒了。

超脫的胸懷

世上種種紛爭，或是為了財富，或是為了教義，不外乎利益之爭和觀念之爭。我們身在其中時，不免看重。但是，不妨用魯賓遜的眼光來看一看它們，就會發現，我們真正需要的物質產品，和真正值得我們堅持的精神原則都是十分有限的，在單純的生活中包含著人生的真諦。

人世間的爭奪，往往集中在物質財富的追求上。物質的東西，多一些自然好，少一些也沒什麼，能保證基本生存就好。對精神財富的追求，人與人之間不存在衝突，一個人的富有決不會導致另一個人的貧困。

由此可見，人世間的東西，有一半是不值得爭的，另一半是不需要爭的。所以，爭什麼！

一樣東西，如果你太想要，就會把它看得很大，甚至大到成了整個世界，占據了你的全部心思。一個人一心爭利益，或者一心創事業的時候，都會出現這種情況。我的勸告是，最後無論你是否如願以償，都要及時從中跳出來，如實看清它在整個世界中的真實位置，亦即它在無限時空中的微不足道。這樣，你得到了不會忘乎所以，沒有得到也不會痛不欲生。

我們平時斤斤計較於事情的對錯、道理的多寡、感情的厚薄，在一位天神的眼裡，這種認真必定是很可笑的。

我們都在表象中生活，有什麼事情是值得計較的！

用終極的眼光看，人世間的一切紛爭都如此渺小，如此微不足道。當然，在現實中，紛爭的解決不會這麼簡單。但是，倘若沒有這樣一種終極眼光，人類就會迷失方向，任何解決方式只是在錯誤的路上越走越遠。

那人對你做了一件不義的事，你為此感到痛苦，這完全可以理解，但請適可而止。你想一想，世上有不義的人，這是你無法改變的，為你不能支配的別人的品德而痛苦是不理智的。你還要想到，不義的人一定會做不義的事，只是這一件不義的事碰巧落在你頭上罷了。你這樣想，就會超越個人恩怨的低水平，把你的遭遇當作藉以認識人性和社會的材料，在與不義作鬥爭時，你的心境也會光明磊落得多。

蘇格拉底的雕塑手藝能考幾級，康德是不是教授，歌德在威瑪公園做多大的官……，如今有誰會關心這些，關心這些的人是多麼可笑，對於歷史上的偉人，你是不會在乎他們的職務和職稱的。那麼，對於你自己，你就非在乎不可嗎？你不是偉人，但你因此就寧願有一顆渺小的心嗎？

在大海邊，在高山上，在大自然之中，遠離人寰，方知一切世俗功利的渺小，包括「文章千秋事」和千秋的名聲。

因為世態險惡，人心叵測，於是遠離名利場，這個境界仍比較低。惦著他賢我愚，口說不爭，到底還是意難平。真正的超脫，來自徹悟人生的大智慧，或淨化靈魂的大信仰。

人一看重機會，就難免被機會支配。

人活在世上，不可避免會遭遇不愉快的事情，大至親人亡故，愛侶別離，小至錢財損失，朋友反目。這類事一旦發生，不可更改，就應該用通達的態度來面對，簡單地說，就是：把它接過來，然後放下。第一要接過來，在心理上承認和接受事實。壞事已經發生，你拚命抗拒，只是和自己過不去，壞事不會因此不存在。第二，接過來之後，要盡快放下，不把它存在心上。你把它總存在心上，為它糾結和痛苦，仍然是和自己過不去，實際上是在加大壞事對你的損害。讓壞事只存在於你的身外，不讓它侵害到你的內心，這是最好的辦法。當然，我們只能儘量這麼做，做到什麼程度是什麼程度。

人在世間的一切遭遇都是因緣。因緣，就是若干偶然的因素湊到了一起，使你遇上了這個人、這件事。你遇上了某個異性，結親成家，生兒育女，也是因緣。倘若琴瑟和諧，兒女姣好，那就是好因緣。好因緣不易得，你當珍惜。但是，是因緣就有變數，你心裡同時要能放下。對一切好因緣都應如此，遇上了，第一要珍惜，第二要能放下，珍惜是因為它好，能放下是因為它只是因緣。

一個人只要認真思考過死亡，不管是否獲得使自己滿意的結果，他都好像是把人生的邊界勘察了一番，看到了人生的全景和限度。如此就會形成一種豁達的胸懷，在沉浮人世的同時也能跳出來加以審視。他固然仍有自己的追求，但不會把成功和失敗看得太重要。他清楚一切幸福和苦難的相對性質，因而快樂時不會忘形，痛苦時也不致失態。

張可久寫「英雄不把窮通較」：「他得志笑閒人，他失腳閒人笑。」一個人不妨到世界上去奮鬥，做一個英雄，但同時要為自己保留一個閒人的心態。以閒人的心態入世，得志和失腳都成了好玩的事，就可以「不把窮通較」了。

與身外遭遇保持距離

在終極的意義上，人世間的成功和失敗，幸福和災難，都只是過眼煙雲，彼此並無實質的區別。當我們這樣想時，我們和我們的身外遭遇保持了一個距離，反而和我們的真實人生貼得更緊了，真實人生就是一種既包容、又超越身外遭遇的豐富人生閱歷和體驗。

事情對人的影響與距離成反比，離得越近，就越能支配我們的心情。因此，減輕和擺脫其影響的辦法就是尋找一個立足點，那個立足點可以使我們拉開與事情之間的距離。如果那個立足點仍在人世間，與事情拉開了一個有限的距離，我們便會獲得一種明智的態度。如果那個立足點被安置在人世之外，與事情隔開了一個無限的距離，我們便會獲得一種超脫的態度。

人生中有些事情很小，但可能給我們造成很大的煩惱，因為離得太近。人生中有些經歷很重大，但我們當時並不覺得，因為離得太近。距離太近時，小事也會顯得很大，反而使得大事凸顯不出。隔開一定距離，事物的大小就會顯現出來。

我們走在人生的路上，遇到無數的事情，其中多數非自己所能選擇，它們組成我們每一階段的生活，左右著我們每一時刻的心情。我們很容易把正在遭遇的每一件事情都看得十分重要。然而，事過境遷，當我們回頭看走過的路時，便會發現人生中真正重要的事情不多，它們奠定了我們的人生之路的基本走向，其餘的事情，不過是路邊的一些令人愉快或不愉快的小景物罷了。

「距離說」對藝術家和哲學家而言同樣適用。理解與欣賞一樣，必須與對象保持相當的距離，然後才能觀其大體。不在某種程度上超脫，就決不能對人生有深刻見解。

外在遭遇受制於外在因素，非自己所能支配，所以不應成為人生的主要目標。真正能支配的唯有對一切外在遭際的態度。內在生活充實的人彷彿有另一個更高的自我，能與身外遭遇保持距離，對變故和挫折持適當態度，心境不受塵世禍福沉浮的擾亂。

對於自己的經歷應該採取這樣的態度：一是儘可能地誠實，正視自己的任何經歷，尤其是不愉快的經歷，把經歷當作人生的寶貴財富；二是儘可能地超脫，從自己的經歷中跳出來，站在一個比較高的位置上看它們，把經歷當作認識人性的標本。

日常生活是有惰性的。身邊的零碎物品，手上的事務，很容易獲得一種支配我們的力量，奪走我們的自由。我們應該經常跳脫出來思考，審視它們是否真正必要。

紛紛擾擾，全是身外事。我能夠站在一定的距離外來看待我的遭遇了。我是我，遭遇是遭遇。驚浪拍岸，捲起千堆雪。可是，岸仍然是岸，它淡然觀望著變幻不定的海洋。

平常心

世上有一些東西，是你無法自己支配，比如運氣和機會、輿論和毀譽，那就不去管它們，順其自然吧！

世上有一些東西，是你自己可以支配的，比如興趣和志向、處世和做人，那就在這些方面好好地努力，至於努力的結果是什麼，也順其自然吧！

我們不妨去追求最好─最好的生活、最好的職業、最好的婚姻、最好的友誼等等。但是，能否得到最好，取決於許多因素，不是光靠努力就能成功的。因此，如果我們盡了力，結果得到的不是最好，而是第二好、第三好，我們也應該坦然接受。人生原本就是有缺憾的，在人生中需要妥協。不肯妥協，和自己過不去，其實是一種痴愚，是對人生的無知。

要有平常心。人到中年以後，也許在社會上取得一點虛名浮利，這時候就應該牢記一無所有的從前。事實上，誰來到這個世界的時候不是一條普通的生命？有平常心的人，看己看人都能除去名利的偽飾。

在青年時期，人有虛榮心和野心很正常。成熟的標誌是自我認識，認清了自己的天賦方向，於是外在的虛榮心和野心被內在的目標取代。

人在年輕時會給自己規定許多目標，安排許多任務，入世是基本傾向。中年以後，就應該多少有一點出世的心態了。所謂出世，並非純然消極，而是與世間的事務和功利拉開一個距離，活得灑脫一些。

一個人的實力未必表現為在名利山上攀登，真有實力的人還能支配自己的人生走向，適時地退出競賽，省下時間來做自己喜歡做的事，享受生命的樂趣。

人過中年，就應該基本戒除功利心、貪心、野心，讓出地盤給善心、閒心、平常心，它們都源自一種看破紅塵名利、回歸生命本質的覺悟。如果沒有這個覺悟會怎樣呢？據說老年人容易變得冷漠、貪婪、自負，這也許就是答案吧！

歷史不是一切，在歷史之外，陽光下還綿亙著存在的廣闊領域，有著人生簡樸的幸福。

一個人未必要充當某種歷史角色才活得有意義，最好的生活方式是像古希臘人那樣貼近自然和生命本身的生活。

我們不妨站到上帝的位置看自己的塵世遭遇，但是，我們永遠是凡人而不是上帝。所以，每一個人的塵世遭遇對於他自己仍然具有特殊的重要性。當我們在黑暗中摸索前行時，把我們絆倒的物體同時也支撐著我們，我們不得不抓牢它們，為了不讓自己在完全的空無中行走。

我已經厭倦那種永遠深刻的靈魂，它是狹窄的無底洞，裡面沒有光亮，沒有新鮮的空氣，也沒有玩笑和遊戲。

博大的深刻不避膚淺。走出深刻，這也是一種智慧。

在這個世界上，一個人重感情就難免會軟弱，求完美就難免有遺憾。也許寬容自己這一點軟弱，我們就能堅持；接受人生這一點遺憾，我們就能平靜。

人生有千百種滋味，品嘗到最後，都只留下了一種滋味，就是無奈。生命中的所有花朵都會凋謝，所有凋謝都不可挽回，對此我們只好接受。我們不得不把人生的一切缺憾隨同人生一起接受，認識到了這一點，我們心中就會產生一種坦然。無奈本身包含不甘心的成分，可是，當我們甘心於不甘心，坦然於無奈，對無能為力的事情學會了無所謂，無奈就成了一種境界。

歲月無情，人生易老，對此真是無話可說。然而，好的心態仍是重要的。這個好的心態，不是傻樂，不是裝嫩，而是歷經滄桑之後的豁然開朗。我體會到，人過中年以後，應該逐步建立兩方面的覺悟：一方面是與人生必有的缺陷達成和解，另一方面是對人生根本的價值懂得珍惜。有了這兩方面的覺悟，就會有好的心態。

最低的境界是平凡，其次是超凡脫俗，最高是返璞歸真的平凡。
野心倘若肯下降為平常心，同時也就上升成了慧心。
不避平庸豈非也是一種偉大，不拒小情調豈非也是一種大器度？

寬待人性

人皆有弱點，有弱點才是真實的人性。那種自己認為沒有弱點的人，一定是淺薄的人。那種眾人認為沒有弱點的人，多半是虛偽的人。

人生皆有缺憾，有缺憾才是真實的人生。那種看不見人生缺憾的人，或者是幼稚的，或者是麻木的，或者是自欺的。

正是在弱點和缺憾中，在對弱點的寬容和對缺憾的接受中，人幸福地生活著。

在這個世界上，一個人重感情就難免會軟弱，求完美就難免有遺憾。也許，寬容自己這一點軟弱，我們就能堅持；接受人生這一點遺憾，我們就能平靜。

我喜歡的格言：人所具有的我都具有－包括弱點。

我愛躺在夜晚的草地上仰望星宿，但我自己不願做星宿。

有時候，我們需要站到雲霧上來俯視一下自己和自己周圍的人們，這樣，我們對己對人都不會太苛求了。

人渴望完美而不可得，這種痛苦如何才能解除？

我回答：這種痛苦本身就包含在完美之中，把它解除了反而不完美了。

我心中思索：這麼一想，痛苦也就解除了。接著又想：完美也失去了。

一個人對於人性有了足夠的理解，他看人，包括看自己的眼光，就會變得既深刻又寬容，在這樣的眼光下，一切隱私都可以還原成普遍的人性現象，一切個人經歷都可以轉化成心靈的財富。

人這脆弱的蘆葦，需要把另一支蘆葦想像成自己的根。

在人身上，弱點與尊嚴並非不相容，也許尊嚴更多體現在對必不可免的弱點的承受上。

我對人類的弱點懷有如此溫柔的同情，遠遠超過對優點的欽佩，那些有著明顯弱點的人更使我感到親切。

只要是真實的人性都不是罪惡，若看成罪惡，必是用了社會偏見的眼光。

沒有一種人性的弱點是我所不能原諒的，但有的出於同情，有的是出於鄙夷。

蒙田教會我坦然面對人性的平凡，尼采教會我坦然面對人性的複雜。

把自己的弱點變成根據地。

幽默是心靈的微笑

幽默是凡人暫時具備了神的眼光，這眼光有解放心靈的作用，使人得以看清世間一切事情的相對性質，顯示了一切執著態度的可笑。

有兩類幽默最值得一提。一是面對各種偶像，尤其是道德偶像的幽默，它使偶像的莊嚴在哄笑中化作笑料。然而，比它更偉大的是面對命運的幽默，這時人不再是與地上的假神開玩笑，而是直接與天神開玩笑。在最悲慘的厄運和苦難中，仍不失幽默感的人的確更有神性，他藉此而站到了自己的命運之上，並以此方式與命運達成和解。

幽默是心靈的微笑。最深刻的幽默是一顆受了致命傷的心靈發出的微笑。

受傷後衰竭、痲木、怨恨，這樣的心靈與幽默無緣。幽默是受傷的心靈所發出健康、機智、寬容的微笑。

幽默是一種輕鬆的深刻。面對嚴肅的膚淺，深刻露出了玩世不恭的微笑。

幽默是智慧的表情，它教不會，學不了。有一本雜誌聲稱它能教人幽默，從而輕鬆生活。我不曾見過比這更缺乏幽默感的事情。

幽默是對生活的一種哲學式態度，它要求與生活保持一個距離，暫時以局外人的眼光發現和揶揄生活中的缺陷。寧可說，人這時成了一個神，他透過對人生缺陷的戲弄而暫時擺脫這缺陷。

也許正由於此，女人不善幽默，因為女人與生活打成一片，不易拉開幽默所必需的距離。

有超脫才有幽默。在批評一個無能的政府時，聰明的政客至多能諷刺，老百姓卻很善於幽默，因為前者覬覦著權力，後者則完全置身在權力鬥爭之外。

幽默源自人生智慧，但有人生智慧的人不一定是善於幽默的人，其原因大概在於，幽默同時還是一種才能。然而，倘若不能欣賞幽默，則不僅是缺乏才能的問題，肯定也暴露了人生智慧方面的缺陷。

自嘲就是居高臨下看待自己的弱點，從而加以寬容。自嘲把自嘲者和他的弱點分離開來了，這時他彷彿站到了神的地位上，俯視那個有弱點的凡胎肉身，用笑聲表達自己凌駕其上的優越感。

但是，自嘲者同時又明白並且承認，他終究不是神，那弱點確實是他自己的弱點。所以，自嘲混合了優越感和無奈感。

透過自嘲，人把自己的弱點變成了特權。對於這特權，旁人不但不反感，而且樂於承認。

傻瓜從不自嘲。聰明人嘲笑自己的失誤。天才不僅嘲笑自己的失誤，而且嘲笑自己的成功。看不出人間一切成功的可笑之人，終究還是站得不夠高。

幽默和嘲諷都包含某種優越感，但其間有品位高下之分。嘲諷者感到優越，是因為他在別人身上，發現了一種他相信自己決不會有的弱點，於是發出幸災樂禍的冷笑。幽默者感到優越，則是因為他看出了一種他自己也不能倖免的人性普遍弱點，於是發出寬容的微笑。

幽默的前提是一種超脫的態度，能夠俯視人間的一切是非，包括自己的弱點。嘲諷卻是較用力的，很在乎自己的對和別人的錯。

諷刺與幽默不同。諷刺是社會性的，幽默是哲學性的。諷刺入世，與被諷刺對象站在同一水準上，揮拳相向，以擊傷對手為樂。幽默卻源於精神上的巨大優勢，居高臨下，無意傷人，僅以內在的優越感自娛。諷刺針對具體的人和事，幽默則是對人性本身必不可免的弱點，發出既是寬容、也是悲哀的微笑。

在這個世界上，人倘若沒有在苦難中看到好玩、在正經中看到可笑的本領，怎麼能保持生活的勇氣！

幸福是相對的

幸福的和不幸的人啊！仔細想想，這世界上有誰是真正幸福的，又有誰是絕對不幸的？

幸福是有限的，因為上帝的賜予本來就有限。痛苦是有限的，因為人自己承受痛苦的能力有限。

幸福屬於天國，快樂才屬於人間。

幸福是一個抽象概念，從來不是一個事實。相反的，痛苦和不幸卻常常具有事實的堅硬性。

幸福是一種一開始人人都自以為能夠得到、最後沒有一個人敢說已經擁有的東西。

幸福和上帝差不多，只存在於相信它的人心中。

幸福喜歡捉迷藏。我們年輕時，它躲藏在未來，引誘我們前去尋找它。曾幾何時，我們發現自己已經錯過它，於是回過頭來，又在記憶中尋找它。

幸福的反面是災禍，而非痛苦。痛苦中可以交織著幸福，但災禍絕無幸福可言。另一方面，痛苦的解除未必就是幸福，也可能是無聊。可是，當我們從一個災禍中脫身出來的時候，我們差不多是幸福的了。

幸福是一種苟且，不願苟且者不可能幸福。我們只能接受生存的荒謬，我們的自由僅在於以何種方式接受。我們不哀哭，我們自得其樂地怠慢它，居高臨下地嘲笑它，我們的接受已經包含著反抗了。

聰明人嘲笑幸福是一個夢，傻瓜到夢中去找幸福，兩者都不承認現實中有幸福。這樣看來，一個人要獲得實在的幸福，就必須既不太聰明，也不太傻。人們把這種介於聰明和傻之間的狀態叫做生活的智慧。

我要躲開兩種人：淺薄的哲學家和深刻的女人。前者大談幸福，後者大談痛苦，都讓我受不了。

一切災禍都有一個微小的起因，一切幸福都有一個平庸的結尾。

自己未曾找到偉大幸福的人，無權要求別人拒絕平凡的幸福。自己已經找到偉大的幸福的人，無意要求別人拒絕平凡的幸福。

俗人有卑微的幸福，天才有高貴的痛苦，上帝的分配很公平。對此憤憤不平的人，儘管自命天才，卻比俗人還不如。

我愛人世的不幸勝過愛天堂的幸福。我愛我的不幸勝過愛他人的幸福。

苦與樂的辯證法

苦與樂不但有量的區別，而且有質的區別。在每一個人的生活中，苦與樂的數量取決於他的遭遇，苦與樂的品質取決於他的靈魂。

歡樂與歡樂不同，痛苦與痛苦不同，其間的區別遠遠超過歡樂與痛苦的不同。

對於沉溺於眼前瑣碎享受的人，不足與言真正的歡樂。對於沉溺於眼前瑣碎煩惱的人，不足與言真正的痛苦。

痛苦和歡樂是生命力的自我享受。最可悲的是生命力的乏弱，既無歡樂，也無痛苦。有無愛的慾望，能否感受生的樂趣，歸根究柢是一個內在生命力的問題。

一種西方的哲學教導我們趨樂避苦。一種東方的宗教教導我們擺脫苦與樂的輪迴。可是，真正熱愛人生的人，把痛苦和快樂一齊接受下來。

一切愛都基於生命的慾望，而慾望不免造成痛苦。所以，許多哲學家主張節慾或禁慾，視寧靜、無紛擾的心境為幸福。但另一些哲學家卻認為，拚命感受生命的歡樂和痛苦才是幸福，對於一個生命力旺盛的人，愛和孤獨都是享受。

痛苦使人深刻，但是，如果生活中沒有歡樂，深刻就容易走向冷酷。未經歡樂滋潤的心靈太硬，它缺乏愛和寬容。

快感和痛感是肉體感覺，快樂和痛苦是心理現象，而幸福和苦難則僅僅屬於靈魂。幸福是靈魂的嘆息和歌唱，苦難是靈魂的呻吟和抗議，在兩者中凸顯的是對生命意義或正或負的強烈體驗。

痛苦是生命不可缺少的部分。生命是一條毯子，苦難與幸福之線在上面緊密交織，抽出其中一根，就會破壞了整條毯子、整個生命。沒有痛苦，人只能有卑微的幸福。偉大的幸福正是戰勝巨大痛苦所產生的生命的崇高感。

熱愛人生的人縱然比別人感受到更多、更強烈的痛苦，同時卻也感受到更多、更強烈的生命之歡樂。

精神的強者，能夠從人生的痛苦中發現人生的快樂。他的精神足夠充實，在沙漠中不會沮喪，反而感覺到孤獨的樂趣。他的精神足夠熱烈，在冰窟中不會凍僵，反而感覺到凜冽的快意。這就是尼采所提倡的酒神精神。

和命運結伴而行

就命運是一種神祕的外在力量而言，人不能支配命運，只能支配自己對命運的態度。一個人越是能夠支配自己對命運的態度，命運對於他的支配力量就越小。

命運是不可改變的，可改變的只是我們對命運的態度。

塞內卡說：願意的人，命運領著走；不願意的人，命運拖著走。他忽略了第三種情況：和命運結伴而行。

狂妄的人自稱命運的主人，謙卑的人甘為命運的奴隸。除此之外還有一種人。他照看命運，但不強求，接受命運，但不卑怯。走運時，他會揶揄自己的好運。走楣運時，他又會調侃自己的厄運。他不低估命運的力量，也不高估命運的價值。他只是做命運的朋友罷了。

「願意的人，命運領著走；不願意的人，命運拖著走。」太簡單一些了吧？活生生的人總是被領著也被拖著，抗爭著但終於不得不屈服。

在命運問題上，人有多大自由？三種情況：一、因果關係之網上，個人完全不可支配的那個部分，無自由可言，聽天命；二、因果關係之網上，個人在一定程度上可支配的部分，個人的努力也參與因果關係，並使之發生某種改變，有一定自由，盡人力；三、對命運即一切已然和將然的事件的態度，有完全的自由。

昔日的同學走出校門，各奔東西，若干年後重逢，便會發現彼此在做著很不同的事，在名利場上的沉浮也相差懸殊。可是，只要仔細一想，你會進一步發現，各人所走的道路大抵有線索可尋，符合各自的人格類型和性格邏輯，說得上各得其所。

上帝藉種種偶然性之手，分配人們的命運，除開特殊的天災人禍之外，它的分配基本上是公平的。

偶然性是上帝的心血來潮，它可能是靈感噴發，也可能只是一個惡作劇，可能是神來之筆，也可能只是一個筆誤。因此，在人生中，偶然性便成了一個既誘人又惱人的東西。我們無法預測會有哪一種偶然性落到自己頭上，所能做到的僅是──如果得到的是神來之筆，就不要辜負了它；如果得到的是筆誤，就精心地修改它，使它看起來像是另一種神來之筆，如同有的畫家把偶然落到畫布上的汙斑，修改成整幅畫的點睛之筆那樣。

當然，在實際生活中，修改上帝的筆誤絕非一件如此輕鬆的事情，有的人為此付出了畢生的努力，而這努力本身便展現為輝煌的人生歷程。

「禍兮福之所倚，福兮禍之所伏。」老子如是說。

既然禍福如此無常，不可預測，我們就應該與這外在的命運保持一個距離，做到某種程度的不動心，走運時不得意忘形，背運時也不喪魂落魄。也就是說，在宏觀上持一種被動、超脫、順其自然的態度。

既然禍福如此微妙，互相包含，在每一具體場合，我們又非無可作為。我們至少可以做到，在幸運時警惕和防備那潛伏在幸福背後的災禍，在遭災時等待和爭取那依傍在災禍身上的轉機。也就是說，在微觀上持一種主動、認真、事在人為的態度。

在設計一個完美的人生方案時，人們不妨海闊天空地遐想。可是，倘若你是一個智者，你就會知道，最美妙的好運也不該排除苦難，最耀眼的絢爛也要歸於平淡。原來，完美是以不完美為材料，圓滿是必須包含缺憾的。最後你發現，上帝為每個人設計的方案無須更改，重要的是能夠體悟其中的意蘊。

自怨是最痛苦的。有直接的自怨，因為自知做錯了事，違背了自己的心願或原則，便生自己的氣，甚至看不起自己。也有間接的自怨，怨天尤人歸根究柢也是自怨，怨自己無能或運氣不好。不錯，你碰上了倒楣事，可是你自己就因此成為一個倒楣蛋了嗎？

如果你怨氣衝天，那你的確是的。但你還可以有另一種態度，就是平靜地面對。是否碰上倒楣事，這是你支配不了的，做不做倒楣鬼，這是你可以支配的。一個自愛自尊的人不會怨天尤人，沒有人能夠真正傷害他的自足心。

人在世上生活，難免會遭遇挫折、失敗、災禍、苦難。這時候，基本的智慧是確立這樣一種態度，就是把一切非自己所能改變的遭遇，不論多麼悲慘，都當作命運接受，在此前提下走出一條最積極的路來。不要去想從前的好日子，那已經不屬於你，你現在的使命是在新的規定性下把日子過好。這就好比命運之手攪亂你的棋局，而你仍必須把殘局走下去，那就好好走吧，把它走出新的條理來。為什麼我說是基本的智慧呢？因為你別無選擇，陷在負面遭遇中不能自拔是最愚蠢的，而人在這種時候往往容易愚蠢。

無人能完全支配自己在世間的遭遇，其中充滿著偶然性，因為偶然性的不同，運氣分出好壞。有的人運氣特別好，有的人運氣特別壞，大多數人則介於其間，不太好也不太壞。誰都不願意運氣特別壞，但是，運氣特別好，太容易地得到了想要的一切，是否就一定好？恐怕未必。他們得到的東西是看得見的，但也許因此失去了雖然看不見卻更寶貴的東西。天下幸運兒大多數都很淺薄，便是證明。我所說的幸運兒與成功者是兩回事。真正的成功者必定經歷過苦難、挫折和逆境，決不是只靠運氣好。

運氣好與幸福也是兩回事。一個人唯有經歷過磨難，對人生有了深刻的體驗，靈魂才會變得豐富，而這正是幸福的最重要泉源。如此看來，我們一生中既有運氣好的時候，也有運氣壞的時候，恰好是最利於幸福的情形。現實中的幸福，應該是幸運與不幸按適當比例的結合。

茫茫人海裡，你遇見了這一些人，而不是另一些人，這決定了你在人世間的命運。你的愛和恨，喜和悲，順遂和挫折，這一切都是因為相遇。

但是，請記住，在相遇中，你不是被動的，你始終可以擁有一種態度。相遇組成了你的外部經歷，對相遇的態度組成了你的內心經歷。

還請記住，除了現實中的相遇之外，還有一種超越時空的相遇，即是在閱讀和思考中，與偉大靈魂的相遇。這種相遇使你得以擺脫塵世命運的束縛，生活在一個更廣闊、更崇高的世界裡。

從一而終的女人

「先生，我的命真苦，我這一生是完完全全失敗了。我羨慕您，如果可能，我真想和您交換人生。」

「老婆總是人家的好。」

「您這是什麼意思？」

「聽說你和你老婆過得不錯。」

「我們不比你們開化，父母之命，媒妁之言，好歹得過一輩子，不興離婚的。我能不跟她好好過嗎？」

「人生就是一個從一而終的女人，你不妨盡自己的力量打扮她，引導她，但是，不管她最後成了什麼樣子，你好歹得愛她！」

幸福的薛西弗斯

薛西弗斯被罰推巨石上山，每次快到山頂，巨石就滾回山腳，他不得不重新開始這徒勞的苦役。聽說他悲觀沮喪到了極點。

可是，有一天，我遇見正在下山的薛西弗斯，卻發現他吹著口哨，邁著輕盈的步伐，一臉無憂無慮的神情。我生平最怕見到大不幸的人，譬如說，身患絕症的人，或剛死了親人的人，因為對他們的不幸，我既不能有所表示，怕犯忌，又不能無所表示，怕顯得我沒心沒肺。所以，看見薛西弗斯迎面走來，儘管不是傳說中的那副淒苦模樣，深知他不幸身世的我仍感到侷促不安。

沒想到薛西弗斯先開口了，他舉起手，對我喊道：

「喂，你瞧，我逮了一隻多漂亮的蝴蝶！」

我望著他漸漸遠逝的背影，不禁思忖：總有些事情是宙斯的神威鞭長莫及的，那是一些太細小的事情，在那裡便有了薛西弗斯（和我們整個人類）的幸福。

以智慧看人生，幸福一直都在

作　　者　周國平

發 行 人　林敬彬
主　　編　楊安瑜
編　　輯　高雅婷
封面設計　陳奕臻
編輯協力　陳于雯、高家宏

出　　版　大都會文化事業有限公司
發　　行　大都會文化事業有限公司
11051臺北市信義區基隆路一段432號4樓之9
讀者服務專線：(02)27235216
讀者服務傳真：(02)27235220
電子郵件信箱：metro@ms21.hinet.net
網　　址：www.metrobook.com.tw

郵政劃撥　14050529 大都會文化事業有限公司
出版日期　2023年01月初版一刷
定　　價　380元
I S B N　978-626-96370-3-4
書　　號　Growth-115

Metropolitan Culture Enterprise Co., Ltd.
4F-9, Double Hero Bldg., 432, Keelung Rd., Sec. 1,
Taipei 11051, Taiwan
Tel:+886-2-2723-5216　Fax:+886-2-2723-5220
E-mail:metro@ms21.hinet.net
Web-site:www.metrobook.com.tw

◎本書由山東人民出版社授權繁體字版之出版發行。
◎本書如有缺頁、破損、裝訂錯誤，請寄回本公司更換。

國家圖書館出版品預行編目（CIP）資料

以智慧看人生，幸福一直都在/周國平 著
-- 初版. -- 臺北市 : 大都會文化事業有限公司
,2023.01 ;360面;14.8×21公分. -- (Growth-115)
ISBN 978-626-96370-3-4(平裝)

1. 人生哲學

191.9　　111014609